# 영유아를 위한 인권교육

이화도 · 김수희 · 김윤아 · 장원주 · 김은영 · 문소연 · 김경희

창지사

# 머리말

최근에 일어나는 가정 내 혹은 영유아 보육·교육기관 내의 아동학대 사건이 사회적 문제로 이슈화되면서 '아동 인권'에 대한 사회적 관심이 높아지고 있는 실정이다. 특히 1987년 UN에서 「아동권리협약」이 선포된 이후 전 세계적으로 아동 인권에 대한 관심이 높아지고 있으며, 권리의 주체이자 개별적 주체성을 가진 존재로서의 영유아에 대한 인식이 높아져 가고 있다.

'인권'이라는 단어의 사전적 의미는 '사람이라면 누구나 태어나면서부터 당연히 가지는 기본적 권리'이다. 그러나 인권의 중요성에도 불구하고 인권의 의미가 무엇인지 혹은 어떻게 하면 인권존중을 실천하는지에 대해서 인권교육을 받아본 경험이 많지는 않을 것이다. 더군다나 영유아는 한 명의 인격체로서 존중받기보다는 우리가 보호하고 가르쳐야 할 대상으로 여겨 왔기 때문에 영유아를 대상으로 한 인권교육은 더욱 생소한 입장이다.

물론 영유아 보육·교육기관 내의 아동학대 사건의 재발 방지를 위해 국가 차원의 노력이 지속되고 있으며, 영유아교육기관의 교사를 대상으로 한 인권교육이 지속적으로 실시되고 있으나, 영유아 교육현장에서의 영유아 인권에 대한 교사의 인식은 여전히 부족한 실정이다. 특히 교사들이 활용할 수 있는 영유아 인권교육을 위한 교재나 자료가 충분히 보급되지 않아 영유아 스스로 자신의 권리를 인식하고 존중을 실천하도록 하는 인권교육이 이루어지기 어려운 실정이다.

이러한 문제점에 대한 인식에서 출발하여 본 저서는 영유아 인권에 대한 유아교사의 이해를 돕고, 영유아 교육현장에서 실제로 활용할 수 있도록 다양한 내용의 실천적 인권교육 프로그램 사례를 내용으로 구성하고자 노력하였다.

Part 1 영유아 인권교육 이론에서는 인권 및 영유아 인권교육에 대한 이해, 영유아 권리 증진을 위한 인권교육의 구체적 교수·학습방법 및 교육원리를 이론적 관점을 토대로 구성하였다. 특히 교사들을 위해 부모를 대상으로 한 영유아 인권교육의 원리와 활동 사례 등을 알기 쉽게 풀어놓았다.

Part 2 영유아를 위한 인권교육활동의 실제에서는 유아교사가 일과 속에서 영유아를 대상으로 한 인권교육을 실천하는 과정에서 도움이 될 수 있도록 UN 「아동권리협약」에서 제시한 아동 인권의 4대 기본권리(생존권, 보호권, 발달권, 참여권)별로 활동계획안 사례를 구성하였다. 또한 주입식, 강의식 교수·학습방법이 아니라 영유아가 자연스레 인권교육활동을 체험하면서 인권의식을 내면화하도록 활동중심, 체험중심의 사례로 구성하였다.

Part 3 일상에서의 인권존중 사례에서는 영유아 보육 및 교육기관에서 일어날 수 있는 다양한 갈등 상황에서 아동권리 존중의 관점에서 생각해 볼 수 있는 교사로서의 지도방안과 바람직한 상호작용의 사례를 제시함으로써 유아교사들이 일과 속에서 영유아 권리 존중을 실천할 수 있도록 구성하였다.

종합적으로 본 저서를 통해 강조하고 싶은 부분은 교사로서 영유아의 인권을 존중한다는 것은 단순히 영유아의 의견을 모든 교육활동이나 일과에서 무조건 반영하라는 것이 아니라, 영유아의 권리와 모두의 안전이 상충될 때 또는 영유아의 권리와 다른 영유아의 권리가 상충될 때, 자신의 권리 존중을 위해서는 타인의 권리 존중도 함께 이루어져야 함을 영유아에게 이해시키는 것이 무엇보다 중요하다는 점이다.

권리에는 항상 책임이 따라야 하며, 나의 권리를 인정받기 위해서는 타인의 권리를 인정하고 존중해 주어야 함을 영유아가 자연스레 이해하고 실천할 수 있도록, 아동 인권에 대한 교사의 인식 전환 및 이해가 필요한 시점이다.

교육현장에 있는 영유아 교사들 또는 예비유아교사들이 본 저서를 활용하여 보다 쉽고 구체적으로 영유아 인권교육을 실천하고, 이를 통해 교사들 스스로도 영유아 인권에 대한 인식 전환이 함께 이루어지기를 기대해 본다.

마지막으로 본 저서에 수록된 동화책을 참고도서로 게재할 수 있도록 허락해 주신 해당 출판사에 감사드리며, 몇 차례의 수정·편집 과정에서 늘 수고해 주시는 창지사 편집부 여러분들께 깊은 감사의 마음을 전한다.

또한 본 저서를 위해 그동안 고생해 준 대구가톨릭대학교 유아교육과 박사 재학생 및 졸업생으로 구성된 '유아인권연구회' 회원들에게도 감사와 격려의 마음을 이 글로 대신하고자 한다.

2018년 7월 마지막 날

하양 연구실에서

이화도

# 차 례

## CHAPTER 5 인권 주제별 활동계획안 사례 _ 127

## PART 3 일상에서의 인권존중 사례



## 부 록

HUMAN RIGHTS EDUCATION FOR CHILDREN

# PART 1
# 영유아 인권교육 이론

HUMAN RIGHTS EDUCATION FOR CHILDREN

1. 인권이란 무엇인가?
2. 아동이란 어떤 존재인가?
3. 영유아 인권이란 무엇인가?
4. 영유아 인권의 역사
5. 아동권리협약에 나타난 영유아의 권리
6. 우리나라에서의 영유아 인권에 대한 이해

# CHAPTER 1
# 영유아 인권에 대한 이해

## 1 인권이란 무엇인가?

인권(human rights)[1)]이란, 사람이라면 마땅히 누려야 할 보편적인 권리로서 '자연권'이라고도 불린다.

인권은 자유, 평화, 정의의 가장 기본으로서 인종, 국적, 성별, 지위 등을 막론하고 그 무엇에도 영향을 받지 않거나 어떠한 것에서도 차별이 없는 것을 의미하는 것으로, 모든 인간은 존엄하고 권리에 있어서 자유롭고 평등하다. 또한 그 누구도 타인의 권리를 침해하거나 박탈할 수 없다. 인권은 다음과 같은 원칙을 갖는다.

첫째, 인권은 보편성의 원칙을 갖는다. 둘째, 인권은 포기하거나 없앨 수 있는 것이 아니다. 즉, 권리는 빼앗거나 강탈할 수 없는 것이다. 셋째, 권리는 분리할 수 있는 것이 아니다(인권의 상호 불가분성).



'인권'이라는 용어는 '자연권(droit natural)'이라는 프랑스 인권선언 원문에 등장하여 사용된 용어를 번역한 것으로 1791년 Thomas Paine이 저술한 『인간의 권리(*Rights of Man*)』에서 처음 사용되었다.

현대의 보편적인 인간 권리로서의 인권 개념은 1945년 UN이 창설되고, 1948년 「세계인권선언(UDHR: Universal Declaration of Human Rights)」이 UN 총회에서 채택되면서 공식적으로 인정을 받게 된다. 이는 세계에서 가장 널리 인정된 인권선언문으로 시민 · 정치 · 사회 · 문화에 관한 30개 조항으로 구성되어 있으며, 이를 통해 모든 인간의 권리를 천명하고 있다. 이 선언은 UN 총회에서 당시 가입국 58개 국가 중 50개 국가가 찬성하여 채택되었지만, 도덕적 구속력만 있는 선언문이었다. 이에 더욱 실효성이 있는 인권법을 마련하기 위해 노력을 기울이던 UN은 1966년 총회에서 「국제인권규약(International Bill of Rights)」을 채택하였고,

---

1) 인권이란 사람 인(人), 권세 권(權)을 사용하는 한자어로 사람이기에 가지게 되는 가장 기본적인 권리를 뜻한다.

1976년 발효하였다. 구체적으로는 「경제적 · 사회적 · 문화적 권리에 관한 국제규약(International Covenant on Economic, Social and Cultural Rights)」(A규약)과 자유권 규약인 「시민적 · 정치적 권리에 관한 국제규약(International Covenant on Civil and Political Rights)」(B규약)이 있다. 우리나라는 1990년에 이 두 조약에 가입함으로써, 헌법에 의거해 국제법과 국내법이 동일한 효력을 갖게 되어 국가적으로 인권을 보장해야 할 책임을 지게 되었다.

「대한민국 헌법」에서는 "모든 국민은 인간으로서의 존엄과 가치를 가지며, 행복을 추구할 권리를 가진다. 국가는 개인이 가지는 불가침의 기본적 인권을 확인하고, 이를 보장할 의무를 진다."라고 밝히고 있다.

## 2 아동이란 어떤 존재인가?

'아동은 어떤 존재인가?'라는 물음은 유아교육의 필요성 및 방향에 대한 기틀을 마련한다는 점에서 매우 중요한 부분을 차지한다.

Philippe Ariès(1914~1984)는 『아동의 탄생(*L'enfant et la vie familiale sous l'ancien regime*)』에서 "아동이라는 개념이 탄생한 것은 매우 최근의 일"이라고 밝히고 있다.

10세기 무렵 아동은 '작은 성인(miniature adult)'으로 묘사되었다. 이 아동관에 따르면, 아동은 성인보다 몸집만 작지 다른 면에서는 성인과 같은 특징을 갖는 존재이다. 이러한 관점은 아동기의 발달적 특성이나 사고 과정을 고려하지 못한 교육을 하거나 아동에게 혹독한 과업을 부과하는 결과를 낳게 된다. 중세에는 아동기에 대한 의식 자체가 존재하지 않았거나 성인이 되기 전에 짧은 시간을 거쳐 가는 과도기 정도로만 간주되었다. 아동에 대한 인식의 변화는 신(神) 중심의 세계관에서 인간 중심의 세계관으로 전환하게 되는 17세기 이후부터다.

18세기 계몽주의 사상의 영향으로 아동은 성장하는 존재, 성인과는 구별되는 독자적 특성을 지닌 존재로 인식되기 시작한다. Rousseau는 아동을 자연적 성장의 존재로 이해해야 한다는 아동관을 제시하며, 소극적 교육(negative education)을 강조한다. 이러한 능동적 존재로서의 아동관은 19세기 이후 과학적 심리학의 영향으로 더욱 발전한다. 이전의 내성법에 의존한 아동연구가 관찰과 실험인 자연과학적 방법을 통해 이루어짐으로써 아동연구에 괄목할 만한 진전이 거듭된다. 이처럼 과학적 방법으로 아동을 이해하는 데 중요한 역할을 한 발달심리학 이론들은 아동기가 미성숙에서 성숙의 단계로 발전해 가는 중요한 시기에 해당한다는 점을 강조하면서 아동에 관한 관심은 급격하게 증가하게 되었다.

특히, 1970년대 이후 아동기가 단순히 미성숙의 단계가 아니라 성인과는 다른 사고구조와 나름의 가치를 지니는 독자적 시기임이 많은 발달심리학 연구를 통해 밝혀짐으로써 아동을 자율적 존재로서 이해하고, 자신의 삶에 영향을 미치는 결정에 참여할 수 있는 권리를 가진 권리 주체로서 바라보는 시각이 생겨나기 시작한다. 이러한 시각은 아동을 보편적 권리 주체로 인정하는 인식의 전환을 낳았고, 아동의 권리에 관한 관심 증가와 함께 그에 따른 문제를 교육현장에서 다루게 되는 결과를 가져 왔다. 보편적 권리 주체로서의 아동에 대한 인식 전환은 교육현장에서 아동을 능동적 존재로 인식하게 되는 계기가 되었고, 지금까지 교육에서 수동적 지위였던 아동을 학습의 주체로 인식하게 되었다. 그러나 실제 삶의 현장에서나 일상에서는 아직도 아동을 미성숙한 존재로 보는 관점에서 크게 벗어나지 못하였고, 보호와 통제의 대상에서 벗어나 보편적 권리의 주체로 아동에 대한 인식이 자리 잡는 데에는 한계가 있었다. 이처럼 아동이 하나의 인격체로 존중받지 못하는 현실에 대해 자각하기 시작했고 아동을 권리 주체로서 인식할 필요성이 제기되면서, 이를 구체적으로 실행하려는 국제적 흐름이 시작된다. 이것이 바로 1959년 「아동권리선언」에 이어 1989년 UN에서 채택된 「아동권리협약(Convention on the Rights of The Child)」이다.

「아동권리협약」에서는 모든 사람이 인권을 가진 한 개인으로서 자신의 권리를 실현할 존재임을 명시하고, 아동 역시 「세계인권선언」에서 강조하는 보편적인 권리를 가지는 존재이면서, 아동의 위치에서 요구되는 권리로서 생명권, 보호권, 발달권, 참여권의 권리를 추가적으로 가진 존재임을 선언하고 있다(구정화, 2009).

법적인 측면에서 아동에 관한 정의를 살펴보면 국가마다 다르다. 「아동권리협약」에서는 만 18세 미만의 모든 인간으로 아동의 범위를 정하고 있다. 물론 해당 국가의 법에서 아동의 범위를 정해 두었다면 관련법에 따라 「아동권리협약」이 적용되겠지만, 법으로 정해져 있지 않는 경우에는 보편적으로 만 18세 미만을 아동으로 간주하여 「아동권리협약」을 적용하도록 UN에서는 권고하고 있다. 우리나라에서는 아동 관련 법제가 그 목적에 따라 연령 기준을 다양하게 설정하고 있어 아동을 정의하는 용어 및 연령 기준이 복잡하다. 현재 아동을 정의함에 있어 가장 기본적으로 활용하고 있는 법은 「아동복지법」이다. 이 법률은 제3조 제1호에서 “아동이란 만 18세 미만인 자를 말한다.”고 정의하고 있고, 아동을 포괄하는 다양한 관련법이 「아동복지법」에 근거하여 따르고 있다.

## 3 영유아 인권이란 무엇인가?

영유아 인권이란 영유아가 인간으로서 누려야 할 모든 기본적 권리를 의미하는 것으로, 인간으로서의 ‘보편적 권리’와 ‘영유아 고유의 권리’를 모두 포함한다. 이는 영유아기의 고유한 특성으로 인한 차이점을 인정하는 것이다.

아동 인권옹호의 선구자인 Janusz Korczak(1879～1942)[2)]은 『*How to love a child*』

2) Janusz Korczak(1879～1942). 폴란드 출신의 의사이자 작가이며, 아동권리옹호의 선구자이다. UN은 그의 탄생 100주년을 기념하며 1979년을 ‘아동의 해’로 선포하고, 그의 사상을 기초로 하여 「아동권리협약」의 초안을 작성하게 되었다.

에서 "수많은 아동은 미래의 인격체, 즉 언젠가 인격체로 성장할 누군가가 아니다. 그들은 지금 이 순간, 바로 오늘 이미 인격체이다."라고 하면서 영유아는 하나의 인격체로서 존중받아야 하며, 사람으로서 가지는 기본적 권리를 지닌 존재임을 강조하였다.

영유아의 권리를 가장 발전적으로 실행력 있고 종합적으로 천명한 공식 문서는 바로 1989년 UN에서 채택된 「아동권리협약」이다. 이 협약에서는 영유아 역시 보편적인 인권을 가지는 존재이면서 영유아의 위치에서 요구되는 세부적인 권리를 추가적으로 가진 존재임을 명시하고 있다(구정화, 2009).

이는 영유아의 권리가 성인의 권리와 단순히 대치되는 개념이 아니라 보편적 인간으로서의 권리를 가진 존재이면서 성인과 달리 영유아이기에 더욱 고려되어야 하는 세부적인 권리가 요구된다는 것을 의미한다(그림 1-1 참조).

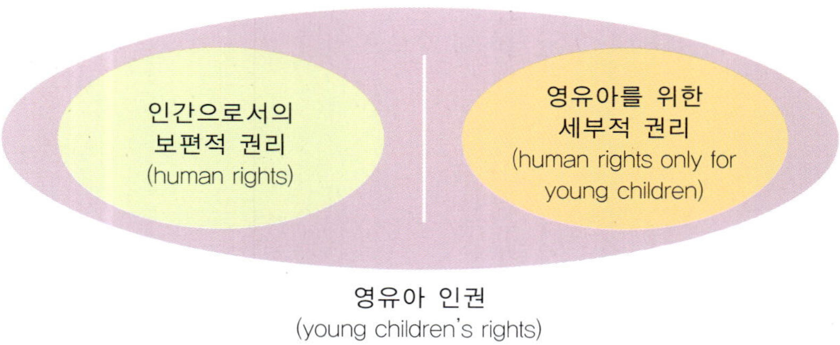


[그림 1-1] 영유아 인권

또한, 영유아 인권을 단순히 영유아에 대한 호의나 친절, 관용의 문제가 아니라 인간으로서 지니는 내재적 권리로 보았으며, 우리 모두가 존중해야 하는 의무와 책임이 있음을 강조하였다. 이처럼 「아동권리협약」은 영유아를 보호의 대상자이면서 동시에 인권의 향유 주체, 권리행사의 주체로 인식하는 적극적인 관점을 제시하면서 영유아 인권에 대한 새로운 관점을 제시하게 된다.

UNICEF(2005)는 영유아가 자신의 삶에 영향을 미치는 의사결정 과정에 참여하는 권리와 그들이 위험으로부터 보호받아야 하는 권리를 어떻게 조화롭게 보장할 수 있는가 하는 질문에 답하려면 영유아를 발달적 존재, 참여적 존재, 보호적 존재로서 이해할 수 있어야 한다고 제안하였다. 이는 '보호' 중심의 접근이 영유아를 단순한 복지 수혜자이자 수동적인 복지 대상자로 전락시킬 수 있음을 우려하는 것으로 '보호의 대상자로서의 영유아'와 '권리의 주체자로서의 영유아' 개념 간의 조화를 강조하는 것이다(육아정책연구소, 2011).

이처럼 영유아는 성인의 보호를 받아야 하는 의존적 존재이지만 단순히 보호받는 것에서 벗어나 한 사람의 인간으로서 자유와 존엄성을 누리고 살아갈 수 있도록 영유아의 인권은 반드시 보장되어야만 한다. 이런 점에서 볼 때 영유아 인권은 성인이 영유아를 위해 베푸는 혜택이 아니라 영유아가 인간으로서 누려야 할 기본적 권리인 것이다.

> 우리 엄마(아빠) 꿈속에 오늘 밤에 나타나 내 얘기 좀 전해 줄 수 없겠니?
> 먹고 싶은 것이랑 놀고 싶은 것이랑 모두 모두 할 수 있게 해 줄래?
> – '피노키오' 중.

이 동요 '피노키오'의 노랫말처럼, 영유아의 목소리에 귀 기울이고 그들의 권리를 인정해 주고자 하는 노력이 필요할 것이다.

## 4 영유아 인권의 역사

영유아 인권에 관한 국제적 관심은 1923년 영국의 Eglantyne Jebb(1876~1928)에 의해 작성된 「아동권리선언」과 이를 바탕으로 1924년 9월 UN 총회에서 「아동권리 제네바 선언(Declaration of Geneva)」이 채택된 이후부터 시작되었다. 1959년 UN에서는 「아동권리 제네바 선언」(1924)보다 5개 조항이 많은 10개 원칙을 수록한 「아동권리선언(Declaration of the Rights of the Child)」을 만장일치로 채택하게 되면서 권리 주체로서의 아동에 대한 인식의 필요성과 함께 이를 구체적으로 실행하고자 하는 의지를 표명하게 된다. 이후 1989년 UN 「아동권리협약(Convention on the Rights of the Child)」이 채택되면서 영유아가 인권을 가진 존재임을 국제적으로 인정받게 되었다.

[그림 1-2] 영유아 인권의 역사



## 1) 아동권리선언(1923)과 아동권리 제네바 선언(1924)

「아동권리선언(Declaration of Geneva)」(1923)은 영국의 Eglantyne Jebb에 의해 작성되었다. 그는 1919년 Save the Children의 창시자로, 전쟁의 여파로 경제적으로 어려움에 처한 한 엄마가 자신의 손으로 아기의 목숨을 끊는 처절한 상황을 목격하면서 "비록 아기를 낳았더라도 아이의 생명권은 엄마에게 있지 않다."라고 주장하게 된다. 이후 1923년 아동권리와 보호에 관한 5가지 원칙을 규정한 「아동권리선언」을 선포하게 된다.

「아동권리선언」은 아동의 정상적인 신체적, 정신적 발달을 도모하기 위해 대책을 세워야 하고, 굶주린 어린이에게 먹을 것을 제공하고, 보호가 필요한 아동을 보호하고, 위험한 상황에서 아동을 최우선으로 구해야 하고, 성(性)과 여러 착취로부터 아동을 보호해야 하는 등의 5개 조항을 통해 전 세계의 모든 성인과 인류가 아동에게 최선의 것을 제공하여야 할 의무를 가짐을 명시하고 있다(표 1-1 참조).

〈표 1-1〉「아동권리선언」(1923)의 조항 및 내용

| 조항 | 내용 |
|---|---|
| 1조 | 아동은 정상적인 발달에 필요한 물질적 · 도덕적 · 정신적 조건을 공급받아야 한다. |
| 2조 | 굶주린 아동은 먹여야 하고, 병든 아동은 치료를 받아야 하며, 정신적 · 신체적으로 장애가 있는 아동은 재활을 위해 교육받아야 하고, 고아와 부랑아에게는 안식처를 제공해 주어야 한다. |
| 3조 | 재난이 닥칠 경우 아동이 최우선적으로 구제받아야 한다. |
| 4조 | 아동은 사회보장제도와 안전체계의 혜택을 마음껏 누려야 하며, 앞으로 생계를 스스로 꾸려 나갈 수 있도록 적절한 시기에 교육을 받음은 물론, 모든 형태의 착취로부터 보호받아야 한다. |
| 5조 | 아동은 그들 개개인의 재능이 인류 발전을 위해서 쓰여야 함을 이해하도록 양육되어야 한다. |

출처: 국가인권위원회(2011). 유아교사를 위한 인권교육 프로그램 개발연구.

그리고 그 이듬해인 1924년 9월 UN 총회에서 이를 「아동권리 제네바 선언」으로 선포하게 된다. 1948년에 「아동권리 제네바 선언」은 '인종, 국적, 종교적 신념을 초월하여 보호'와 '다양한 사회보장의 혜택 및 모든 형태의 착취로부터의 브호'의 내용을 추가하여 총 7개 조항으로 개정되었다.

## 2) 아동권리선언(1959)

제2차 세계대전 이후 UN의 기초가 된 「국제연합헌장(The Charter of the United Nations)」은 국제인권법의 법적, 개념적 기초를 세우는 데 초석이 된다. 그후 1948년 인류 최초 인권에 대한 합의이자 인류 보편의 가치로 인권을 규정한 「세계인권선언」이 채택된다.

이를 근거로 1959년 UN에서는 1924년 채택된 「아동권리 제네바 선언」보다 5개 조항이 많은 10개 원칙을 수록한 「아동권리선언(Declaration of the Rights of the Child)」을 만장일치로 채택하게 된다. 이 선언은 아동의 권리 신장에 기여한 국제 문서로, 「아동권리 제네바 선언」에 비해 아동의 권리가 매우 구체적으로 정리되고 '보호권'과 관련된 조항이 늘었으며 '아동 최상의 이익'을 보장하기 위한 법 제정을 강조한 점에서 의의를 지닌다(류은숙, 2009; 안사라, 2012; UNESCO 한국위원회, 1995). 보호권과 아동 최상의 이익을 보장하기 위한 조항이 추가된 원인은 제2차 세계대전의 결과로 굶주림과 질병 등의 위협으로 처참해진 아동의 삶이 반영된 것이라 할 수 있다.




〈표 1-2〉 「아동권리선언」(1959)의 조항 및 내용

| 조항 | 내용 |
|---|---|
| 1조 | 인종, 피부색, 성, 언어, 종교, 정치적 견해, 출신, 재산, 문벌 등의 지위로 인하여 처벌받지 않을 권리 |
| 2조 | 특별 보호 및 신체, 지능, 도덕, 정서, 사회적 성장 기회나 혜택의 제공 |
| 3조 | 출생 시 성명과 국적의 취득권 |
| 4조 | 사회보장 혜택을 받을 권리 |
| 5조 | 장애아에 대한 특별 치료, 교육, 보호 |
| 6조 | 아동은 양친의 사랑과 책임하에 양육, 요보호아동에 대한 국가 비용의 부담 |

| 조항 | 내용 |
|---|---|
| 7조 | 아동의 교육권, 아동 교육 시 최선의 유익함을 제공, 놀이 및 오락의 권리 |
| 8조 | 우선 보호 및 혜택받는 사람 속에 포함 |
| 9조 | 방임, 학대, 착취, 과도한 노동으로부터 보호 |
| 10조 | 인종·종교·기타 형태의 차별을 조장할 수 있는 관습으로부터 보호, 이해와 관용, 우애, 평화, 세계시민 정신으로 인류에 헌신한다는 의식 속에 육성되어야 함 |

### 3) 아동권리협약(1989)

영유아가 권리를 가진 존재임이 국제적으로 인정받게 된 것은 1989년 UN의 「아동권리협약(CRC: Convention of the Rights of the Child)」 이후이다. 그전까지 영유아의 권리는 단순히 보호 차원에서만 접근하였으나 「아동권리협약」 이후 권리 주체로서의 인식이 확장되기 시작하였다.

「아동권리협약」은 10년간의 기초 수립 과정을 거쳐 1989년 11월 20일 제44차 UN 총회에서 만장일치로 채택되었다. 이 협약은 이듬해인 1990년에 국제법의 효력을 갖게 되었고, 2015년 11월을 기준으로 총 196개국이 비준함으로써 인권 협약 중 가장 많은 비준국을 보유한 협약이 되었다.

「아동권리선언」(1959) 30주년을 기념하기 위해 '영유아기 아동권리 이행'을 주제로 진행된 1989년 UN 총회에서는 「아동권리협약」을 채택함으로써 영유아가 모든 권리를 보유하고 있으며, 영유아기가 권리를 실현하기 위한 사고 및 행동을 획득하는 데 있어서 결정적 시기(critical period)임을 강조하였다. 또한, 영유아가 타인에게 의존적이지만, 단순히 양육이나 지도 및 감독의 일방적인 수용자가 아니라 양육자에게 생존과 성장, 복지에 필요한 보호와 양육을 구하는 적극적인 권리의 주체로 본 점에서 영유아 인권에 대한 시각을 '보호'에서 '권리 주체'로 인식의 변화를 가져오는 계기를 마련하였다.

「아동권리협약」의 구성은 "인류사회의 모든 구성원의 고유한 존엄성 및 평등하고 양도할 수 없는 권리를 인정한다."라는 내용을 포함하는 전문을 비롯하여 총 54개 조항인 총 3부로 구성되어 있다.

제1부는 제1조에서 제41조, 제2부는 제42조에서 제45조, 제3부는 제46조에서 제54조로 구분된 이 조약은 사회, 경제, 문화 등에서 아동의 구체적인 삶을 포괄하는 내용으로 이루어져 있다(표 1-3 참조).

〈표 1-3〉「아동권리협약」(1989)의 구성 및 주요 내용

| 구성 | 주요 내용 |
|---|---|
| 전문 | 아동권리의 기본 이념과 가치 및 배경 |
| 제1부 | 아동의 권리와 가입국의 아동보호 의무 규정 |
| 제2부 | 협약의 이행조치 규정 |
| 제3부 | 부칙(서명, 가입, 비준서, 기타, 개정 절차, 유보, 폐기, 원본 규정) |



협약 제1부 제1조에서는 아동의 정의를 '국제적으로 18세 미만의 모든 사람'으로 제시한다. 그리고 의무 규정을 담고 있는 41개의 조항은 아동의 사회적·경제적·문화적 권리와 시민적·정치적 권리, 특별보호를 위한 권리, 그리고 4대 기본 권리를 보장할 것을 규정하고 있다.

협약의 제2부에 해당하는 제42~45조의 내용은 협약의 이행조치 규정을 명시한다. 세부적으로 살펴보면, 협약 홍보 및 교육, 입법·행정·사법에서의 협약 이행 등 협약 비준국이 협약 이행을 위해 취할 수 있는 주요 사항을 포괄적으로 담고 있다(국제아동인권센터, 2015). 또한 이행 상황에 대한 감독과 보고체계 등에 관한 의무 및 절차에 대한 규정을 명시하고 있다. 협약에 비준한 당사국은 협약 제44조에 의거하여 각 조항에 따른 이행 사항 및 UN 아동권리위원회의 권고에 대한 이행 사항과 관련된 보고서를 작성하여 UN 아동권리위원회에 제출해야 하는데 해당 보고서는 비준한 후 2년, 그 이후부터는 5년마다 제출하여야 한다.

## 5 아동권리협약에 나타난 영유아의 권리

「아동권리협약」(1989)에는 영유아 권리를 인간으로서 보편적 권리의 주체이면서 성인과 달리 영유아의 위치에서 추가적으로 요구되는 권리를 생명권, 보호권, 발달권, 참여권의 측면에서 세부적으로 제시하고 있다. 이는 영유아의 권리가 보편적 인간으로서의 권리와 함께 영유아이기에 더욱 고려되어야 하는 세부적인 권리를 포함한다는 점에서 성인의 권리와는 구별됨을 보여 준다.

이를 위해 「아동권리협약」에서는 '아동 무차별의 원칙', '아동 최선의 이익 우선 원칙', '아동 참여의 원칙'의 3가지 기본 원칙과 함께 '생존권', '보호권', '발달권', '참여권'을 영유아의 4대 기본권리로 규정하고 있다.

'생존권(survival rights)'은 영유아가 생활에 기본적으로 필요한 것을 누릴 권리로, 안전한 주거지에서 살 권리, 충분한 영양 섭취, 보건의료서비스를 받을 권리 등과 관련된다. '보호권(protection rights)'은 영유아가 유해한 것으로부터 안전하게 보호받을 권리이며, 모든 형태의 학대와 방임, 차별, 폭력, 고문, 징집, 부당한 형사처벌, 과도한 노동, 약물과 성폭력 등과 관련된다. '발달권(development rights)'은 영유아가 가진 잠재 능력을 최대한 발휘하는 데 필요한 권리로, 교육을 받을 권리, 여가를 즐길 권리, 문화생활을 할 권리, 정보 접근의 권리, 종교의 자유 등과 관련된다. '참여권(participation rights)'은 영유아가 자신의 나라와 지역사회의 활동에 적극적으로 참여할 권리이며, 아동 자신의 생활에 영향을 주는 일에 관하여 의견을 말하고 존중받을 권리로서 사상, 양심, 종교, 학습, 문화생활, 표현, 정보 접근 등과 관련된다.

위에서 제시한 4대 기본권리는 명확하게 구분되는 것이 아니라, 서로 긴밀하게 연관되어 있다. 「아동권리협약」의 각 조항에 관련된 내용을 살펴보면, 2가지 이상의 기본권리를 포함하는 것이 다수 있음을 알 수 있으며, 특히 '생존권 – 보호권'과

'발달권 – 참여권'은 더욱 상호 긴밀한 연관성을 보이고 있다. 즉, 영유아의 4대 기본권리는 상호 의존과 보완의 관계를 형성하고 있다.

영유아가 생명을 보존하고 건강한 삶을 누리는 데 필요한 기본적인 것을 제공받을 권리로서 안전한 주거 공간, 충분한 영양 섭취, 건강관리와 의료 혜택을 통해 적절한 치료를 받는 것 등이 포함된다. 이와 함께 가뭄과 홍수, 지진, 전쟁, 질병, 영양실조, 노동 착취, 환경 파괴 등으로 기본적인 생존권이 보장받지 못하는 제3국가 아동에 대한 관심이 필요하다.

영유아가 신체적, 심리적, 언어적 성폭력 등 유해한 모든 형태의 폭력과 차별로부터 안전하게 보호받을 권리로, 체벌, 왕따, 성차별 및 가정해체로 인한 자유권 침해의 문제 등 타인으로부터 방해받는 모든 것에 침해받지 않을 권리이다.

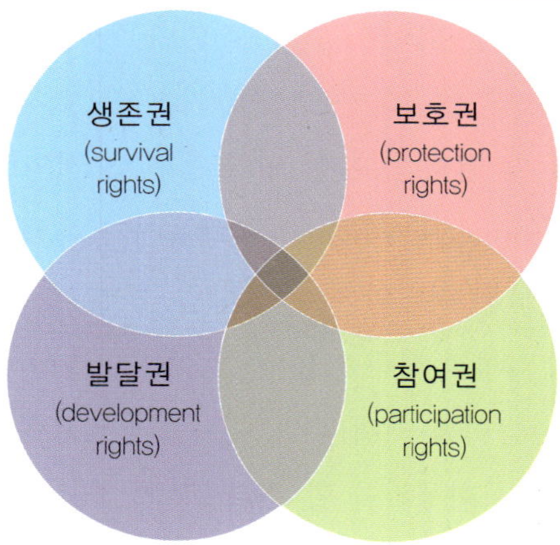


영유아의 성장, 발달과 관련하여 잠재 능력을 최대한 발휘하는 데 필요한 권리로서 신체적, 정신적, 도덕적, 사회적 발달을 위해 적합한 생활수준을 누릴 권리로, 누구나 받아야 하는 기본적인 의무교육의 보장과 특정한 상황(장애가 있는)의 영유아에 대한 교육도 포함된다.

영유아 본인과 관계되는 모든 일에 관해 자기 의견을 이야기하고 결정에 참여할 수 있도록 하는 권리로, 생활 속에서 신체, 복장, 음식, 행동, 학문의 자유를 보장하고 '선택권'을 부여하는 것도 포함된다.

[그림 1-3] 「아동권리협약」(1989)에 제시된 영유아의 4대 기본권리

## 1) 생존권(Survival Rights)

생존권은 영유아의 생명과 직접 관련이 있는 권리로, 구체적으로는 안전한 주거지에서 살 권리, 충분한 영양 섭취, 기본적인 보건의료 서비스, 사고의 예방과 관련된 조항에 해당된다. 즉, 아동이 살면서 기본적으로 필요한 것을 누릴 권리이다.

「아동권리협약」(1989)에서 생존권과 관련된 조항은 제6조, 7조, 18조, 19조, 20조, 24조, 25조, 26조, 27조, 38조, 39조 등에 해당된다. 이 조항 중 생존권의 정의와 가장 직접적으로 관련된 조항은 제6조와 제24조이며, 내용은 다음과 같다.

**제 6 조**

1. 당사국은 모든 아동이 고유의 생명권을 가지고 있음을 인정한다.
2. 당사국은 가능한 최대한도로 아동의 생존과 발달을 보장하여야 한다.

**제24조**

1. 당사국은 도달 가능한 최상의 건강 수준을 향유하고, 질병의 치료와 건강의 회복을 위한 시설을 사용할 수 있는 아동의 권리를 인정한다. 당사국은 건강서비스의 이용에 관한 아동의 권리가 박탈되지 아니하도록 노력하여야 한다.
   가. 유아와 아동의 사망률을 감소시키기 위한 조치
   나. 기초건강관리의 발전에 중점을 두면서 모든 아동에게 필요한 의료 지원과 건강관리의 제공을 보장하는 조치
   다. 환경오염으로 인한 위험을 고려하여 (중략) 질병과 영양실조를 퇴치하기 위한 조치
   라. 산모를 위한 출산 전후의 적절한 건강관리를 보장하는 조치
   마. (전략) 모든 아동의 건강과 영양, 모유 수유의 유익성, 위생 및 환경위생 시설, 그리고 사고 예방에 관한 기초 지식의 활용에 있어서 정보를 제공받고 교육지원을 받도록 하는 조치
   바. 예방적 건강관리, 부모를 위한 지도 및 가족계획에 관한 교육과 편의를 발전시키는 조치

협약 제6조와 제24조의 내용을 요약하면, 생존권이란 영유아의 생명을 존중하고 유지하기 위해 충분한 영양 공급, 각종 질병의 치료를 위한 적절한 시설의 이용, 예방과 관련된 교육 및 조치를 받을 권리이며, 협약에서는 이를 존중하고 인정하여야 함을 명시하고 있다.

오늘날 지구상에는 22억 명이 넘는 아동이 있으며 그중 20억 명의 아동이 제3세계인 개발도상국에 살고 있다. 이들 중에 생존권을 위협받고 있는 아동은 수없이 많다. 예를 들면, 인도에서는 5세 미만의 아동 가운데 5천 5백만 명의 아동이 영양실조에 의한 저체중에 시달리고 있으며, 생후 첫 달에 매년 100만 명의 신생아가 사망에 이르고 있다.[3] 또한 아프리카 앙골라의 경우, 후천성 면역 결핍 증후군(AIDS)에 양성인 사람의 19만 명 중 대부분이 여성으로, 이로 인해 출생과 동시에 후천성 면역 결핍 증후군에 양성을 보이는 경우가 흔하다.[4]

또한, 영유아의 생존권이 보장되지 못하고 있는 상황은 환경문제로 인해 깨끗하고 충분한 물 공급이 어렵고, 장기적인 가뭄과 기근으로 식량 확보가 어려워 영양실조와 같은 질병에 노출되는 경우도 있다. 무엇보다 질병에 대한 국가적 차원에서의 예방과 교육이 체계적으로 이루어지지 못해 선천적으로 질병을 얻게 되고, 이에 따른 적절한 치료가 이루어지지 못해 아동의 생존권과 보호권, 발달권 등 다른 영역의 권리가 복합적으로 침해받는 문제가 발생하고 있다.

국내에서도 아동의 생존권이 침해를 받고 있는 사례가 종종 일어나고 있다. 우리나라의 경우, 가족의 해체 및 빈곤가정 등에서 아동에게 적절한 보호를 해 주지 못하는 환경, 안전사고로부터의 위협, 아동의 성인병과 연관된 비만, 아동학대 등의 원인으로 인해 아동의 생존권이 침해를 받고 있다.

영유아기는 생애 초기 단계로서 적절한 환경의 제공과 도움, 보호를 받아 조화로운 발달을 이루어 나가는 결정적 시기이다. 영유아기에 생존에 필요한 적절한

3) UNICEF INDIA, http://UNICEF.in/Story/25/Right-to-Survival-Health-and-Nutrition.

4) https://www.humanium.org/en/africa/

환경과 안전이 주어지지 못하면 직접적으로 심각한 손상을 가져오게 된다. 따라서 생애 초기 단계인 영유아의 생존권은 영유아가 모든 일상생활을 영위하는 데 있어 절대적인 조건이며, 무엇보다 가장 기본적이며 중요하게 보장되어야 할 권리이다.

### 2) 보호권(Protection Rights)

'보호권'은 영유아가 모든 유해한 것으로부터 안전하게 보호받을 권리로 생존권과 밀접한 관련성을 지닌다. 보호권이 보장되지 못한다면 영유아의 생존권 또한 침해받게 되어 생명을 잃게 되는 상황이 연쇄적으로 발생하기 때문이다. 구체적으로는 모든 형태의 학대와 방임, 차별, 폭력, 고문, 징집, 부당한 형사처벌, 과도한 노동, 약물 노출, 성폭력 등과 관련된 조항이 포함된다.

보호권은 크게 '각종 차별로부터의 보호', '학대 및 각종 착취로부터의 보호', '특수한 상황에 놓인 아동에 대한 보호'로 구분하여 살펴볼 수 있다.

보호권의 첫 번째 범주인 '각종 차별로부터의 보호'는 「아동권리협약」(1989)의 제2조에서 명확하게 제시되고 있으며, 관련 내용은 다음과 같다.

제2조

1. 당사국은 자국의 관할권 내에서 아동 또는 그의 부모나 법정 후견인의 인종, 피부색, 성별, 언어, 종교, 정치적 또는 기타의 의견, 민족적, 인종적 또는 사회적 출신, 재산, 장애, 출생 또는 기타의 신분에 관계없이 그리고 어떠한 종류의 차별이 없이 이 협약에 규정된 권리를 존중하고 각 아동에게 보장하여야 한다.
2. 당사국은 아동이 그의 부모나 법정 후견인 또는 가족 구성원의 신분, 활동, 표명된 의견을 이유로 받게 되는 모든 형태의 차별이나 처벌로부터 보호되도록 보장하는 모든 적절한 조치를 취하여야 한다.

제2조에는 모든 영유아에게 인종, 피부색, 성별, 언어, 종교 등과 같은 각종 요인과 환경에 따른 차별이 일어나서는 안 됨을 명시하고 있다. 이 외에도 '국적에 대한 차별(제7조)', '장애에 대한 차별(제23조)', '소수민족과 원주민에 대한 차별(제30조)'을 금지하고 있으며, 당사국은 이러한 차별로부터 아동을 보호하기 위한 적절한 조치를 취할 것을 권고하고 있다.

보호권의 두 번째 범주인 '학대 및 각종 착취로부터의 보호'는 협약의 제19조에 명확히 명시되어 있다. 제19조에는 영유아가 모든 성인(부모, 후견인 등)으로부터 어떤 형태의 학대와 착취를 받아서도 안 됨을 명시하고 있다. 이와 함께 당사국은 아동학대 방지를 위해 법적, 행정적으로 적절한 조치를 취할 것을 권고하고 있다.

제19조

1. 당사국은 아동이 부모, 법정 후견인 또는 기타 아동 양육자의 양육을 받고 있는 동안 모든 형태의 신체적·정신적 폭력, 상해, 학대, 유기, 방임적 대우, 성적 학대를 포함한 혹사나 착취로부터 아동을 보호하기 위하여 모든 적절한 입법적·행정적·사회적·교육적 조치를 취하여야 한다.
2. 이러한 보호조치는 아동과 아동 양육자에게 필요한 지원을 제공하기 위한 사회계획의 수립은 물론, 상기된 바와 같이 아동학대 사례를 여러 방법으로 방지하거나 확인, 보고, 조회, 조사, 처리 및 추적하고, 적절한 경우에는 사법적 개입을 가능하게 하는 효과적 절차를 적절히 포함하여야 한다.



이 외에도 보호권과 관련된 제11조, 16조, 20조, 21조, 25조, 32조, 33조, 34조, 35조 등은 '아동의 매매, 유괴, 해외 이송, 노동 및 성(性)'과 관련된 학대 및 착취로부터 보호하는 내용을 포함하고 있다.

보호권의 세 번째 범주인 '특수한 상황에 놓인 아동에 대한 보호'는 '난민아동'과 '전쟁 및 무력분쟁 지역에 놓인 아동'과 관련된 것으로, 협약에서 이와 같은 내용을 포함하는 조항은 제22조와 제38조이다. 제22조에는 난민아동과 같은 특수 상황에 놓인 아동에 대해 보호를 위해 노력해야 함을 명시하고 있다. 또한 제38조에는 당사국에서 이들 아동을 위한 「국제인도법(IHL: Internation Humanitarian Law)」(1977)을 존중하고 준수하도록 명시하고 있다.

제22조

1. 당사국은 난민으로서의 지위를 구하거나 적용 가능한 국제법 및 국내법과 절차에 따라 난민으로 취급되는 아동이 부모나 기타 다른 사람과의 동반 여부에 관계없이, 이 협약 및 당해 국가가 당사국인 다른 국제 인권 또는 인도주의 관련 문서에 규정된 적용 가능한 권리를 향유함에 있어서 적합한 보호와 인도적 지원을 받을 수 있도록 하기 위하여 적절한 조치를 취하여야 한다.

제38조

1. 당사국은 무력분쟁에 있어서 당사국에 적용 가능한 아동 관련 국제인도법을 존중하고 이 법이 준수되도록 조치를 취한다.

(중략)

3. 당사국은 15세에 달하지 아니한 자의 징병을 삼가하여야 한다. 15세 이상 18세 이하의 아동 중에서 징병하는 경우 당사국은 연장자 순으로 징집해야 한다.

이 외에 '가족의 재결합(제10조)', '시설아동에 대한 실태 조사(제25조)', '신체적·심리적 회복 및 사회복귀(제39조)' 등과 관련된 내용 등이 보호권의 세 번째 범주인 '특수한 상황에 놓인 아동에 대한 보호'의 내용에 포함된다.

이처럼 보호권은 영유아가 유해한 모든 형태의 폭력과 차별로부터 보호받을 권리, 각종 학대와 방임, 폭력, 고문, 징집, 노동, 성폭력 및 노동 착취 등으로부터 보호받을 권리를 제시하고 있다. 영유아는 발달 특성상 매우 활동적이고, 결과에 대한 예측 능력이 미성숙하여 성인의 지도와 보호가 필요한 존재로, 보호권이 보장되지 않는다면 영유아의 생명 또한 보장받을 수 없는 최악의 상황이 초래된다. 따라서 보호권 보장과 존중을 위한 국제적인 관심과 노력은 끊임없이 지속되어야 할 것이다.

## 3) 발달권(Development Rights)

'발달권'은 영유아가 가진 잠재 능력을 최대한 발휘하는 데 필요한 권리로, 모든 종류의 교육과 영유아의 신체적·정신적·사회적 발달을 이루기 위한 기본적인 생활 여건을 보장받는 권리를 말한다. 구체적으로는 교육을 받을 권리, 여가를 즐길 권리, 문화생활을 할 권리, 정보 접근의 권리, 종교의 자유를 가질 권리 등과 관련된다.

발달권의 보장과 관련된 기본적 내용은 협약의 제27조와 제28조에서 밝히고 있으며, 이 외에도 '사상, 양심 및 종교의 자유(제14조)', '다양한 정보와 자료의 접근권(제17조)', '신체 및 정신의 발달권(제24조)', '교육을 받을 권리(제28조)', '문화생활, 휴식 및 놀 권리(제31조)' 등이 발달권과 관련되는 조항들이다.

**제27조**

1. 당사국은 모든 아동이 신체적, 지적, 정신적, 윤리적, 사회적 발달에 적합한 생활 수준을 누릴 권리를 갖고 있음을 인정한다.
2. 부모 또는 기타 아동에 대하여 책임을 지고 있는 사람은 능력과 재정 상황의 범위 내에서 아동 발달에 필요한 생활 여건을 제공할 일차적 책임을 진다.
3. (전략) 영양, 의복 및 주거에 대하여 물질적 보조 및 지원 계획을 제공하여야 한다.

**제28조**

1. 당사국은 아동의 교육에 대한 권리를 인정하며, 점진적으로 그리고 기회균등의 기초 위에서 이 권리를 달성하기 위하여 특히 다음의 조치를 취하여야 한다.
   가. 초등교육은 의무적이며, 모든 사람에게 무료로 제공되어야 한다.
   (중략)
   라. 교육 및 직업에 관한 정보와 지도를 모든 아동이 이용하고 접근할 수 있도록 조치하여야 한다.

제27조와 제28조에는 영유아의 교육받을 권리, 놀 권리, 휴식할 권리 등 다양한 권리가 보장되어야 함을 명시하고 있다. 발달권이 존중됨으로써 영유아의 무한한 잠재력이 최대한 발휘되어, 자신의 능력을 마음껏 표현하며 인간답게 살 수 있는 인권의 궁극적 목적을 이루게 되는 것이다.

### 4) 참여권(Participation Rights)

'참여권'은 영유아 자신의 문제와 자신의 삶에 있어 영향을 미치는 사안에 관하여 적극적으로 의견을 제시하고 참여할 권리를 말한다. 그전까지 영유아는 미숙한 존재로 인식되어 영유아의 의견이 쉽게 무시되거나 의사결정에 참여할 기회나 권리가 주어지지 않았다. 참여권 보장과 관련된 기본적 내용은 협약 제12조에서 밝히고 있다. 제12조에 따르면, 당사국은 영유아가 의사결정에 적극적으로 참여하여 표현할 수 있는 권리를 보장하고자 노력해야 함을 권고하고 있다.

이 외에도 '가족의 해체 및 재결합(제9조, 제10조)', '자유로운 의사표현(제12조)'과 '표현의 자유(제13조)', '정보의 접근(제17조)', '집회의 자유(제15조)' 등의 조항들이 참여권과 관련된 조항이다.

**제12조**

1. 당사국은 자신의 견해를 형성할 능력이 있는 아동에 대하여 본인에게 영향을 미치는 모든 문제에 있어서 자신의 견해를 자유롭게 표시할 권리를 보장하며, 아동의 견해에 대하여는 아동의 연령과 성숙 정도에 따라 정당한 비중이 부여되어야 한다.
2. 이러한 목적을 위하여, 특히 아동에게 영향을 미치는 어떠한 사법적·행정적 절차에 있어 아동이 직접 또는 대리인이나 적절한 기관을 통하여 진술할 기회가 국내법의 절차에 따라 주어져야 한다.

영유아 스스로 자기 의견을 표현하고 의사결정에 참여하도록 하는 영유아의 '참여권'을 보장하기 위해서는 무엇보다 영유아를 독립된 인격체로 존중하는 사회 전반에 걸친 구성원의 인식 전환이 필요하다. 이러한 사회 구성원의 인식 전환을 바탕으로 성인은 영유아의 이야기를 경청하고, 영유아의 생각을 물어봐 주고, 영유아가 자기 의견을 마음껏 펼칠 수 있도록 기다려 주는 과정을 통해 적극적으로 활동에 참여할 수 있는 능력을 길러 줄 수 있을 것이다. 또한 영유아에게 자신의 삶과 관련된 다양한 문제를 해결하는 과정에서 자기 의견을 말하고 타인의 의견을 존중하며 상호적인 관계에서 문제를 해결해 나갈 기회가 제공된다면 영유아의 참여권은 존중되고 신장될 수 있을 것이다.

이는 민주시민 양성을 위한 가장 기본적인 단계로 영유아의 참여권은 교육에서 중요하게 다루어져야 할 내용으로 간주되고 있다.



## 6 우리나라에서의 영유아 인권에 대한 이해

1989년 「아동권리협약」이 선포된 이후 영유아 인권에 대한 인식 변화와 영유아 권리 존중에 대한 구체적 실행이 이루어지는 세계적 흐름에 맞추어 우리나라도 1991년에 「아동권리협약」에 서명함으로써 협약의 당사국이 되었다. 이와 함께 사회 전반에 걸쳐 영유아 권리에 대한 사회적 공감대가 형성되기 시작하였고, 영유아를 독립적인 권리 주체로 인식하는 계기를 마련할 수 있었다.

우리나라에서도 고대부터 고려시대, 조선시대를 지나 근대에 이르기까지 영유아 및 아동을 위한 정책들이 펼쳐졌지만, 그 정책들은 단순히 구휼을 목적으로 이루어진 것이라는 점과 신분제에 입각한 사회제도의 영향 아래에서 모든 아동을 위한 정책이 아니라는 점에서 영유아 인권존중의 사례로 보는 데 한계가 있다.

그러나 조선 후기에 이르러 동학의 교주 최제우와 최시형은 사람은 곧 하늘이라는 '인내천(人乃天)' 사상을 바탕으로 '모든 사람은 평등하다'라는 뜻에 따라 영유아를 존중해야 함을 강조하면서 영유아 인권에 대한 인식이 시작된다. 또한 장유유서(長幼有序)와 같이 모든 면에서 어른을 먼저 고려해야 한다는 생각은 불평등한 것으로 보면서 영유아 인권에 대한 새로운 인식이 시작되었다.

우리나라에서 영유아 인권 개념이 정립되는 결정적 계기를 제공한 상황을 구체적으로 살펴보면 다음과 같다.

## 1) 어린이 공약 3장(1923)

소파 방정환은 일제강점기에 민족의 독립과 번영을 위한 수단으로 동학과 천교도 사상을 바탕으로 한 어린이 운동, 즉 아동권리 실현 운동을 펼쳤다. 방정환이 처음으로 사용한 '어린이'라는 용어는 '젊은이', '늙은이'와 같은 표현처럼 '어른에 비해 나이가 어린 사람'을 뜻하며, 어린이를 독립적인 인격체로서 대우하고자 하는 의미가 포함되어 있다고 한다. 그는 1923년 2월 잡지 『어린이』 창간을 앞두고 어린이에 관해 다음과 같이 자신의 생각을 피력하였다.

> "어린이는 결코 부모의 물건이 되려고 생겨 나오는 것도 아니고,
> 어느 기성 사회의 주문품이 되려고 나오는 것도 아닙니다.
> 그네는 훌륭한 한 사람으로 태어나오는 것이고,
> 저는 저대로 독특한 사람이 되어 갈 것입니다."

같은 해 5월 1일, 방정환을 중심으로 한 어린이문화운동단체 '색동회'에서는 동아일보와 12만여 장의 광고지를 통해 「어린이 공약」을 선포하고, '어린이날'을 제정하였다. 동아일보는 "어린이날 5월 1일이 왔다. 조선에서 처음으로 어린이에게도 사람의 권리를 주는 동시에 사람의 대우를 하자고 떠드는 날이 왔다."라고 기사의 서문을 열며 어린이날의 제정 목적을 알렸다.

오늘, 어린이날
어린이를위하야처음으로
오후세시에전국에서선전
行列은依例禁止
소년운동협회주최의고심
기타계획은예정대로시행
紀念祝賀
오후삼시부터
텬도교당에서

**[그림 1-4]** 최초의 어린이날 기사

출처: 동아일보 1923년 5월 1일자 3면.

**〈표 1-4〉**「어린이 공약」 3장(1923)

| 조항 | 내용 |
|---|---|
| 1장 | 어린이를 재래의 윤리적 압박으로부터 해방(解放)하야 그들에게 대한 완전한 인격적 예우(禮遇)를 허(許)하게 하라. |
| 2장 | 어린이를 재래의 경제적 압박으로부터 해방(解放)하야 만 14세 이하의 그들에 대한 무상 또는 유상의 노동을 폐(廢)하게 하라. |
| 3장 | 어린이 그들의 고요히 배우고 즐거이 놀기에 족한 각양(各樣)의 가정 또는 사회적 시설을 행(行)하게 하라. |

출처: 국가인권위원회(2011). 유아교사를 위한 인권교육 프로그램 개발연구(p. 119).

1923년 5월 1일 선포된 색동회의 「어린이 공약」은 UN이 스위스 제네바에서 발표한 「아동권리 제네바 선언」보다 1년 앞선 것으로, 이 선언문에는 "젊은이나 늙은이는 일의 희망이 없다. 우리는 오직 나머지 힘을 다하여 어린이에게 희망을 주고, 생명의 길을 열어 주자."라는 취지가 「어린이 공약」 3장에 포함되어 있다. 「어린이 공약」 3장에는 '어린이의 존중, 어린이 노동의 금지, 배우고 놀 권리' 등을 제시하는 어린이 운동의 기초 조건과 함께 '어린이를 존중하고, 그들에게 높임말을 사용하고, 그들의 말에 귀 기울이고, 그들의 위생과 여가를 보장하는 것과 관련된 어른에게 드리는 글' 등 아동 인권에 관한 내용이 체계적으로 명시되었다(표 1-4 참조).

## 2) 어린이헌장(1957)

「어린이헌장」은 1957년 3월 1일 한국동화작가협회에서 제정하였고, 같은 해 5월 5일 제35회 어린이날에 보건사회부에서 선포한 헌장이다. 이는 UN의 「아동권리 선언」(1923), 「아동권리 제네바 선언」(1924)의 내용을 바탕으로 하여 제정되었으며 총 9개 조항으로 구성되어 있다.

'어린이는 나라와 겨레의 앞날을 이어나갈 새 사람이므로 그들의 몸과 마음을 귀히 여겨 옳고 아름답고 씩씩하게 자라도록 힘써야 한다.'라는 전문으로 시작하는 「어린이헌장」은 국가와 사회가 어린이를 위해 책임지고 해야 할 규정을 명시하고 있지만 법적 효력을 가지지는 못하였다.

이후 「어린이헌장」은 1988년 보건복지부에서 2개의 조항을 더하여 총 11개 조항으로 개정되었다.

〈표 1-5〉 「어린이헌장」(1988)의 내용

| 조항 | 내용 |
|---|---|
| 1조 | 어린이는 건전하게 태어나 따뜻한 가정에서 사랑 속에 자라야 한다. |
| 2조 | 어린이는 고른 영양을 취하고, 질병의 예방과 치료를 받으며, 맑고 깨끗한 환경에서 살아야 한다. |
| 3조 | 어린이는 좋은 교육시설에서 개인의 능력과 소질에 따라 교육받아야 한다. |
| 4조 | 어린이는 빛나는 우리 문화를 이어받아 새롭게 창조하고 널리 펴나가는 힘을 길러야 한다. |

| 조항 | 내용 |
|---|---|
| 5조 | 어린이는 즐겁고 유익한 놀이와 오락을 위한 시설과 공간을 제공받아야 한다. |
| 6조 | 어린이는 예의와 질서를 지키며, 한겨레로서 서로 돕고, 스스로를 이기며 책임을 다하는 민주시민으로 자라야 한다. |
| 7조 | 어린이는 자연과 예술을 사랑하고, 과학을 탐구하는 마음과 태도를 길러야 한다. |
| 8조 | 어린이는 해로운 사회환경과 위험으로부터 먼저 보호되어야 한다. |
| 9조 | 어린이는 학대를 받거나 버림을 당해서는 안 되고, 나쁜 일과 힘겨운 노동에 이용되지 말아야 한다. |
| 10조 | 몸이나 마음에 장애를 가진 어린이는 필요한 교육과 치료를 받아야 하고, 빗나간 어린이는 선도되어야 한다. |
| 11조 | 어린이는 우리의 내일이며 소망이다. 나라의 앞날을 짊어질 한국인으로, 인류의 평화에 이바지할 수 있는 세계인으로 자라야 한다. |



### 3) UN 아동권리협약 비준(1991. 11. 20.)

「아동권리협약(CRC: Convention on the Rights of the Child)」은 1989년 11월 20일 44차 UN 총회에서 만장일치로 채택되었고, 이듬해인 1990년에 국제법의 효력을 갖게 되었다. 2015년 11월 기준으로 총 196개국이 비준함으로써 인권협약 중 가장 많은 비준국을 보유한 협약이 되었다.

우리나라는 1990년 9월 25일에 「아동권리협약」에 서명하였고, 1991년 11월 20일에 비준하여 12월 20일부터 「아동권리협약」 당사국이 되었다. 이로 인해 우리나라도 「아동권리협약」 내용을 준수할 의무를 지니게 되었으며, UN 아동권리위원회에 보고서를 통해 이행 사항을 알릴 의무를 지니게 되었다. 「아동권리협약」은 지금까지의 「아동권리선언」과는 달리 법적 효력을 지니므로, 아동의 권리를 존중하는 것은 당사국의 의무이자 책임이 된다.

우리나라는 「아동권리협약」을 비준할 당시 '아동의 부모 면접교섭권', '아동 입양 허가제 도입', '아동의 상소권'의 3개 조항에 있어서는 유보적인 입장을 취했는데, 관련된 조항으로 각각 제4조, 제42조, 제44조의 제6항이 이에 해당된다. 이 중 '아동의 부모 면접교섭권'은 2007년 「민법」이 개정되면서 아동의 참여와 아동의 의사표현의 권리가 강화하게 되면서 유보를 철회하였다. 그러나 '아동 입양 허가제 도입'은 입양문화 개선 및 인식의 전환 등 다양한 분야에 대한 단계적 개선을 통해 유보철회를 위한 검토를 약속하였다. 반면, '아동의 상소권'과 관련한 조항은 분단 상황을 고려하여 현 체제를 유지할 계획이라고 2008년 「아동권리협약」 제 3·4차 국가보고서에서 밝히고 있다.

또한 정부는 아동 관련 법의 제정 및 개정을 통해 아동의 권리와 참여권 보장 등에 관한 법적 근거를 마련하고 있다. 아동의 권리와 참여권 보장에 관한 관련 법령을 살펴보면 다음과 같다.

〈표 1-6〉 아동의 권리와 참여권 보장 등에 관한 관련 법

아동복지법

| 조항 | 내용 |
|---|---|
| 제3조 제3항 | 아동에 관한 모든 활동에 있어서 아동의 이익이 최우선적으로 고려되어야 한다. |
| 제10조 | 당해 보호를 필요로 하는 아동의 의사를 존중하여야 하며 보호자가 있을 경우에는 그 의견을 들어야 한다. |
| 제13조 | 아동의 후견인 선임청구를 실시할 때는 아동의 의견을 존중하여야 한다. |

청소년기본법

| 조항 | 내용 |
|---|---|
| 제5조 | 청소년의 기본적 인권은 청소년 활동, 청소년 복지, 청소년 보호 등 청소년 육성의 모든 영역에서 존중되어야 한다. |
| 제12조 | 국가는 범정부적 차원의 청소년 육성 정책과제의 설정, 추진 및 점검을 우하여 청소년 분야의 전문가와 청소년이 참여하는 청소년특별회의를 개최하여야 한다. |

● 청소년복지지원법

| 조항 | 내용 |
| --- | --- |
| 제3조 제2항 | 청소년은 외부적 영향에 구애받지 않고 자기 의사를 자유롭게 표명하고 스스로 결정할 권리를 가진다. |
| 제4조 | 청소년은 사회의 정당한 구성원으로서 본인과 관련된 의사결정에 참여할 권리를 가진다. 이를 위하여 국가 및 지방자치단체는 청소년이 원활하게 정보에 접근하고 그 의사를 표명할 수 있도록 청소년 관련 정책의 자문·심의 등의 절차에 청소년의 대표를 참여시키거나 그 의견을 수렴하고, 절차를 보장하는 조치를 취해야 한다. |

● 청소년활동진흥법

| 조항 | 내용 |
| --- | --- |
| 제4조 | 청소년 수련시설을 설치·운영하는 개인·법인·단체 및 위탁운영단체는 청소년 활동을 활성화하고 청소년의 참여를 보장하기 위하여 청소년으로 구성되는 청소년 운영위원회를 운영하여야 한다. |



### 4) 아동권리헌장(2016)

2016년에는 아동으로서 누려야 할 보편적이며 기본적인 권리를 명시한 「아동권리헌장」이 제정되었다. 「아동권리헌장」은 우리나라 아동이 처한 상황을 삶의 모든 영역에서 개선하는 노력이 시급하다는 현실 인식으로부터 제정되었는데, 영유아 스스로 자신의 권리를 알고 지킬 수 있도록 하고, 어른도 이들의 권리를 이해하고 존중하는 인식을 확립할 필요성이 있음을 강조하고 있다. 「아동권리헌장」에는 1923년에 색동회에서 선포한 「어린이헌장」이 UN 「아동권리협약」(1989)의 이념과 내용을 충분히 반영하지 못하고 있음을 지적하면서 「아동권리헌장」을 제정하게 된 배경을 밝히고 있다.

또한 「아동권리헌장」(2016)은 제1차 아동정책기본계획(2015~2019)의 비전인 '행복한 아동, 존중받는 아동' 실현에 중추적인 기반이 될 것임을 강조하고 있다.

[그림 1-5] 「아동권리헌장」(2016) 홍보용 자료

출처: 보건복지부(http://www.mohw.go.kr/react/index.jsp).

HUMAN RIGHTS EDUCATION FOR CHILDREN

1. 영유아 인권교육의 필요성 및 동향
2. 영유아 인권교육의 내용
3. 인권교육 프로그램 사례

CHAPTER 2

# 영유아 인권교육에 대한 이해

## 1 영유아 인권교육의 필요성 및 동향

우리 사회에서 자신의 권리에 대해 충분히 알고 누리는 영유아를 찾기가 쉽지 않다. 이는 영유아와 성인을 위한 인권교육 기회의 부족으로 인한 것으로 성인뿐 아니라 영유아를 위한 인권교육이 필요할 것이다. 성인은 성인대로 영유아의 권리에 대한 이해가 부족하여 이를 존중해 주지 못하고, 영유아도 자신의 권리가 무엇인지 모르기 때문이다. 즉, 영유아 인권에 대한 이해의 부족으로 인한 것이다.

UNESCO에 따르면, 교육은 모든 인권의 행사와 개발을 위해서 필수적이며 불가결한 요소임을 강조하고 있다. 교육을 통해서만 경제적, 사회적으로 소외된 성인 및 아동이 자신이 처한 상황에서 벗어나 자신의 존엄성을 인식하고, 스스로 권리를 누리는 방법을 알 수 있기 때문이다. 따라서 인권의 이해와 인식 전환, 그리고 구체적 실행을 향한 인권문화 조성을 위해서는 영유아, 부모, 교사 등 모든 사회 구성원을 대상으로 한 교육, 즉 인권교육이 반드시 이루어져야 한다.

인권교육(education for human rights)이란, 인권에 대한 기본적인 이해를 위해 이루어지는 교육으로 인권과 관련된 지식을 학습하고, 인권을 존중하는 가치와 태도를 신장하며, 인권침해와 차별을 당할 경우 이를 인지하고 극복할 수 있는 실제적 문제해결 능력을 기르기 위한 것이다. 더 나아가 타인의 인권보호를 위해 실천할 수 있는 힘을 길러 냄으로써 인권이 존중되는 사회를 만드는 데 이바지하는 교육적 활동이다.

모든 사람이 인권을 보장받고 인간답게 살 수 있는 사회를 만들기 위해서는 사회 구성원 모두를 위한 인권교육이 반드시 필요하다. 인권에 대한 인식과 실행의 잠재력을 높이기 위해서 특별한 교육적 노력이 필요하다는 의미다.

UN을 비롯한 국제기구에서는 「아동권리협약」(1989)의 이행과 책임의 의무를 다하도록 인권교육의 필요성과 함께 인권교육의 시작이 자아형성과 사회적 관계가 시작되는 영유아기부터 이루어져야 함을 강조하고 있다.

인권교육의 필요성은 UN 「아동권리협약」(1989) 제42조에 잘 명시되어 있다. 자세히 살펴보면, 국가가 인권교육에 대한 실천적 의무를 지니며, 성인뿐 아니라 영유아 역시 인권교육의 대상임을 시사하고 있다.

제42조

당사국은 이 협약의 원칙과 규정을 적절하고 적극적인 수단을 통하여 성인과 아동 모두에게 널리 알릴 의무를 진다.

우리나라의 국가인권위원회(2005)에서도 인권교육을 '지식과 기술, 태도형성을 통해 인권옹호에 대한 보편적인 문화를 구축할 목적으로 이루어지는 훈련, 전파, 정보 전달과 관련된 노력'으로 정의하면서 인권교육의 필요성을 강조하고 있다.

UNICEF(2014)는 영유아 인권교육이란 아동권리 및 아동보호법에 관해 학습함으로써 아동 및 성인이 모든 아동의 권리를 완전하게 실현할 수 있도록 미시적 환경에서부터 거시적 환경에까지 변화를 가져올 수 있는 책임을 부여하는 것으로 정의한다.

[그림 2-1]에서 보듯이, UNICEF가 제시한 아동권리교육 나무(CRE tree: Children's Rights Education Toolkit)는 아동 인권교육을 '권리를 통한 학습(learning through rights)', '권리에 대한 학습(learning about rights)', '권리로서 학습(learning as a right)', '권리를 위한 학습(learning for rights)'으로 접근함으로써 아동이 자신의 인권에 관해 총체적으로 이해하고 유연하고도 완전하게 실현할 수 있는 기반을 마련하였다.

이를 통해 아동 인권교육이 적용 가능한 범위에 대한 아이디어를 제공하고, 아동 인권교육의 실천을 위한 교육방법 및 교육환경에 대한 정보를 제공한다. 이를 통해 살펴보면 아동 인권교육의 실천은 교실, 학교 전체, 지역 및 교육당국, 국가, UN 및 기타 기관 등의 지역사회와 국제적 기관의 지원과 협력에 이르기까지 다양한 내용과 범위 수준에서 이루어지고 있음을 알 수 있다.

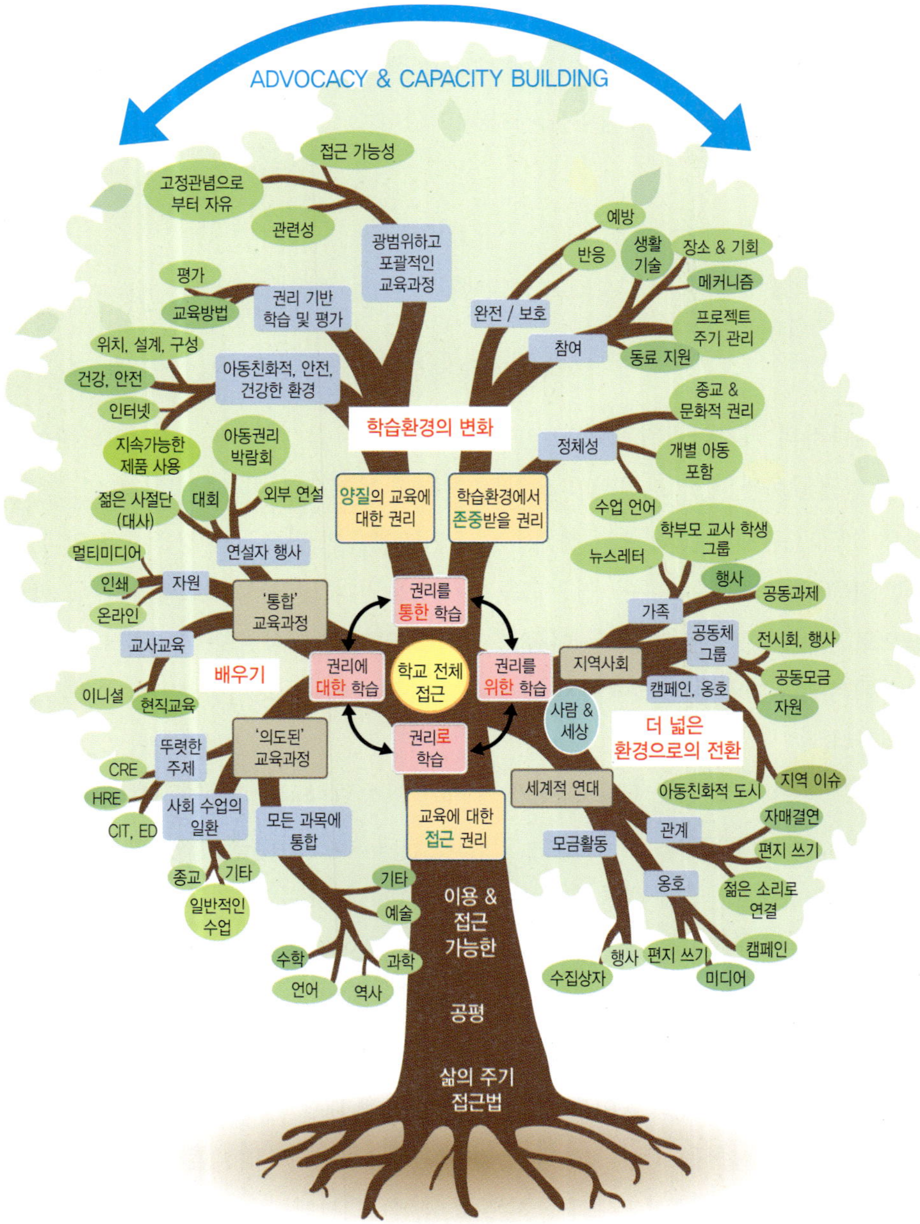


[그림 2-1] 아동권리교육 나무

출처: UNICEF(2014). Child Rights Education Toolkit (p. 48).

영유아기 인권교육의 필요성에 관한 논의는 생애 초기의 긍정적인 경험이 미래의 능력과 인격 형성에 영향을 미친다는 많은 연구결과와 함께 교육자들의 지지를 얻고 있다. 흔히 영유아기는 삶에 필요한 기본적인 신념과 생활 태도를 습득하는 중요한 시기로, 많은 학자는 영유아기가 인권교육에 있어서도 결정적 시기임을 주장한다. 즉, 어린 시기부터 인권교육을 받은 영유아가 인권에 대한 이해도 높고, 인권존중의 태도와 가치를 학습하여 더욱 성숙한 인권적 태도와 신념을 성장·발달해 나갈 수 있게 되는 것이다.

UNESCO 역시 인권교육을 가능한 한 빠른 시기에 '주류화'하여 시작할 것을 제안하고 있다. UN은 인권교육의 중요성을 인식시키기 위해 1995년에서 2005년까지를 '인권교육진흥 10년'으로 정하여, 세계 각국의 권리교육을 장려했으며, 인권교육의 구체적인 행동 계획의 수립과 실천을 위한 프로젝트로서 국가의 역할과 책임을 강조하였다. 또한 UN 아동권리위원회는 2001년에서 2010년까지 총 13개의 일반논평(The DAY of General Comments)을 제시했는데, 그중 7번째 논평이 '영유아의 권리이행'(2006)에 관한 것이다. 구체적으로 살펴보면, 영유아는 그 존재만으로도 협약의 적용 대상자이며 발달적 특성에 따라 성장하면서 권리를 행사할 수 있고, 영유아기의 발달적 특성을 충분히 고려한 인권 친화적인 환경을 강조하였다. 이를 위해서 교사 양성과정 및 직무연수, 보수교육 등을 통한 전문가 집단을 대상으로 하는 인권교육을 실시해야 함을 제시하고 있다.

UN의 인권교육 프로젝트인 '제2차 세계 인권교육 프로그램 행동계획(World Programme for Human Rights Education: the plan of action for the second phase)'(2010~2014)은 1995년에서 2005년까지 이루어진 '인권교육진흥 10년'의 후속 조치로 이루어진 것으로, 교사와 인권교육가, 군인 등 다양한 분야의 직업군을 대상으로 한 인권교육을 강조한 점을 주목할 필요가 있다.

특히 이 프로젝트는 아동과 관련된 분야의 직업군에게 필요한 인권교육의 중요성을 강조하면서 인권교육에 대한 전문적 이해와 실천을 적극적으로 강조하였다. 이러한 인권교육의 중요성에 대한 인식 변화와 실천에 관한 국제사회의 흐름에 따라 우리나라에서도 영유아 인권교육에 관한 관심이 점차 증가되고 있다. 특히 최근 우리나라에서 발생한 불미스러운 아동학대 사건들로 인해 영유아 인권 및 인권교육에 관한 국민적인 관심은 더욱 증가하고 있는 실정이다.

이와 더불어 우리나라에서는 영유아기 인권과 관련한 학문적 연구와 교육현장에서의 인권교육 프로그램 적용 및 실천을 위한 노력이 활발히 진행되고 있다. 우선 '국가인권위원회'에서는 2015년에 유아들에게 인권을 교육할 수 있는 『알쏭달쏭 권리 알 권리』라는 유아 인권교육 교재를 발간하였다. 이 교재는 UN의 「아동권리협약」(1989)을 바탕으로 제작되었으며, 유아교육환경을 인권 친화적 환경으로 조성하는 데 그 목적을 두고 있다. 교재는 '이론'과 '실제'로 나누어져 있으며, 영역별 하위 자료는 교재, 교수 자료, 유아 활동 자료, 자석 교구 등으로 구성되어 있다. 이와 더불어 '국제아동인권센터'에서는 '알쏭달쏭 권리, 알 권리'를 통해 유아가 알아야 할 권리에 대한 이해와 실천적 능력을 기르는 내용을 유아교육현장에서 교사들이 효과적으로 활용할 수 있도록 도움을 주고 있다.

우리나라의 인권교육에서 가장 두드러진 성과는 '인권의 제도화'라는 측면에서 이루어진 「학생인권조례」 제정과 관련된 부분이다. 「학생인권조례」는 학생의 존엄과 가치가 학교 교육과정에서 보장되고 실현될 수 있도록 각 교육청에서 제정한 조례로서, 2010년 9월 경기도에서 시작하여, 광주광역시(2011년 시행), 서울특별시(2012년 공포), 전라도(2013년 공포)에서 제정되어 시행 중이며, 이 외 다른 지역에서도 「학생인권조례」를 제정해야 한다는 목소리가 힘을 얻고 있다.

영유아 인권교육과 관련하여 괄목할 만한 부분은 광주광역시 교육청의 「광주광역시 학생인권보장 및 증진에 관한 조례」(2012)에서 그 적용 대상 범위에 '유치원(생)'을 포함하고 있다는 점이다. 이는 인권교육이 영유아기에서부터 시작되어야 하며, 영유아 역시 인권의 주체이자 인권교육의 대상임을 명시한 점에서 큰 의의를 지닌다고 볼 수 있다.

또한, 비정부기구(NGO)인 Save the Children과 Good Neighbors 등 여러 민간 기관에서도 영유아 인권을 보장하는 다양한 활동을 실시하고 있다.

Save the Children은 아동권리옹호 캠페인을 통해 아동의 삶에 긍정적인 변화를 이끌 수 있는 인식 전환을 도모하고 있다. 2010년에는 '아동권리 침해 실태에 대한 아동의 목소리'를 직접 담은 보고서를 국내 처음으로 작성하여 UN 아동권리위원회에 제출하는 성과를 올리기도 하였으며, 개별적으로 신청한 유아교육기관의 교사를 대상으로 영유아를 위한 인권교육 프로그램을 실시하고 있다.

Good Neighbors에서는 사회교육개발사업의 일환으로 아동권리교육 사업 및 아동권리옹호 캠페인을 진행하고 있다. 활동내용으로는 UNICEF와 함께 유아교육기관에 영유아 인권과 관련한 홍보 및 교육에 도움이 되는 자료를 배부하기도 하고, 「아동권리협약」(1989)의 내용을 알리는 일 등을 지속적으로 수행하면서 영유아 및 아동 인권에 대한 사회 전반적인 인식 변화를 위해 노력하고 있다.



## 2 영유아 인권교육의 내용

인권교육은 개개인의 인격과 존엄성의 가치가 충분히 보장되도록 인간으로서의 기본적인 권리가 무엇인지 알고 타인의 권리를 존중하는 태도를 학습하도록 하는 교육활동으로, 모든 사람이 인권을 보장받고 인간답게 살 수 있는 사회를 만들기 위해서 반드시 필요하다.

특히 영유아기는 자신과 타인에 대한 이해가 이루어지는 시기로, 인권교육을 시작하는 데 있어 적절한 시기라고 할 수 있을 것이다. 그렇다면 영유아와 아동 및 성인들을 위한 인권교육에는 어떤 내용들이 포함되어야 할 것인가에 대해 살펴보도록 하자.

## 1) 인권교육의 내용구성

인권과 관련된 많은 연구 속에는 인권교육에서 주로 다루어지는 교육내용이 1948년에 선포된 「세계인권선언(Universal Declariton of Human Rights)」을 바탕으로 선정되고 있음을 보여 준다. 인권교육과 관련된 내용을 제시한 국제조약[1]에 따르면, 인권교육에는 보편적 인권문화의 구축을 지향하는 학습, 훈련과 정보습득의 노력 등과 같은 내용을 포함한다.

2010년에서 2014년까지 전 세계적으로 추진되었던 UN의 '제2차 세계 인권교육 프로그램 행동계획'에 따르면, 인권교육에는 인권과 기본적 자유에 대한 존중 강화, 인격과 존엄성에 대한 감수성의 완전한 발달, 모든 국가, 선주민, 소수집단 간의 이해와 관용, 남녀 평등 및 우애 증진, 법치주의에 기반을 둔 자유롭고 민주적인 사회에서의 모든 구성원의 효과적인 참여의 합법화, 평화의 구축 및 유지, 인간 중심적이고 지속 가능한 발전과 사회 정의의 증진과 관련된 내용 등이 포함되어야 한다는 것이다.

또한 인권교육연구가인 Lister(1984)는 인권교육의 내용이 '인권에 대한 교육'에 국한되지 않고, '인권을 위한 교육'과 '인권을 통한 교육'의 내용이 포함되어야 한다고 강조하고 있다.

인권에 대한 교육(education about human rights)은 인권이 무엇인지 정보를 습득할 수 있도록 하는 것으로 인권에 대한 인지적 측면을 강조하는 교육이다. 즉, 인권의 개념과 중요성에 대한 이해 및 자신이 권리의 주체임을 인지하도록 하는 교육이다.

1) 1948년 「세계인권선언」(26조), 1965년 「국제인종차별철폐조약」(7조), 1966년 「경제적·사회적·문화적 권리에 관한 국제규약」(13조), 1980년 「고문방지협약」(10조), 1979년 「여성차별 철폐조약」(10조), 1989년 「아동권리협약」(29조), 1990년 「이주노동자권리보호조약」(33조), 2006년 「장애인권리조약」(4항/8항), 2001년 인종주의, 인종차별, 외국인 혐오 및 이와 관련된 불관용 철폐를 위한 세계회의 선언문 및 행동계획(선언문, 95~97항 및 행동계획, 129~139항), 2009년 더반 검토회의 결과보고서(the Outcome Document of the Durban Review Conference: 22항/107항), 2005년 세계정상회담 성과보고서(the 2005 World Summit Outcome: 131항) 등

인권을 위한 교육(education for human rights)은 인권문제 해결을 위한 가치와 태도를 향상시키는 교육이다. 즉, 인권태도를 가지고 실천하기 위해서 타인에 대한 존중, 다름에 대한 이해, 공감능력, 정의 등 인권적 가치 및 정서적·태도적 측면을 함양하는 내용이다. 이를 통해 학습자는 타인의 인권을 존중하고 보호하며, 일상생활에서 인권적 행동을 실천하게 된다.

인권을 통한 교육(education through human rights)은 인권문제에 대응하는 실질적 방안을 모색하고 적극적인 행동으로 실천하기 위한 실천적 기술을 익히는 교육이다. 즉, 인권보호 및 증진을 위한 행동기술과 의사소통 능력, 비판적 분석과 판단력, 인권적 기준에 의한 문제해결 능력, 사회참여 및 인권증진을 위한 역량 강화 등 구체적 인권실천을 위한 행동과 기술을 향상하는 내용이다.

이처럼 인권교육은 인권이 무엇인지 이해하는 교육(education about human rights)과 실제 생활 속에서 인권을 실천하는 태도를 기르는 교육(education for human rights)을 통해 인권적 실천행동 및 문제해결 능력, 실천적 기술을 형성할 수 있는 교육(education through human rights)이 포함되도록 교육내용을 다양하게 구성하여야 할 것이다.

## 2) 영유아 인권교육의 내용구성

본 장에서는 영유아 인권교육에서 다루어져야 할 주제와 내용에 대해 인권감수성 발달을 위한 내용과 인권에 대한 이해와 실천 항목으로 나누어 살펴보고자 한다.

### (1) 인권감수성의 발달

영유아 인권교육의 목표는 일상 속에서 일어나는 다양한 문제를 인권적 관점에서 접근하고 해결하고자 하는 태도와 실천의지를 가지는 것으로, 이를 위해서는 영유아의 인권감수성 향상을 위한 교육내용이 포함되어야 할 것이다.

인권감수성이란 일상생활 속에서 일어나는 다양한 자극을 인권적인 관점에서 바라보는 민감한 태도를 말한다(국가인권위원회, 2002). 이는 인권에 대한 신념을 행동으로 이끄는 원동력이 된다는 점에서 영유아 인권교육에서 다루어져야 할 중요한 내용으로 볼 수 있다.

국가인권위원회(2002)에 따르면 인권감수성의 요소는 상황 지각 능력, 결과 지각 능력, 책임 지각 능력의 3가지 개념으로 구분된다.

첫째, 상황을 지각하는 능력은 지금의 상황을 인권과 관련된 문제로 바라볼 수 있는 능력이다. 반복되는 일상에서 이미 관습적이고 통념적인 개념이 되어 버린 상황을 인권적 관점으로 새롭게 인식하고 해결하고자 하는 민감성을 말한다.

둘째, 결과 지각 능력이란 인권적 관점에서 문제해결의 결과를 예측하는 능력을 말한다. 제기된 문제가 관련된 다른 사람들에게 어떤 영향을 미칠지 추론하는 과정으로 이는 다른 사람의 입장과 처지를 살피고 이해하는 정서적 인식 과정이라 볼 수 있다.

셋째, 책임 지각 능력이란 인권문제에 대한 자신의 책임을 지각하는 능력으로, 인권문제 해결을 위한 책임감과 실천의 의지를 갖는 것을 말한다.

영유아 인권교육을 통해 인권감수성을 발달시킨다는 것은 위에서 제시한 인권감수성의 3가지 구성요소를 경험을 통해 이해하도록 내용을 구성하는 것이다. 이를 위해서는 영유아의 일상에서부터 인권적 관점으로 이해하고 접근하고자 하는 태도를 기를 수 있어야 한다.

예를 들어, 영유아는 교실이 자신과 친구들에게 안전하고 행복한 공간이 되기 위해서 함께 지켜야 할 규칙이 필요하고 이를 친구들과 함께 만들고 지켜 나가는 실천을 통해 인권감수성의 향상을 도모하는 기회를 마련해 볼 수 있을 것이다.

### (2) 인권에 대한 이해와 실천

영유아 인권교육에는 자신이 권리를 가진 주체이며 사회 공동체를 이루는 구성원으로 나의 권리가 존중되기 위해서는 타인의 권리에 대한 책임과 존중의 태도도 필요함을 이해하고 실천하는 교육내용이 포함되어야 할 것이다.

영유아는 더 이상 성인의 보호 대상이 아닌 삶의 주체로서 권리에 대한 책임과 의무를 가진 인격체로 존중되어야 하며, 사회 공동체를 이루는 구성원으로서 자신과 관련된 의사결정에 적극적으로 참여할 수 있어야 한다.

Lister(1984)는 인권교육에서 다루어져야 할 교육내용으로 '인권에 대한 교육', '인권을 위한 교육', '인권을 통한 교육'을 제시하고 있다.

'인권에 대한 교육(learning about human rights)'은 인권에 대한 이해를 이끌 수 있는 교육내용이다. 즉, 인권 개념 및 영유아 권리에 대한 지식을 통한 인지적 접근을 말한다. '인권을 위한 교육(learning for human rights)'은 자유, 참여, 인간의 존엄성과 평등, 차이 인정, 관용, 정의, 책임과 공감과 같이 인권실천을 위해 필요한 정서적 태도나 가치를 갖도록 하는 교육이다. 즉, 인권에 대한 소중함을 느끼고 실천하기 위해서는 타인의 인권 또한 소중하게 여길 줄 아는 태도를 갖도록 하는 정서적인 접근을 말한다. '인권을 통한 교육(learning through human rights)'은 인권을 실천하는 구체적인 행동양식과 사회적 기술에 관련된 것으로, 인권에 대한 이해와 정서적 태도 함양을 통해 이루어진 인권적 태도가 일상에서 지속적으로 실천될 수 있도록 하는 교육내용이다.

영유아 인권교육에서 다루어져야 할 교육내용 구성도 위에서 제시한 3가지 인권교육 내용 구성에 근거하여 다음과 같이 구성하고자 한다.

영유아 인권교육의 내용을 세부적으로 살펴보면 다음과 같다.

〈표 2-1〉 영유아 인권교육의 내용

| 인권에 대한 교육 | 인권을 위한 교육 | 인권을 통한 교육 |
|---|---|---|
| • 인권에 대한 인지적 이해<br>• 인권 관련 지식 | • 인권에 대한 정서적 이해<br>• 인권 관련 가치, 신념, 태도 | • 인권 이해에 대한 실천<br>• 인권의 구체적 행동방법 |

### 가. 인권에 대한 교육(learning about human rights)

영유아 인권교육에는 '인권에 대한 교육(learning about human rights)', 즉 인권에 관련된 인지적인 내용이 포함되어야 한다.

따라서 영유아 인권교육에는 「아동권리협약」(1989)에서 제시한 영유아의 4대 기본권리를 중심으로 인권에 대한 이해와 아동권리에 대한 이해를 이끌 수 있는 내용과 함께 자신이 권리의 주체임을 이해하도록 하는 내용이 포함되어야 한다. 이를 통해 영유아가 자신에게 주어진 권리를 알고 자신과 관련된 의사결정의 과정에 적극적으로 참여할 수 있도록 해야 한다.

「아동권리협약」(1989)에서 제시한 영유아의 4대 기본권리를 중심으로 살펴본 권리의 내용은 다음과 같다.

〈표 2-2〉 「아동권리협약」의 4대 기본권리에 따른 권리의 내용

| 기본권리 | 내용 |
| --- | --- |
| 생존권 | • 생명을 존중받을 권리 / 타인의 생명을 존중할 책임<br>• 타인으로부터 차별받지 않을 권리 / 타인을 차별하지 않을 책임 |
| 보호권 | • 학대 및 폭력으로부터 보호를 받을 권리 / 타인을 보호해 줄 책임<br>• 안전하게 보호를 받을 권리 / 타인을 안전하게 보호할 책임 |
| 참여권 | • 자신의 의사를 표현할 권리 / 타인의 의사를 공감하고 경청할 책임<br>• 자신과 관련된 의사결정의 기회를 제공받을 권리 / 타인의 의사를 반영할 수 있는 책임 |
| 발달권 | • 자신의 잠재 능력을 계발할 수 있는 교육기회를 제공받을 권리 / 타인의 교육기회를 침해하지 않을 책임 |

이 과정에서 강조되어야 할 것은 자신에게 주어진 권리가 타인에게도 있음을 알고 함께 존중되어야 함을 이해하는 것이다. 즉, 자신이 권리의 주체임과 동시에 타인의 권리를 존중해야 하는 의무를 지님을 이해하는 것이 필요하다.

### 나. 인권을 위한 교육(learning for human rights)

영유아 인권교육에는 '인권을 위한 교육(learning for human rights)', 즉 인권실현을 위한 정서적 태도 함양의 내용이 포함되어야 한다.

영유아가 인권에 대한 소중함을 스스로 느끼고 타인의 인권도 소중하게 여길 줄 아는 인권적 태도를 갖기 위해서는 인간의 존엄성과 평등, 차이 인정, 관용, 정의, 책임과 공감 등 가치교육의 내용이 인권교육에서 중요하게 다루어져야 한다.

따라서 영유아 인권교육을 통해 타인에 대한 존중과 배려를 경험하여 내면화할 수 있도록 다양한 정서적 경험의 기회를 제공하는 것이 필요하다. 이는 영유아로 하여금 일상에서 일어나는 상황들을 인권적 관점으로 바라볼 수 있는 인권감수성과 타인에 대한 존중에서 시작되는 인권적 태도의 실천을 이끌며, 권리에 대한 책임과 의무가 지속되고 확장되는 인권적 분위기가 형성될 수 있도록 하는 원동력이 될 것이다.

### 다. 인권을 통한 교육(learning through human rights)

영유아 인권교육에는 '인권을 통한 교육(learning through human rights)', 즉 인권에 대한 이해와 가치함양이 구체적인 인권적 행동의 실천으로 이어질 수 있도록 하는 내용이 포함되어야 한다.

영유아기는 인권태도의 기초를 형성하는 단계이므로 인권과 관련된 지식뿐만 아니라 인권에 대한 가치와 신념을 형성하여 자연스럽게 생활에서 실천할 수 있는 행동 양식과 기술이 교육내용으로 함께 다루어져야 한다. 인권에 대한 지식과 태도가 머리와 가슴으로 이해되었다면, 몸으로 실천하는 행위로 이어져야 한다는 것이다.

이를 위해서는 인권적 참여와 실천을 이끌어 내는 구체적인 경험이 제공되고 이와 더불어 영유아가 이해한 인권에 대한 가치가 일상에서 지속적으로 실행될 수 있는 환경 조성이 필요하다.

먼저, 영유아들의 인권문제에 대응하는 행동 기술을 구체적이고 다양하게 경험하는 방안들이 교육내용으로 구성되어야 한다. 영유아의 일상에서 시작하여 가까운 이웃, 더 나아가 사회적 현상에 관심을 가지고 참여할 수 있는 기회를 넓혀야 한다. 이를 통해 비판적인 분석과 비판력 향상, 상호 존중을 통한 의사소통 경험, 인권적 기준에 의한 문제 해결의 보람 등을 통해 인권옹호적 기술을 실천할 수 있는 인권교육이 되어야 한다.

다음으로 영유아의 인권적 행동실천을 위한 환경 조성이 중요하다. 교사는 일상생활과 모든 교육과정에서 영유아에게 인권적인 행동의 모범을 보이고, 영유아의 인권적 태도와 행동을 민감하게 발견하여 격려할 수 있어야 한다. 또한 영유아의 인권적 태도와 사회적 기술이 일관성 있게 지지될 수 있도록 가정의 협조를 이끌어 내는 적극적인 자세도 필요하다.

결국 영유아 인권교육에서는 인권과 관련된 '지식'을 통해 인권에 대하여 알고, 인권에 대한 가치와 정서적 태도를 형성하여 인권실천의 기초적 신념을 가지고, 인권에 대한 이해를 실천으로 옮길 수 있어야 한다.



## 3 인권교육 프로그램 사례

### 1) 국외 인권교육 프로그램 사례

최근 국외에서 이루어지는 인권교육의 흐름을 살펴보면, UN의 회원국을 중심으로 인권교육을 장려하고자 다음과 같이 다양한 활동을 진행하고 있다. 먼저, 인권 관련 정보 자료의 개발 및 보급에 중점을 둔 '인권에 관한 공공 정보세계 캠페인(The World Public Information Campaign on Human Rights, 1988~현재)'과 국가적 수준에서의 인권교육을 위한 종합적이고 효과적이며 지속적 전략의 정교화와 이행을 위한 'UN 인권교육 10년(1995~2004)과 그에 따른 행동계획(The United Nations Decade for Human Rights Education(1995~2004) and its plan of action)'을 들 수 있다. 또한 '전 세계 아동을 위한 평화와 비폭력 문화를 위한 세계 10년(The International Decade for a Culture of Peace and Non-Violence for the Children of the World, 2001~2010)'과 '지속가능한 발전을 위한 UN 교육 10년(The United Nations Decade of Education for Sustainable Development, 2005~2014)'이 있다. 이 외에도 '세계인권학습의 해(The International Year for Human Rights Learning, 2008~2009)', '세계문화친선의 해(The International Year for the Rapprochement of Cultures, 2010)' 등 인권교육을 장려하기 위해 다양한 국제적 노력이 이루어지고 있다.

특히 HREA(Human Rights Education Associates) 홈페이지를 통해 수백 권의 인권 관련 교재가 개발되어 무료로 제공되고 있다. 또한 인권교육에 관한 다양한 자료는 UN 관련 기관(UN, 인권고등판무관실, Amnesty International(국제앰네스티), 유럽 평의회)뿐만 아니라 주요 인권단체를 통해 활용할 수 있다.

다음은 국가별로 인권교육을 위해 이루어지는 프로그램의 사례이다.

### (1) 미국

#### Minnesota 주립대학교 인권자원센터(University of Minnesota Human Rights Resource Center)의 'This is My Home'

미국에서 진행되는 'This is My Home' 프로그램은 주(州) 정부와 대학 간 협력을 통해 이루어지는 인권교육 프로그램으로, Minnesota 대학의 인권자원센터에서 개발하였다. Minnesota 대학의 인권자원센터는 대학 내에서의 인권활동에 그치지 않고 지역사회 및 세계 곳곳의 인권을 위한 활동과 인권 연구, 인권전문가 양성을 위한 교육과 자료 개발에 노력을 기울이고 있다.

1988년에 설립된 Minnesota 대학의 인권자원센터는 인권교육은 인권의 핵심적인 가치부터 공유하면서 그에 대한 생각을 나누고 이슈에 대해 이야기를 나누는 공간을 만드는 것이 중요함을 강조하면서 학생들이 학습한 인권 지식을 생활 속에서 응용하는 법을 가르치기 위해 초·중등학교를 위한 인권교육 프로그램인 'This is my home!'의 개발·지원을 제공(국가인권위원회, 2011)하였다. 이 프로그램을 통해 개발된 교육내용은 홈페이지(그림 2-2 참조)를 통해 해외 및 외부의 인권교육가들이 이용할 수 있도록 제공하고 있다.

Minnesota 대학의 인권자원센터는 1995년에 온라인 인권교육센터를 열어 운영 중에 있다. 온라인 인권교육센터는 온라인 인권도서관에서부터 시작되었는데, 인권에 관심이 있는 사람들이 직접 인터넷에서 자료를 가져가 인권 연구와 교육이 쉽게 이루어지도록 기회를 제공한다는 점에서 그 의미가 크다고 할 수 있다.

Minnesota 대학의 인권도서관은 현재 6만여 개의 인권 관련 자료와 국제협약, 인권교육 자료 등을 보관하고 있으며, 세계적인 인권 데이터베이스의 역할을 하고 있다. 온라인 인권도서관에는 '국제 인권과 평화 운동', '초급 수준의 인권과 평화



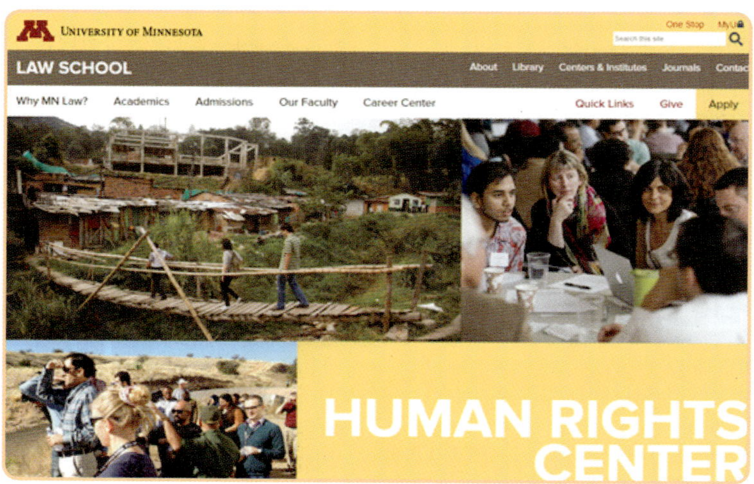


[그림 2-2] Minnesota 주립대학교 인권자원센터 홈페이지

출처: https://www.law.umn.edu/human-rights-center.

교육을 위한 실천방법' 등 다양한 자료를 제시하고 있으며, 홈페이지를 통해 9개국 언어(영어, 아랍어, 프랑스어, 러시아어, 스페인어, 중국어, 일본어, 스웨덴어, 한국어)로 제공되어 해외 및 외부의 인권교육가들이 이용하도록 하고 있다.

다음은 'This is my home!' 프로그램에서 제시하고 있는 '인권 및 평화교육을 가족교육 프로그램에 도입하기 위한 자료(Resources for Infusing Human Rights and Peace Education into Family Literacy)'의 일부이다.

〈표 2-3〉 인권 및 평화교육을 가족교육 프로그램에 도입하기 위한 자료

1. 세계인권선언(UDHR)과 아동권리협약(CRC)에 익숙해지세요.
   Become Familiar with The Universal Declaration of Human Rights (UDHR) and The Convention of the Rights of the Child (CRC).
2. 어린이들이 어릴 때 시작하세요.
   Begin When Children are Young.
3. 인권 및 평화교육 전문 도서관을 만들어 보세요.
   Create a Human Rights and Peace Education Professional Library.
4. 부모와 자녀가 공유하는 것이 힘이 됩니다.
   Parents and Children Sharing Strengths.
5. 스토리텔링 기법을 활용하여 인권과 평화교육을 탐구해 보세요.
   Explore Human Rights and Peace Education through the Art of Compassionate Rebel Storytelling.
6. 음악은 인권과 평화교육에 필수적인 역할을 합니다.
   Music Can Play a Vital Role in Human Rights and Peace Education.
7. 어린이들은 평화와 인권 인형극을 할 수 있어요.
   Children can do Peace and Human Rights Puppet Shows.
8. 당신의 배경에 있는 경제 · 사회적 편견을 조사해 보세요.
   Investigate Economic Social Injustice in Your Own Backyard.
9. 여성과 소녀들의 인권을 보호하고 증진시키세요.
   Protect and Promote the Human Rights of Women and Girls.
10. 학교에서 인종차별을 없애세요.
    Eliminate Racism in School.

출처: Minnesota 인권도서관(http://hrlibrary.umn.edu).

이와 같이 인권을 경험할 수 있는 기본적인 사회 환경인 가정에서부터 인권교육을 실천할 수 있는 있도록 구체적인 방안을 제시하고 있다.

또한 미국 New York에 위치하고 있는 PDHRE는 '삶의 방식으로서의 인권(Human Rights as a Way of Life)'을 모토로 활동하고 있는 국제적인 시민단체로, 사회의 모든 구성원이 일상생활과 밀접한 인권교육을 촉진하기 위한 활동 기회를 제공하여 이를 실천할 수 있도록 노력하고 있다.

그중 대표적인 활동은 1999년부터 2000년까지 진행된 '여성 인권과 남녀평등에 관한 글로벌 인권교육 캠페인(Global Human Rights Education Campaign On Women's Human Rights & Gender Equality)'이다. 이 캠페인은 미국 정부 및 노르웨이, 덴마크, 스웨덴 등으로부터 기부금을 받아 이루어졌으며, 전 세계 72개의 여성 단체에 홍보하여 25개 단체가 인권규범 및 인권교육 워크숍, 인권교육 방법론 워크숍 등을 진행하여 인권교육과 양성평등 촉구가 이루어졌다.



### (2) 영국

#### Hampshire의 '학교에서의 권리, 존중 및 책임감(Rights, Respect and Responsibility in Schools: RRR) 프로그램

영국에서는 UNICEF의 '권리존중학교(Rights Respecting School)' 프로그램을 응용하여 「아동권리협약」(1989)을 기초로 '학교에서의 권리, 존중 및 책임감(Rights, Respect and Responsibility in Schools: A Whole School Approach, RRR)' 프로그램을 개발·운영하고 있다(국가인권위원회, 2011).

RRR 프로그램의 목적은 민주시민의 발전을 지원하기 위해 학교 공동체의 모든 구성원을 참여시키는 것으로, 비판적 사고를 학습하고 학교생활 참여를 장려하고, 적용 대상은 만 3세에서 만 16세까지의 아동과 학교 교직원 및 종사자이다.

RRR 프로그램은 인권을 주제로 한 다양한 교육과정을 제공하며 참여적 분위기의 교육환경을 마련하여 아동이 가치, 권리 및 책임을 배울 수 있도록 도움을 주어 인권감수성을 신장할 수 있도록 노력하고 있다. 또한 아동·청소년들과 함께 다양한 활동을 실시하여 보다 지식적이고, 활동적이며, 사회적으로 책임감 있는 민주시민을 양성하는 데 있다. 이를 위해 아동의 권리를 학교 전반에 걸쳐 체계적으로 존중하고, 아동에게 의미 있는 참여의 기회를 제공하고 있다.

교사가 아동과 함께 활동하는 방법의 예는 다음과 같다. 교실 배치, 수업내용 및 학습을 위한 아동의 요구에 대해 선택할 수 있는 정기적인 기회가 제공되며, 교사는 아동의 요구에 대하여 피드백을 통해 실제 교육과정에 이를 반영하게 된다. 또한 인권을 기반으로 한 문학, 수학, 과학, 역사 등을 포함한 교육과정을 제시하고 있다.

RRR 프로그램을 통해 아동은 자기 자신과 타인의 권리를 존중하게 되며, 아동들 간에 따돌림이 적어지고, 자신이 사회의 일부라는 것을 인식하게 되고 언어 능력이 더 정교해지는 등 긍정적인 결과가 나타난다고 보고되었다. 교사 역시 전문성이 향상되고, 자신이 교사라는 직업을 갖게 된 이유에 대해 항상 상기하게 되며, 교사라는 직업을 즐기게 되는 긍정적인 영향이 보고되고 있다.

이 외에도 2006년 UNICEF 영국지부에서는 인권교육 프로그램의 일환으로 학교가 아동권리를 실천하도록 장려하기 위해 '권리존중학교상(RRSA: Rights Respecting Schools Award)' 프로그램을 개발하여 영국 전역의 학교뿐 아니라 북아일랜드, 스코틀랜드, 웨일즈 등에 걸쳐 실시하고 있다. 영국의 RRSA 프로그램은 UN 「아동권리협약」에 근거하고 있으며, 학교생활 전반에 있어서 아동권리 존중의 실천을 지원하면서 세계시민으로 성장할 수 있도록 이끌어 준다.

RRSA 프로그램에서 상의 종류는 동상(bronze), 은상(silver), 금상(gold)이 있으며, 금상을 수상하기까지는 3년에서 4년 정도의 기간이 소요된다. 드한 은상 및 금상의 인증은 3년 동안 유효하며, 3년 후에는 재인증을 받아야 한다. 현재 영국 전역의 4,800여 개가 넘는 학교가 RRSA 프로그램에 참여하고 있으며, 2006년부터 2017년까지 1,341개의 학교가 은상을, 379개의 학교가 금상을 인증받았다.

RRSA 프로그램에 참여하여 금상을 수상하기까지의 절차는 [그림 2-3]과 같다.

1단계 설문지를 작성하고 실천계획 수립하기
- 동상(bronze) 수상(권리 위임하기)

2단계 실천계획 실행하기
3단계 학교에서 아동권리 배우기
4단계 학교의 긍정적인 영향 명확히 하기
5단계 아동이 세계시민으로 확인되기 시작
6단계 은상을 위한 평가 실시하기
- 은상(silver) 수상(권리 인식하기)

7단계 모든 사람이 권리에 대해 철저히 이해하기
8단계 학교 전체에서 태도와 언어를 존중하여 권리 실천하기
9단계 학교생활에 대한 권리의 긍정적인 영향 분명히 하기
10단계 아동이 스스로 세계시민으로 인식하고 사회 정의 지지하기
11단계 금상을 위한 평가 실시하기
- 금상(gold) 수상(권리 존중하기)

[그림 2-3] 권리존중학교상(RRSA: Rights Respecting Schools Award) 안내

출처: UNICEF UK 홈페이지(https://www.unicef.org.uk/rights-respecting-schools).

전체 11단계 중 1단계를 통과하면 동상을 수상하게 되고, 추가로 5단계를 통과하면서 은상을 수상하게 되며, 추가로 5단계를 통과하여 총 11단계를 통과하면 금상을 수상하게 된다. 지원내용은 단계마다 조금씩 차이를 보인다.

### (3) 오스트리아

#### 현직 교사를 위한 인권에 대한 이해와 교육(Understanding and Teaching Human Rights: Teachers' In-Service Training)

오스트리아의 인권 관련 기구인 ETC(European Training and Research Centre for Human Rights and Democracy)는 '인권을 배우며 살기(Menschenrechte lernen und leben)'라는 슬로건을 통해 인권교육의 필요성을 강조하면서 인권 친화적 환경을 조성하기 위하여 교사, 학생, 지역사회 주민 등 다양한 대상에게 인권교육을 실시하고 있다. 주된 인권교육 대상은 인권에 대한 지식과 자세, 인권실천 등의 긍정적 모델을 제공할 수 있는 교사, 경찰, 의료진에 대한 인권교육이다. 이 밖에 건강전문가, NGO 직원 등에게도 실시하고 있으며, ETC가 위치하고 있는 GRAZ 대학교 학생에게도 '인권교육개론' 교육과정 개설 및 인권토론클럽, 강연회를 지속적으로 진행하여 인권교육을 위한 노력에 힘쓰고 있다. 이 외에도 '가정에서의 인권실현', '평등을 위한 방법', '인권의 장소인 우리 학교' 등 다양한 인권교육 프로그램을 개발하였다.

특히 ETC는 초등학교와 중학교 교사들을 위해 '현직 교사를 위한 인권 이해와 교육(Understanding and Teaching Human Rights: Teachers' In-Service Training)' 프로그램을 제공하고 있다(국가인권위원회, 2011). 주요 교육내용은 인권과 민주주의 구현에 있어 자신의 위치, 지역 수준에서의 인권, 반(反)인종주의와 차별, 민주주의 등 인권에 관한 가까운 주제부터 광범위한 주제까지 다양하다.

〈표 2-4〉는 ETC에서 실시하고 있는 '현직 교사를 위한 인권에 대한 이해와 교육' 프로그램의 일부이다.

〈표 2-4〉 '현직교사들을 위한 인권에 대한 이해와 교육' 프로그램 내용

| 대상 | 프로그램 명 | 내용 |
|---|---|---|
| 1~4학년 | 인권의 장소인 우리 학교 | • 인권을 민주사회의 기초가 되는 규칙과 가치 체계로 인식할 수 있도록 교육<br>• 인권 측면에서 다양성을 반영하여 인권의 한계와 권리 실현을 위한 자신의 책임을 교육내용으로 다룸 |
| 5~8학년 | 온라인 속 표현의 자유 | • 인권 측면에서 분석되는 최신 자료를 통해 표현의 자유, 증오 발언 및 인권침해 사이의 딜레마를 해결하기 위한 내용을 다룸 |
| 모든 유형의 학교 교사 | 교실에서 새로운 것에 도전하자! | • 반민주주의, 인종차별주의, 이슬람 혐오주의 등 급진적 학생들의 태도에 대해 방법론 세미나를 통해 개인적이고 전문적인 접근방식을 다루고 논의함 |

[그림 2-4] ETC 홈페이지

출처: http://www.etc-graz.at/typo3/index.php.

ETC는 인권교육을 실천할 수 있는 다양한 자료와 교재를 개발하여 활용할 수 있도록 도서관 서비스 등 다각적인 네트워크를 구축하고 있다. 제공되는 매뉴얼과 이용 가능한 활동자료들은 '알아야 할 필요가 있는 것(need to know)', '알아두면 좋은 것(good to know)', '선택활동(selected activities)', '인권과 관련된 주요 역사적 사건을 다루는 연대표'의 주요 4개 범주로 되어 있다(국가인권위원회, 2011). 또한 인권과 관련된 기념일이 제시된 '인권달력'을 활용하여 인권교육을 지속적으로 활용할 수 있도록 지원하고 있다.

### (4) 프랑스

#### '아동친화도시' 프로젝트

'아동친화도시'란 18세 미만의 아동이 살기 좋은 도시를 말하는 것으로, UN의 「아동권리협약」(1989)을 바탕으로 아동의 권리를 지지하고, 모든 연령층이 행복하게 공존하는 도시를 만드는 것을 기본으로 하고 있다.

UNICEF 프랑스 위원회는 놀이, 그림, 독서, 영화를 통해 아동권리에 대한 인식을 증가시키는 프로그램을 제안하였고, Arras시의 경우 아동의 참여권을 증진

[그림 2-5] UNICEF 프랑스의 '인권친화도시' 홈페이지

출처: https://www.villeamiedesenfants.fr/

하기 위하여 가족 시민의식 향상 프로그램이나 청소년의회 멤버를 지정하여 13~17세 아동이 공개 토론회를 열기도 하고, 청소년들이 책임감과 시민권을 온전히 누릴 수 있도록 투표에 참여할 기회를 제공하기도 한다.

또한 아동을 대상으로 어린이의회를 운영하는 활동도 실시하는데, 이와 같은 활동 경험은 아동에게 시민권을 행사할 연습의 기회를 제공하고 있다.

이처럼 '아동친화도시'에 사는 아동은 지역사회의 중요한 의사결정에 영향력을 행사하고, 문화나 사회 행사에 주체로서 참여할 수 있으며, 아동친화도시 어디서든 깨끗한 물을 마시고 위생적인 화장실을 이용하며, 거리를 다닐 때 안전하다고 느끼는 등 삶의 혜택을 누릴 수 있게 된다.

## 2) 국내 인권교육 프로그램 사례

UN을 중심으로 국제적 인권활동이 다각적 측면에서 활발하게 진행되는 동안, 국내에서도 각종 국제인권협약에 가입하고 국제적 인권 보장을 실천하기 위해 다양한 노력을 실시하고 있다.

우선, 1993년 6월에 시행된 '비엔나 인권선언 및 행동계획'에서는 '아동의 인권'에 관한 내용이 포함되어 있는데, 그 내용으로는 소녀, 고아 및 가출아동에 대한 각별한 보호를 촉구하고(1부 21항), 국가에 대해 특히 소녀에 대한 차별을 제고할 것을 요구하고(2부 49항), 무력 충돌 시 아동의 보호를 강화할 것을 강조하고(50항), 아동의 생존권, 부모에 의한 아동침해 보호, 사회보장의 권리 등을 규정하고 있다(법무부, 2011).

1993년 12월에는 UN 인권최고대표사무소(Office of the United Nations High Commissioner for Human Rights: OHCHR)가 설립되어 인권교육에 관한 국제적 캠페인과 프로그램을 실행하거나 인권교육에 대한 자문 및 인권보호를 위한 예방과 대처에 관한 활동을 지원하였다. 또한 인권 관련 기구의 활동을 지원하고, UN 총회에 인권활동보고서를 제출하는 등의 다양한 활동을 총괄하여 실시하고 있다.

각 부처에서 실시되는 국내 인권교육 프로그램 사례를 살펴보면 다음과 같다.





### (1) 국가인권위원회

국가인권위원회는 UN의 권고사항과 관련한 정책 및 제도 개선의 이행 노력과 함께 아동권리교육과 권리 신장을 위한 교재개발 및 교육활동을 실시한다. 국가인권위원회에서 실시하는 인권교육활동은 교사를 대상으로 시작하여 점차 대상 범위를 사회복지 분야, 공무원 및 유아교육기관의 관리자 등으로 확대하여 '인권교육 및 인권감수성 향상 교육'을 온-오프라인(on-off line) 형태로 실시하고 있다.

또한 국가인권위원회는 '영유아 인권강사 양성과정'을 총 6회 운영하였고, 이 중 40명을 국가인권위원회 인권강사로 위촉하였다. 인권 친화적인 영유아 돌봄 환경을 마련하기 위해 유아교육기관의 교원 및 종사자를 대상으로 '영유아 인권감수성 향상 과정'을 총 3회 운영하였다. 또한 '찾아가는 인권 특강'을 통해 인권강사의 전문성과 역량 강화를 도모하는 등 인권교육을 위해 노력하고 있다.

〈표 2-5〉 2015년 영유아 인권교육 실시 현황

| 구분 | 합계 | 인권감수성 향상 과정 | 강사 양성 과정 | 찾아가는 영유아 인권교육 |
|---|---|---|---|---|
| 교육인원 (횟수) | 931 (49회) | 74명 (3회) | 132명 (6회) | 725명 (39회) |

출처: 국가인권위원회 연간보고서(2015).

국가인권위원회는 현재 5개의 인권사무소로 운영되고 있는데, 대전, 부산, 광주, 대구, 강원사무소가 있다. 이곳에서는 '인권체험관'을 통해 유아 및 학생, 일반인이 인권에 대해 직접 체험해 볼 기회를 제공하고 있다. 대전인권체험관의 경우 2016년 6월에 개관하여 '아동 · 청소년', '장애인', '일반' 프로그램으로 구분하여 인권체험 프로그램을 진행하고 있다. 그중 '아동 · 청소년' 프로그램을 살펴보면, 나의 감정 그리기, 다양한 신체적 특징 써 보기, 서로의 장점 칭찬해 보기, 이름표 꾸미기 및 차별풍선 날리기, 인권사과나무(희망 쓰기) 등의 활동으로 구성되어 있다.

또한 국가인권위원회 홈페이지의 '별별 이야기' 배너를 통해 인권 관련 자료를 내려받아 사용할 수 있으며, 국가인권위원회 교육센터에서는 다양한 교재 및 콘텐츠(애니메이션, UCC, 인권 영화 등)를 제작하여 활용할 수 있도록 보급하고 있다.

### (2) 보건복지부와 서울특별시

보건복지부는 홍보물 제작을 통해 아동권리에 대한 인식을 확산시키고자 노력하고 있다. 그 예로 아동권리에 대한 기본적인 이해를 도모하고자 『아동권리협약과 함께하는 아동 · 청소년의 권리』(2009)라는 교재를 개발하여 보급하였다. 이 교재는 보육교사용, 아동용, 일반 공통, 아동 · 청소년 복지시설 실무자용, 초등학교 교사용 등으로 제작되어 다양한 분야에서 활용할 수 있도록 하였으며, 보건복지부 자료실 또는 국가기록원에서 원문을 내려받을 수 있다.

**[그림 2-6]** 『아동 · 청소년의 권리』 교재

출처: 국가기록원(http://www.archives.go.kr).

이 외에도 「아동권리협약」의 주제와 관련된 동화, 교구 활용 및 일상생활의 문제 활용 등과 관련된 자료를 제공하여 아동 인권교육의 실천을 지원하고 있다.

2017년에는 보건복지부가 주최하고 한국아동단체협의회에서 주관하여 '아동의 목소리, 대한민국에서 살아 숨쉬다'라는 주제로 대한민국 아동총회가 개최되었다. 2003년부터 시작된 대한민국 아동총회는 초등학교 1학년에서 고등학교 3학년까지의 아동을 대상으로 아동의 참여권의 확대와 인권감수성 향상, 실질적인 사회적 주체(social actor)로서의 역할을 할 기회 보장, 참여 과정을 통한 성숙한 민주시민으로 성장하기 위한 발판을 마련하는 것에 그 목표를 두고 있다.

**[그림 2-7]** 대한민국 아동총회

출처: 한국아동단체협의회(http://kocconet.or.kr).

대한민국 아동총회가 이루어지는 과정은 아동인권캠프를 통한 사전 교육을 시작으로 아동이 거주하는 각 지역의 소위원회 활동에 3개월간 참여하고, 활동참여 및 진행 과정을 대한민국 아동총회 공식 웹사이트(http://kocconet.or.kr)나 온라인 커뮤니티 등을 통해 공유하는 과정으로 진행된다. 대한민국 아동총회는 매년 개최되며, 결의문 이행 상황은 보건복지부 '어린이누리집'을 통해 언제든지 확인할 수 있다.

서울특별시 육아종합지원센터에서는 '영유아 권리 존중을 위한 자가 체크리스트'(2015)를 개발하여 활용할 수 있도록 하였다. 이는 보육교직원이 스스로 생각과 태도를 점검하고 주기적으로 체크하여 활용함으로써 영유아 권리에 대한 감수성을 향상하고 지속할 것을 목적으로 하고 있으며, 교재의 구성은 자가 체크리스트와 해설서로 이루어져 있다(그림 2-8 참조).

또한, 2017년에는 '아동 인권 선임교사를 위한 안내서'라는 확장된 자료를 제작하였다. 이 안내서는 서울특별시 육아종합지원센터 홈페이지에서 내려받아 누구나 손쉽게 활용할 수 있다.

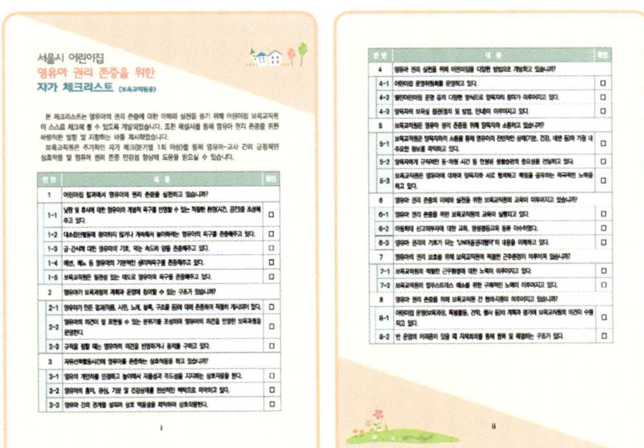


[그림 2-8] 영유아 권리 존중을 위한 자가 체크리스트(보육교직원용)

출처: 중앙육아종합지원센터(http://central.childcare.go.kr).

### (3) Save the Children

Save the Children은 전 세계 빈곤아동을 돕는 국제적 비정부기구(NGO)로, 30개국에 지부를 두고 있는 세계 최대 규모의 아동구호기구이다. Save the Children은 1919년 영국에서 처음 세워졌으며, 아동의 보호, 교육 및 보건의료와 관련된 다양한 사업을 세계적으로 실시하고 있다.

국내에서는 아동의 보호권을 보장하기 위해 농어촌아동 지원, 도시놀이터 개선, 난민아동 지원, 아동학대 예방·치료 등과 같은 사업을 실시하고 있다. 1953년 한국에서 활동하기 시작한 Save the Children은 아동의 건강, 보건, 의료, 교육을 비롯해 아동학대 예방·치료 사업, 결손·빈곤가정 어린이 지원 사업, 아동권리교육 사업, 다문화 인식 개선 등과 같은 다양한 활동을 진행하고 있다.

특히 Save the Children은 영유아 및 초등교사 등을 대상으로 아동권리교육을 실시하여 아동권리 실현의 주요 의무 이행자인 교사가 영유아의 권리를 보장하고 실천할 수 있도록 돕는 사업을 진행하고 있다.





〈표 2-6〉 Save the Children의 영유아 인권교육

| 교육대상 | 보육·유치원 교사 | 지역아동센터 종사자, 초등교사 |
|---|---|---|
| 교육내용 | ① 아동과 권리 이해하기<br>② 아동학대 예방하기<br>③ 아동권리 실현하기 등 | |
| 교육방법 | 강의, 모둠별 참여 활동 및 토론 | |
| 자료 제공 | 워크북, 교육이수증,<br>유아용 아동권리교육 3종 세트<br>(권리 찾기, 권리노래 배우기,<br>권리이름표 만들기) | 워크북, 교육이수증,<br>아동용 아동권리교육 3종 세트<br>(권리빙고게임, 권리만화 꾸미기,<br>권리나무 꾸미기) |

출처: Save the Children 홈페이지(https://www.sc.or.kr/business/domestic/privilege/education.do).

〈표 2-6〉에서 보듯이, 아동권리교육의 교육내용으로는 '아동과 권리 이해하기', '아동학대 예방하기', '아동권리 실현하기', '아동권리와 긍정적 훈육' 등이 포함된다. 교육을 이수한 교사들에게는 교재를 지급함으로써 교육현장에서 활용할 수 있도록 도움을 주고 있다.

이 사업을 통해 2014년부터 2016년 상반기까지 총 48,343명의 교사를 대상으로 인권교육이 실시되었다.

### (4) UNICEF 한국위원회

UNICEF(United International Children's Emergency Fund)는 1946년 12월 국제연합총회의 결의에 따라 전쟁 피해 아동과 청소년의 구호를 위해 설립된 기구로, 지원 분야는 긴급구호, 영양, 보건, 예방접종, 식수 및 환경 개선, 기초교육, 모유수유 권장에 이르기까지 다양하다. 특히 UNICEF는 UN「아동권리협약」(1989)에서 보장하고 있는 아동권리를 홍보·이행·증진하기 위해 다각적 측면에서 활동을 진행하고 있다.

1995년 UNICEF 한국위원회는『어린이는 어떤 권리를 가졌을까요?: 게임으로 알아보는 아동의 권리협약』을 교재로 발간하였는데, 이 교재는「아동권리협약」(1989)을 이해하고 실천하는 내용을 담고 있다. 대표적으로 'Want & Needs' 카드를 통해 아동권리의 이해를 돕는 활동이 포함된다.

또한 2011년에 발간된『나답게 너답게, 권리야 반갑다』는 초등학교 1~2학년용, 3~4학년용, 5~6학년용, 교사용 지침서로 구성되어 있는데, 나의 권리에 대한 이해와 권리를 침해당하는 사례를 소개하며, 토의하기와 놀이 등 다양한 활동을 통해 권리의 책임과 의무를 익힐 수 있도록 내용이 구성되었다(그림 2-9 참조).

[그림 2-9] 『나답게 너답게, 권리야 반갑다』 1~2학년용 교재

출처: UNICEF 한국위원회(http://www.unicef.or.kr).

UNICEF 한국위원회에서는 2010년부터 6개월마다 발간하는 어린이 소식지 『아름다운 우리』를 통해 각 호마다 하나의 주제를 선정해 인권과 관련된 다양한 내용을 수록하고 있으며, 인권내용과 관련된 다양한 사진이 함께 수록되어 있어 영유아도 쉽게 활용할 수 있다. 이 자료들은 UNICEF 한국위원회 공식 웹사이트(www.unicef.or.kr)에서 무료로 내려받아 활용이 가능하다.

이 밖에 아동의 권리를 증진하고 홍보하기 위한 포스터, 교재, 리플렛 등 다양한 인권교육 자료를 개발하여 배포하고 있다.

[그림 2-10] UNICEF에서 발간하는 소식지 『아름다운 우리』

출처: UNICEF 한국위원회(http://www.unicef.or.kr).

CHAPTER 3

# 영유아 권리 증진을 위한 교육

1. 영유아 인권교육의 원리
2. 영유아 인권교육을 위한 교수전략
3. 부모를 대상으로 한 영유아 인권교육

# 1 영유아 인권교육의 원리

영유아기는 삶에 필요한 기본적인 것을 습득하는 시기로, 인권교육에 있어서도 결정적 시기이다. 따라서 이 시기에 인권을 존중하고 존중받는 경험이나 학습의 기회가 적절히 주어진다면, 영유아는 생활 속에서 자연스럽게 인권에 대한 감수성을 기르고 자신의 권리에 대한 존중과 책임을 배우게 된다. 이를 통해 영유아는 민주시민으로서 갖추어야 할 역량과 함께 성숙한 인격체로 성장해 나갈 수 있는 중요한 교육적 경험을 누리게 될 것이다. 그러나 영유아기는 발달적으로 성인과 다른 특성을 지닌 시기이므로 영유아기에 이루어지는 인권교육은 교육내용과 교수방법 등에 있어 차별화된 교육원리를 고려하여 실행되어야 한다.

다음은 「아동권리협약」(1989)에서 제시된 영유아 4대 기본권리인 생존권, 보호권, 발달권, 참여권을 근거로 영유아 인권교육의 교육원리를 살펴보고자 한다.





## 1) 생명존중의 원리

영유아 인권교육에서 다루어야 할 첫 번째 교육원리는 '생명존중의 원리'이다. 생명존중의 원리는 영유아 4대 기본권리 중 생존권을 반영한 것으로, 영유아가 생명을 보존하고 건강한 삶을 누리는 데 필요한 안전한 주거 공간, 충분한 영양 섭취, 건강관리 및 의료혜택 등 생존에 필요한 것들을 보장받을 권리와 관련되는 교육원리이다.

영유아 인권교육에서는 생존권에 관한 이해 및 실천을 이끌 수 있는 교육내용을 의미한다. 생존권에 대한 이해는 영유아가 자연 및 인간의 생명은 소중하며 누구도 함부로 훼손할 수 없는 것임을 이해하고 실천하는 내용이다.

따라서 영유아 인권교육에는 영유아가 일상생활 속에서 생명의 소중함을 경험하고, 자연을 보호하고 훼손하지 않으며, 생명존중의 기회를 경험할 수 있도록 하는 교육내용이 포함되어야 한다.

### 2) 권리와 책임의 원리

영유아 인권교육에서 다루어야 할 두 번째 교육원리는 '권리와 책임의 원리'이다. 권리와 책임의 원리는 영유아 4대 기본권리 중 보호권을 반영한 것으로, 영유아가 유해한 모든 형태의 폭력과 차별로부터 보호받을 권리와 관련된 교육원리이다.

영유아 인권교육에서는 자신이 보호받을 권리를 누리기 위해서 타인의 권리에 대한 존중과 보호의 의무도 지녔음을 이해하고 실천하는 교육내용을 의미한다.

인권이란 인간으로서 누릴 수 있는 보편적 권리로서 인종, 국적, 성별, 지위 등 그 무엇에도 영향을 받거나 어떠한 상황에서도 차별을 받지 않고 누릴 수 있어야 한다. 이는 개개인의 존엄과 가치의 표현이기도 하다. 또한 자신의 권리에 대한 존중과 함께 타인의 권리에 대한 이해와 책임이 함께 이루어졌을 때 진정한 의미에서의 인권적 환경이 만들어지는 것이다.

따라서 영유아 인권교육에서는 나의 권리가 존중받기 위해서는 타인의 권리를 존중할 수 있는 책임도 있음을 이해하고 실천할 수 있는 교육내용을 다루어야 한다. 이를 위해서는 자신과 타인의 다른 점을 이해하고 존중하는 태도를 배우고 일상 속에서 실천하는 내용이 포함되어야 할 것이다.

다름에 대한 이해와 존중은 개인마다 타인과 구별되는 독특한 개성을 '틀림'이 아닌 '다름'으로 인식하고 수용하는 것으로, 다름에 관한 이해와 존중의 경험 역시 영유아 인권교육에서 중요하게 다루어야 할 내용이다.

### 3) 자유로운 의사표현 및 상호 존중의 원리

영유아 인권교육에서 다루어야 할 세 번째 교육원리는 '의사표현 및 상호 존중의 원리'이다. '의사표현 및 상호 존중의 원리'는 영유아 4대 기본권리 중 참여권을 반영한 것으로, 영유아가 자신의 문제와 자신의 삶에 영향을 미치는 사안에 대해 적극적으로 자기 의견을 표현하고 의사결정에 참여할 수 있는 권리와 관련된 교육원리이다.

영유아 인권교육에서는 자기 의견이나 생각을 자유롭게 표현하고 존중받는 경험과 함께 타인의 의견에 귀 기울이며 상호 존중하는 태도를 기르는 교육내용을 의미한다. 또한 일상에서 영유아가 자기 생각을 자유롭게 표현하고 의사결정에 그들의 의견이 반영되도록 하여 그들의 참여권을 보장하는 것도 포함된다.

그러나 자기 의견이 존중받는 경험을 위해서는 타인의 의견이나 생각에 열린 마음을 갖고 수용적으로 듣고자 하는 태도 역시 중요하다. 따라서 자유로운 의사표현의 권리를 실천하고 타인으로부터 존중받는 경험은 타인의 의견에 귀 기울이고 존중할 수 있는 수용적 태도에 대한 이해와 실천과 함께 이루어질 수 있음을 이해하도록 한다. 이것이 상호 존중의 원리이다.

영유아 인권교육에서는 영유아가 자기 의견을 자유롭게 표현하고 타인의 의견을 들으며 수용할 수 있는 경험을 통해 자발적 참여와 상호 존중의 경험을 이룰 수 있도록 교육내용을 구성하여야 할 것이다.

영유아에 있어 자유로운 의사표현 및 상호 존중의 원리는 일상 속에서 교사가 영유아의 목소리에 귀 기울이고자 하는 태도에서부터 시작된다. 영유아는 자기 생각, 느낌을 자유롭게 표현하고 자신의 이야기에 귀 기울이는 교사와의 상호작용 경험을 통해 자신이 존중받고 있음을 느끼고, 자신이 하나의 인격체로 존중받는 경험을 하게 될 것이다. 또한 자신의 태도와 행동에 대해 스스로 결정을 내리는 경험과 함께 자신의 행동으로 인한 영향과 결과(책임)를 이해하도록 함으로써 자신의 행동에 대한 책임을 경험할 수 있도록 하여야 할 것이다.

이러한 상호 존중의 교육 경험을 통해 영유아는 자신의 권리를 향유할 수 있는 주체이면서 타인의 권리 존중에 책임을 가지는 존재로 성장해 갈 것이다.

### 4) 자아실현의 원리

영유아 인권교육에서 다루어야 할 네 번째 교육원리는 '자아실현의 원리'이다. '자아실현의 원리'는 영유아 4대 기본권리 중 발달권을 반영한 것으로, 영유아의 성장·발달과 관련하여 자신의 잠재 능력을 최대한 발휘하는 데 필요한 다양한 지원을 제공받을 권리와 관련된 교육원리이다. 구체적으로 발달권은 교육을 받을 권리, 여가를 즐길 권리, 문화생활을 할 권리, 정보 접근의 권리, 종교의 자유 등과 관련된다.

영유아 인권교육에서는 영유아가 타인으로부터 존중받는 경험을 통해 잠재되어 있는 자신의 능력이나 가능성을 자유롭게 실현할 수 있도록 하는 내용을 포함한다.

이는 영유아 인권교육의 목표이자 기본원리에 해당되는 것으로, 영유아의 기본권리가 보호되고 존중된다면 영유아는 자신의 가능성을 발휘할 기회를 가지게 되며, 이를 통해 자아실현에 이를 수 있을 것이다.

나아가 영유아로 하여금 자신이 존중받는 존재이며 자신의 권리를 향유할 수 있는 주체이면서 동시에 타인의 권리를 존중해야 하는 의무와 책임을 지녔음을 경험하게 하여 사회 속 존재로서의 태도를 기르게 한다.

영유아의 자아실현을 돕고 민주시민을 양성하는 것은 영유아 인권교육의 목표이자 곧 영유아기 교육의 목표이기도 하다. 이런 의미에서 영유아 인권교육은 영유아기 교육의 방향과 일치한다고 할 수 있다.

## 2 영유아 인권교육을 위한 교수전략

영유아 인권교육은 인권에 대한 이해 및 태도와 실천적 기술을 향상시키기 위한 교육내용을 선정하는 것과 함께 영유아들에게 적절한 교수전략을 수립하고 실천하는 것은 중요하다. 영유아 인권교육은 인간으로서 가지는 보편적 권리로서의 인권에 대한 이해뿐 아니라 영유아기라는 발달적 특성을 고려한 내용 및 교수전략 수립이 중요하기 때문이다.

영유아 인권교육을 위한 교수전략은 인권교육에만 한정되는 것이 아니라 모든 교육활동 및 일상생활 속에서 자연스럽게 실천하는 인권적 태도와 인권에 대한 이해 및 적용과 관련된 포괄적 개념으로 이해될 수 있다. 즉, 교사가 교육과정 운영 및 일과 속에서 고려하여야 할 인권에 대한 이해와 태도, 실천에 관한 행동전략으로 볼 수 있다. 이러한 교수전략들의 실천을 통해 영유아는 자신의 권리에 대해 이해하고 권리 주체자로서의 자신의 권리를 누릴 수 있는 교육적 경험의 기회를 가지게 될 것이다.

본 장에서는 영유아기의 발달적 특성을 고려하면서 인권교육의 주요 교육내용, 즉 인권에 대한 교육, 인권을 위한 교육, 인권을 통한 교육이 골고루 균형 있게 다루어지도록 교사로서 가져야 할 구체적 교수전략에 대해 살펴보도록 하자.



## 1) 교육활동 과정에서 인권적 요소 고려하여 구성하기

### (1) 영유아 4대 기본권리를 반영한 교육목표 설정과 균형 있는 교육내용 구성하기

영유아 인권교육을 실행하는 과정에서 교사는 「아동권리협약」(1989)에서 제시한 영유아 4대 기본권리(생명권, 보호권, 발달권, 참여권)를 반영한 교육내용을 균형 있게 구성하여 인권에 대한 폭넓은 이해의 경험을 제공하여야 한다.

교사는 인권교육활동 계획 과정에서 영유아 4대 기본권리를 고려하여 교육목표를 설정하고, 특정 권리의 교육내용 구성 빈도가 높아 다른 권리의 내용을 간과하지 않도록 전체적으로 균형 잡힌 교육계획을 구성하여야 할 것이다. 이는 일일 교육계획뿐 아니라 주간, 월간, 연간 교육계획에서도 균형 있게 고려되어야 한다.

그러나 영유아 4대 기본권리는 완전히 구별되기보다는 서로 연관성을 지니는 것으로, 생명권과 관련된 교육목표가 설정되어 인권교육활동을 전개하는 과정에서도 보호권이나 발달권, 참여권과 관련된 요소가 함께 경험될 수 있다.

따라서 교사는 영유아 4대 기본권리 간의 연계 가능성을 고려하여 융통성 있게 교육활동을 전개하여야 하며, 이를 위해서는 영유아 권리에 대한 교사의 폭넓은 이해가 뒷받침되어야 할 것이다.

### (2) 교육활동 과정에서 인권적 문제해결 및 태도 실천하기

영유아 인권교육활동 및 모든 교육활동이 실행되는 과정에서 교사의 인권적 태도 및 인권적 관점에서 교육활동을 이끌어 나가는 것이 매우 중요하다. 예를 들어, 교육활동 과정에서 협동학습이나 모둠 활동, 도움 짝이 필요한 경우나 순서를 정해서 활동을 전개해야 하는 경우에 영유아의 인권태도의 향상을 고려하여 상호 존중의 자율적인 분위기에서 문제를 해결할 수 있도록 해야 한다. 영유아는 자기 의견을 말하고 타인의 의견을 듣고 함께 문제해결의 방법을 모색하는 과정에서 참여권에 대한 인권적 경험을 실천할 수 있으며, 동시에 나의 권리가 존중받기 위해서는 타인의 생각을 존중하여야 한다는 책임과 의무도 따른다는 것을 경험할 수 있기 때문이다.

영유아가 문제해결 과정에 주체적으로 참여하여 자기 의견을 발표하고, 친구들의 의견을 들으면서 함께 문제를 해결하는 경험은 매우 중요한 인권교육의 경험이 될 것이다. 또한 문제해결 과정에서 영유아 간의 의견충돌이 일어날 경우 교사가 주도적으로 해결하기보다 영유아의 의견에 귀 기울이고 반영하여 함께 문제를 해결해 가는 모습을 통해 영유아에게 자연스럽게 인권적 태도나 문제해결 방법을 학습하게 하는 인권교육의 경험이 될 것이다.

이런 점에서 볼 때 영유아 인권교육은 특정 주제를 다루어야 한다거나 정해진 시간에만 이루어지는 것이 아니라 교육활동을 포함한 일과 전체에 걸쳐 이루어질 수 있음을 보여 준다. 이 과정에서 교사의 태도는 매우 중요하다. 교사는 영유아가 자기 의견을 자유롭게 이야기하고 표현할 수 있도록 허용적 분위기를 조성하여야 하며, 자신의 이야기뿐 아니라 친구의 의견을 잘 들을 수 있도록 지도하며,

영유아의 의견에 수용적인 태도를 보여 주어야 한다. 이와 같은 교사의 모습을 통해 영유아는 인권적 태도를 경험하게 되고 문제해결 상황에서 자기 의견을 적극적으로 표현할 수 있는 참여권에 대한 이해와 함께 타인의 관점을 수용하는 협동적인 태도를 기를 수 있을 것이다.

따라서 교사의 인권에 대한 이해, 인권적 태도나 감수성이 영유아 인권교육에서 가장 중요한 요소임을 알 수 있다.

### (3) 인권적 문제해결 과정에서 반성적 태도 가지기

영유아기는 자아중심적 사고의 발달적 특성으로 인해 자신의 관점에서 타인을 이해하려는 경향이 있다. 일상생활에서도 자신의 권리만 주장하는 경향으로 인해 친구와 의견 충돌 및 갈등이 빈번하게 일어날 수 있다. 이러한 갈등 상황에서 많은 교사는 적절히 개입하여 중재하기도 하지만, 특정 영유아에 대해 편애나 편견이 없었는지, 교사가 일방적으로 판단하여 조급하게 중재하려고 하지는 않았는지 반성적으로 돌아보아야 한다. 교사가 영유아로 하여금 자기 의견을 자유롭게 표현하면서 타인의 의견에 귀 기울이도록 지도하여 적절히 중재하는 모습은 영유아에게 좋은 인권교육의 경험이 될 수 있음을 염두에 두어야 한다.

따라서 영유아 인권교육의 실천을 위해서는 교사가 인권에 대해 이해하고 인권감수성을 갖추는 것이 전제되어야 하며, 교육활동 전반에 걸쳐 인권적 관점에서 접근하고자 하는 노력이 필요하다. 또한 교육활동 과정에서 자신의 인권적 태도를 돌아보고 혹시 편견이 없는지, 교사 주도적으로 문제를 해결하는 것이 아닌지, 영유아의 의견에 귀 기울이고자 노력하였는지 등 반성적 태도를 지니는 것이 필요하다. 이러한 반성적 태도의 노력이 없으면 자칫 교사는 일상 속에서 빈번히 일어나는 영유아 간의 다양한 갈등 상황이나 협력 상황에서 교사 주도적으로 문제를 해결하거나 교사의 편견에 따라 문제해결을 강요하게 될 수도 있어 결국 영유아의 권리를 침해하는 결과가 될 수 있다. 따라서 교사는 인권적 문제해결 과정에서 자신이 가진 인권적 태도와 가치, 신념을 계속적으로 돌아보는 반성적 사고의 과정을 가져야 한다. 이를 통해 교사는 영유아에게 생생한 인권존중의 경험을 제공하는 좋은 모델링이 될 수 있을 것이다.

## 2) 발달적 특성을 고려한 인권교육 실행하기

### (1) 사회적 기술 함양을 통한 공동체 구성원으로서의 태도 기르기

영유아 인권교육활동을 실행되는 과정에서 고려되어야 할 내용은 영유아의 사회적 기술 함양을 통한 공동체 구성원으로서의 태도를 기르는 교육활동이다.

예를 들어, 다양한 갈등 상황에서 교사가 주도적으로 갈등 상황을 해결하기보다는 친구의 입장에서 생각해 보기, 친구의 감정이 어떨지 추론해 볼 수 있는 질문을 통해 다른 사람의 관점에서 생각할 수 있는 조망수용 능력을 기르는 사회인지적 능력 함양을 위한 활동을 구성하는 것도 좋다. 이러한 활동을 통해 영유아는 자신과 친구의 의견이 다를 수 있음을 알게 되고 자연스럽게 타인의 의견에 귀 기울이는 인권적 태도를 기를 수 있게 된다.

또한 자기 의견을 표현하고 의사결정에 참여하는 권리를 이해하고 실행하기 위해서는 타인의 이야기에 귀 기울이고 공감하는 상호 존중의 태도와 바른 태도로 말하고 듣는 사회적 기술을 배우는 것이 중요하다. 이는 사회 공동체 구성원으로서 지녀야 할 태도를 익히는 것으로, 결국 영유아 인권교육은 사회화 과정을 통해 민주시민을 양성하고자 하는 유아교육의 궁극적 목표와 일치한다고 볼 수 있을 것이다.

영유아가 자기 의견을 표현하는 것이 익숙하지 않아 울음, 떼쓰기, 충동적 소리 지르기 등 적절하지 않은 방법으로 자기 의사를 표현하거나 자기표현을 두려워하는 경우에도 교사는 영유아로 하여금 자기 의견을 표현하는 적절한 방법을 지도하며, 자기 의견을 표현하지 않으면 권리의 주체로서 자신의 권리를 지킬 수 없음을 이해하도록 지도하여 자발적 참여가 이루어질 수 있도록 지도하여야 한다.

또한 영유아 간 갈등 상황이나 의사결정 과정에서도 자기 의견을 지나치게 강조하다 보면 타인의 표현에 대한 권리를 침해할 수 있음을 일상 속에서 지속적으로 알려 주는 것이 좋다.

### (2) 구체적이고 실제적 교수방법으로 접근하기

영유아 인권교육에서는 영유아의 발달적 특성을 고려하여 추상적인 인권 주제들에 대한 언어적 설명보다는 구체적이고 실질적 경험을 통한 교수전략이 수립되어야 한다.

예를 들어, 교사는 인권적 태도 함양을 위해 영유아 간 협동학습의 기회를 제공하거나 일상 속에서 발생하는 영유아 간 갈등 상황을 해결하는 과정에서 타인의 입장에서 생각해 볼 기회를 제공함으로써 인권적 태도를 기르도록 하는 것이 좋다. 또한 인권교육활동뿐 아니라 일상 속에서 부딪히는 문제들을 해결하는 과정에서 인권적 관점으로 해결하고자 하는 인권감수성을 지닐 수 있도록 구체적 상황에서 출발한 인권 이해가 이루어질 수 있도록 해야 한다.

이를 위해서는 일상 속에서 일어나는 다양한 문제 상황을 인권적 관점에서 접근하여 지각하고 인권적 관점에서 해결하고자 하는 교사의 인권감수성이 전제되어야 한다. 또한 영유아의 발달적 특성을 고려한 구체적이고 실천적인 인권교육 프로그램에 대한 지속적 연구와 이를 교육현장에서 적용하고자 하는 실천적 의지가 뒷받침되어야 할 것이다.

### (3) 호기심과 공동체 구성원으로서의 책임 구분하여 지도하기

영유아기는 주변에 대한 호기심이 왕성한 시기로, 이는 발달에는 긍정적 요소로 작용하지만 공동체 구성원으로서 생활하는 과정에서는 자칫 자신과 타인의 안전을 위협하거나 타인의 권리를 침해하는 결과를 가져올 수도 있다.

이러한 상황에서 교사는 영유아기 발달적 특성으로 인한 호기심은 인정하되 단순히 호기심을 잘못된 것으로 꾸짖거나 무조건 못하게 하기보다는 이러한 행동이 자신과 타인의 안전을 해칠 수 있음을 이해시키고 공동체 구성원으로서 지켜야 할 책임이 있음을 지도하여야 한다.

예를 들어, 소화기와 같은 안전을 위한 도구에 단순한 호기심을 보이는 유아에게는 무조건 호기심을 꾸짖고 접근을 금지하기보다 안전을 위한 도구의 필요성을 알려 주고 자신의 호기심으로 인해 자칫 자신과 타인의 안전에 해가 될 수 있음을 이해할 수 있도록 지도하여야 한다. 이와 함께 자신의 호기심으로 인한 행동으로 타인의 권리가 침해될 수 있음을 알려 줌으로써 인권적 태도를 기를 수 있도록 지도하는 것이 좋다. 또한 영유아의 호기심이 안전한 상황에서 충분히 충족될 수 있도록 다양한 교육경험을 제공하는 것이 필요하다.

영유아기 발달적 특성과 인권적 태도를 기르는 것을 구별하여 지도하는 교사의 역할이 쉽지 않지만, 일상 속에서 자연스럽게 인권적 태도를 익힐 수 있도록 영유아의 행동을 인권적 관점에서 지각할 수 있는 인권민감성을 갖도록 끊임없이 노력하여야 할 것이다. 또한 교육활동을 구성함에 있어서도 영유아의 호기심과 인권교육의 요소를 균형 있게 반영할 수 있도록 구성하는 것이 필요하다.

## 3) 일상 속에서 영유아의 인권적 태도 및 인권감수성 기르기

### (1) 자신과 타인 존중의 경험 제공하기

영유아로 하여금 일상 속에서 인권적인 태도와 인권감수성을 가지도록 하는 것은 영유아 인권교육에서 지향하는 중요한 목표 중 하나이다. 이를 위해서는 영유아가 일상 속에서 자기 의견이나 권리가 존중되는 경험을 하는 것이 중요하다.

영유아의 의견이나 권리가 존중되는 경험은 영유아가 놀이를 스스로 선택하고 주도적으로 놀이를 계획하는 과정에서부터 시작된다. 이 과정에서 교사가 보여 주는 영유아의 의견에 대한 존중의 태도는 영유아로 하여금 자기 의견이 존중받는다는 경험과 함께 스스로에게 신뢰감을 갖게 한다. 따라서 일상 속에서 보여 주는 교사의 태도는 영유아의 인권태도나 인권감수성 함양에 좋은 모델링을 제공할 것이다.

또한 놀이 과정에서도 친구들로부터 자기 의견이 수용되는 경험이나 친구와 협동하여 문제를 해결해 나가는 과정에서 친구의 의견을 듣고 배려해 주는 경험은 인권교육의 핵심 요소인 인권적 태도나 감수성을 함양하는 데 있어 좋은 교육적 경험이 될 것이다. 이 과정에서 영유아는 나의 권리가 존중받기 위해서는 타인의 권리에 대한 존중과 책임이 따른다는 것을 자연스럽게 이해하게 된다.

따라서 영유아의 인권태도 및 인권감수성을 기르기 위해서는 놀이를 선택할 기회를 제공하고 놀이 과정에서 서로를 존중할 수 있는 분위기가 조성되고, 일상 속에서도 영유아가 자유롭게 자기 생각을 표현하고 수용되는 경험이 제공되어야 할 것이다.



이처럼 영유아 인권교육은 특별한 주제나 활동 속에서만 이루어지는 것이 아니라 일상생활과 교육과정 전반에 걸쳐 이루어질 수 있으며, 교사가 보여 주는 수용과 존중의 태도는 영유아가 인권의 가치와 태도를 배우는 데 있어 좋은 본보기를 제공할 것이다.

### (2) 교사의 지속적 관심과 격려를 통한 인권적 태도 함양하기

유아교육현장은 영유아가 사회적인 '공동체'를 처음 경험하는 곳으로, 남을 배려하고 공동체의 규칙을 지키고 나의 의견을 자유롭게 표현하는 등 자신과 타인의 권리가 모두 존중되는 경험을 통해 인권적 태도와 감수성을 기르는 중요한 인권교육 실천의 장이 된다. 이 과정에서 교사의 지속적인 관심과 격려는 영유아의 인권태도 함양에 있어 중요한 실천적 동기를 제공한다.

영유아 인권교육은 이미 언급한 바와 같이, 특정 주제에서만 다루어지는 것이 아니라 공동체의 구성원으로서 지내는 일상 속에서도 이루어질 수 있다. 공동체의 규칙을 지키고 나의 의견을 자유롭게 표현하고 친구를 배려하는 등 모든 친사회적 행동이 인권적 태도를 함양하는 데 도움이 된다. 이 과정에서 자연스럽게 이루어지는 교사의 관심과 지지는 영유아의 인권태도 향상에 도움이 될 수 있다.

특히 유아교육기관에서 오랜 시간을 영유아와 함께하는 교사들은 일상생활에서 영유아의 인권적 태도를 격려하고 그들의 행동이나 말에 담긴 의미와 정서적인 측면을 면밀히 읽고 반응해 주는 것이 좋다. 왜냐하면, 교사의 세심한 관심과 격려가 영유아의 인권태도를 향상시키는 데 있어 매우 중요하기 때문이다.

그 속에서 영유아는 자연스럽게 인권적 태도를 배우게 되고 자신의 권리가 무엇인지 이해하고, 타인의 권리 또한 소중하게 존중되어야 함을 배우게 될 것이다.

이를 위해서는 교사 자신이 일상 속에서 일어나는 다양한 상황을 인권적 측면에서 이해하고자 노력하며 인권적 관점에서 문제해결을 위해 먼저 고려하고 존중되어야 할 것이 무엇인지 알아채는 인권감수성을 가지는 것이 무엇보다 중요하다. 따라서 교사는 영유아 인권에 대한 폭넓은 이해와 함께 자신의 인권감수성에 대해 돌아보는 자세를 가져야 할 것이다. 또한 일회적이고 형식적인 칭찬보다는 지속적이고 진심이 담긴 격려를 통해 영유아를 지원할 수 있다.

그러나 가끔 영유아기에 보여 주는 친사회적 행동들, 즉 남을 배려하고 공동체의 규칙을 지키고, 나의 의견을 자유롭게 표현하는 등의 행동들이 교사의 칭찬이나 관심을 끌기 위해서인 경우도 있다. 따라서 교사는 다양한 문제 상황에 대해 토의·토론하는 활동을 통해 자신의 관점과 다른 사람의 관점이 다름을 이해하고 다른 사람의 입장이 되는 기회를 갖게 하는 것이 좋다.

또한 영유아 인권교육은 기본생활습관 형성과도 관련된다. 예를 들어, 건강과 안전을 위한 바른 생활습관을 기르는 것은 영유아의 4대 기본권리 중 생명권과 보호권의 실천을 위해 필요한 과정이다. 따라서 교사는 영유아가 일상에서 바른 생활습관을 형성할 수 있도록 지도하며, 자신과 타인의 생명권과 보호권을 이해하고 실천하도록 이끌어 주어야 한다.

이와 같이 일상 속에서 영유아의 사회성 발달과 바른 생활습관 형성을 위한 교사의 지도와 지속적인 관심과 격려는 영유아가 자신의 권리를 지키고 생활 속에서 권리 존중을 실천하도록 지지해 주는 것으로, 이러한 교사는 이미 영유아 인권교육을 일상 속에서 실천하고 있는 교사이다.

### (3) 영유아의 인권태도 형성을 위해 가정과 소통하고 협력하기

영유아의 기본생활습관과 인권태도 함양은 교육기관뿐 아니라 가정에서도 이루어진다는 점에서 영유아 인권교육을 실행하는 과정에서 교육기관과 가정 간의 소통과 연계는 매우 중요하다. 특히 부모가 보여 주는 인권에 대한 이해나 가치관이 영유아의 인권태도 함양에 중요한 요인이 된다는 점에서 부모들의 인권에 대한 이해와 의식 전환을 위한 노력이 요구된다.

영유아기는 자아의식의 형성과 함께 타인에 대한 이해가 이루어지는 시기로, 인권교육의 결정적 시기임이 분명하다. 그럼에도 불구하고 여전히 영유아를 권리의 주체로 인식하기보다는 미숙한 존재, 보호해야 하는 존재로만 생각하는 관점이 남아 있다. 따라서 권리 주체로서의 자아를 발견하도록 하는 영유아 인권교육의 성공을 위해서는 부모의 인식 전환이 함께 이루어져야 할 것이다.

또한 부모는 영유아가 성장하는 과정에서 생존을 위한 안전한 환경을 제공하고 그들의 잠재력 계발을 위해 영유아의 배울 권리, 놀 권리를 위한 기회를 제공하는 인권환경의 제공자로서 매우 중요한 역할을 한다. 특히 영유아와의 상호작용 과정에서 보여 주는 인권적 태도는 영유아의 인권태도 함양과 감수성 증진에 있어 중요한 역할을 수행한다.

특히 영유아의 기본생활습관 형성을 위한 지도 과정에서 부모의 양육태도나 가치관과 대립될 때 문제가 발생하기도 한다. 예를 들어, 영유아의 편식에 대한 지도 문제나 교육기관에서 이루어지는 낮잠 시간에 대한 부모들의 견해나 요구 차이로 인해 영유아기의 기본생활습관 교육이 어려움에 부딪히기도 한다.

따라서 다양한 부모교육 프로그램을 통해 부모의 영유아 인권에 대한 이해를 높이고 인권태도를 실천할 수 있도록 기회를 제공하는 것이 필요하다. 이 과정에서 교사는 부모들과 소통·협력하고자 하는 적극적인 자세와 노력이 필요하다. 또한 영유아의 일상에 관해 세심하게 관찰하며, 기록하고 평가하여 가정과의 연계 과정에서 오해가 발생하지 않도록 세심한 노력이 필요하다.

## 4) 영유아의 삶에서 시작되는 인권교육 실천하기

### (1) 다름에 대한 이해의 폭 넓히기

영유아 인권교육은 다름에 대한 이해를 바탕으로 타인을 이해하는 마음과 태도를 기르고 차이를 차별로 이끌어 가지 않도록 반편견교육의 내용이 포함되어야 한다. 특히 영유아기는 편견이 형성되기 시작하는 시기로서, 성별이나 장애 유무, 문화, 인종 및 가족 형태에 따른 차이를 자연스럽게 이해하고 차별이 아니라 다름을 이해하고 수용하는 자세를 기르도록 하는 교육적 활동이 이루어져야 한다.

현대 사회는 다양한 가족구조, 문화적 배경 차이 등으로 인해 사회구조가 다양화되었다. 이로 인해 영유아의 삶에 영향을 미치는 환경적 요인에서도 다양한 특성이 나타났다.

최근 우리 사회는 부모와 아이들로 구성된 핵가족뿐 아니라 한부모 가족, 계부모 가족, 조부모 가족, 입양 가족 등 다양한 형태의 가족이 공존하고 있다. 이러한 다양한 가족구조는 부모 – 자녀 간 상호작용뿐 아니라 영유아의 삶에도 영향을 미친다. 또한 다문화 사회로 진입하면서 다문화 가정도 증가하고 있어, 다양성과 다름에 대한 이해가 무엇보다 요구된다.

따라서 영유아 인권교육에서는 나와 다른 문화나 환경의 친구에 대해 이해하고 수용하는 태도를 기를 수 있는 교육활동이 포함되어야 하며, 차이를 차별로 이끌어 가지 않도록 하는 반편견교육의 내용도 포함되어야 한다. 이러한 활동을 통해 나와 다른 환경, 다른 능력, 다른 성별을 지닌 친구를 자연스럽게 이해할 수 있는 경험을 갖게 된다. 또한 교육활동을 실행하는 과정에서도 영유아의 개별적인 상황이 충분히 고려될 수 있도록 하여 영유아가 서로 다른 모습의 친구들과 더불어 살아가는 태도를 형성할 수 있도록 한다.

### (2) 영유아의 삶에서 출발하는 인권교육 주제 선정하기

영유아 인권교육은 영유아의 삶과 분리된 특별한 주제하에 이루어지는 교육이 아니라 수업활동이나 자유선택활동, 바깥놀이 등 영유아의 전체 일과 속에서 언제든 가능하다는 점을 염두에 두어야 한다.

또한 일상에서 이루어지는 다양한 교육활동이나 영유아 간의 갈등 상황에서도 나의 권리를 위해서는 친구의 권리도 함께 존중해야 한다는 인권적 태도를 익힐 뿐 아니라 인권교육의 주제로 이끌어 다른 영유아들과 함께 경험을 공유하는 기회를 가지는 것도 좋다. 따라서 교사는 '인권'이라는 주제가 영유아의 일상적 삶과는 별개로 특별한 시간에 특별한 주제로 다루어져야 한다는 편견을 버리는 것이 필요하다. 즉, 영유아 인권교육은 모든 상황에서 가능하며, 인권교육활동에서 다루고자 하는 주제 역시 영유아의 삶에서 출발하는 것이 좋다. 인권이라는 주제가 자칫 영유아에게 어렵고 딱딱한 주제로 비추어지기 쉽지만, 영유아의 삶 속에서 이루어지는 다양한 실제 상황에서 출발하는 인권교육활동은 영유아의 흥미와 관심을 끌게 되며 더욱 쉽게 이해하고 적용할 수 있도록 해 주기 때문이다.

따라서 영유아 인권교육은 영유아의 일상 속에서 부딪히는 다양한 문제에 대해 인권적 가치를 부여하고 인권적 요소를 반영하여 해결하고자 하는 교사의 노력과 함께 이루어진다.

이를 위해서는 교육활동 및 영유아의 일과 생활 전반에 걸쳐 이루어지는 다양한 갈등 상황에서 인권적 측면에서 접근하고 이를 인권교육활동으로 이어갈 수 있는 교사의 폭넓은 인권감수성이 무엇보다 요구된다.

## 5) 자유로운 의사표현 및 적극적 참여 이끌기

### (1) 자유로운 의사표현을 위한 활동 제안하기

영유아 인권교육은 영유아 자신과 관련된 상황에서 자유로운 의사표현의 권리, 즉 참여권과 관련된 교육내용을 포함한다.

자유로운 의사표현이란 영유아기라는 발달적 특성을 고려할 때 단순히 언어적 표현뿐 아니라 비언어적 표현도 포함되는데, 교사는 영유아가 일상 속에서 자유로운 의사표현의 경험을 갖도록 다양한 활동을 제안할 수 있다. 또한 자유로운 의사표현이 이루어지도록 수용적 분위기를 조성하는 것이 무엇보다 중요하다.

영유아의 자유로운 의사표현은 타인의 의사표현의 기회를 존중하고 배려하는 태도 함양과 함께 이루어져야 한다. 그러나 영유아의 발달적 특성으로 인해 자기 의견만 내세우고자 할 경우도 있다. 이때 교사는 이러한 태도를 무조건 잘못된 것으로 나무라기보다는 타인의 입장에서 생각할 수 있도록 역할조망수용 능력을 함양할 수 있는 다양한 활동을 계획하는 것도 좋다. 이와 더불어 친구의 이야기에 귀 기울이는 태도를 배울 수 있도록 지도하는 것이 필요하다.

이를 통해 영유아는 자기 생각을 자유롭게 표현할 수 있고, 다양한 갈등 상황에서 친구의 입장에서도 생각해 보며, 자신과 의견이 다른 친구들의 이야기도 경청할 수 있는 민주적 태도를 기르게 될 것이다. 이것이 바로 인권교육에서 강조하는 인권태도의 함양이다.

### (2) 교실환경 구성에 있어 영유아의 의견을 반영하고 협력하기

유아교육현장에서 교실환경은 영유아의 흥미를 반영하여 생활주제에 따라 구성되는데, 교실환경을 구성하는 과정에서도 영유아의 의견을 반영하고 함께 협력하는 과정은 영유아 인권교육이 이루어지는 좋은 경험의 기회가 될 수 있다.

교사는 교실환경을 구성하는 과정에서 영유아의 흥미와 관심을 적극적으로 반영함으로써 영유아의 참여를 최대한 이끌어 낼 수 있어야 한다. 물론 교실환경 구성뿐 아니라 모든 일상 속에서 영유아의 의견을 반영한 규칙 만들기, 함께 협력하기 등을 통해 영유아 인권교육의 중요한 요소인 참여권을 이해하고 실천할 수 있는 경험을 제공하는 것이 좋다.

예를 들면, 활동 후 놀잇감과 교구를 정리하는 방법이나 규칙 정하기나 쾌적한 공간을 만들기 위해 노력하는 방법, 안전하게 놀이하기 위한 놀이규칙 정하기 등을 영유아와 함께 의논하며 결정한다.

이러한 과정을 통해 영유아는 자연스럽게 자신이 권리의 주체임을 경험하게 되고, 자기 의견을 표현하고 의사결정에 참여함으로써 민주시민으로서의 태도를 함양하게 된다. 이것은 영유아 자율성과 참여권에 대한 실천이며, 자기 의견이 존중받기 위해서는 다른 사람의 의견을 존중하는 태도가 필요하다는 것을 이해하고 실천하는 인권적 태도 함양과도 연결된다.

따라서 교사는 교실환경을 구성하거나 일상생활의 규칙 만들기 등의 활동을 할 때 영유아의 의견을 고려하고 반영하기보다는 교사가 주도적으로 진행하지는 않았는지 지속적으로 반성하고, 영유아가 주도적으로 참여할 수 있는 협력적이고 수용적인 분위기가 조성되도록 한다.

### (3) 사회현상과 환경에 대한 영유아의 관심 이끌기

영유아 인권교육은 가정이나 교육기관에서 영유아의 적극적이고 주체적인 의사표현과 참여의 기회를 통해서만 이루어지는 것이 아니라 사회나 환경문제에 대한 관심으로 확장시켜 나가는 것이 중요하다. 이는 영유아 인권교육의 요소인 생존권, 보호권, 참여권의 실천과 관련된다.

생존권은 영유아의 생명과 직접 관련이 있는 권리로, 이는 안전한 주거, 충분한 영양, 기본적인 의료서비스를 누릴 권리를 의미하는 것으로, 여기에 최근에는 환경문제로 인한 위험을 고려하여 이에 대응한 조치를 통해 건강한 삶을 보장받는 권리이다. 따라서 교사는 영유아가 자신을 둘러싼 환경문제에 관심을 갖고 환경보호를 적극적으로 실천할 수 있도록 다양한 교육활동을 구성하는 것이 좋다.

보호권은 모든 유해한 사회 환경으로부터 안전하게 보호받을 권리로, 이는 각종 차별 및 학대로부터 보호받을 수 있는 권리를 말한다. 참여권은 자신의 삶과 관련된 모든 사안에 대해 적극적으로 자기 의견을 표현하고 의사결정에 참여할 수 있는 권리이다.

따라서 교사는 다양한 사회현상에 대해 영유아가 관심을 가질 수 있도록 교육활동을 제공하고 자유로운 의사표현과 참여의 기회를 제공해야 한다. 또한 교사가 사회현상에 대한 이해와 참여를 이끌기 위한 교육활동을 계획할 때는 영유아의 발달적 특성을 고려하여 어떠한 사회적 문제가 적절한 것인지에 관한 충분한 검토가 선행되어야 한다.

이러한 과정은 영유아가 한 사회의 구성원임을 인식하게 되는 계기가 될 뿐 아니라 사회의 구성원으로서 자신의 역할에 대해 인식하고 책임감을 가질 수 있는 기회를 제공한다.

이처럼 영유아가 가정과 기관, 더 나아가 지역사회, 사회문화 현상에 관한 관심을 가지고 권리와 책임을 공유하며 사회현상이나 환경문제에 적극적으로 참여하는 자세는 영유아기 인권교육에서 강조하는 인권태도와 가치관 형성에 매우 중요한 과정으로 볼 수 있다.

## 3 부모를 대상으로 한 영유아 인권교육

### 1) 영유아 인권에 대한 부모교육의 필요성

영유아기는 자신과 타인에 대한 인식 및 도덕적 가치판단이 형성되는 시기로, 인권적 태도를 형성하는 데 있어 결정적 시기이다.

대부분의 시간을 가정과 유아교육기관에서 보내는 영유아들의 경우, 부모의 인권에 대한 가치관이나 양육태도가 영유아의 인권감수성 형성에 매우 중요한 요인이 된다. 영유아기에 형성된 자기존중감과 권리에 대한 책임의식은 자신뿐 아니라 타인의 입장을 이해하고 배려하며 타인으로부터 존중받는 인간으로 성장하도록 돕는다. 따라서 교육기관에서만 이루어지는 영유아 인권교육뿐 아니라 가정과의 연계가 매우 중요하다.

무엇보다 영유아를 하나의 완전한 인격체로 보기보다는 미숙한 존재이며 성인으로부터 보호를 받아야만 하는 존재로 바라보는 인식이 여전히 남아 있어, 권리의 주체로서의 영유아에 대한 인식 전환이 필요하다. 따라서 권리 주체로서의 영유아에 대한 인식 전환과 함께 영유아의 권리를 이해하고 다양한 상황에서 인권적 태도를 가질 수 있도록 인권에 대한 이해와 실천을 위한 다양한 부모교육 프로그램이 필요하다.

1989년 UN의 「아동권리협약」이 선포되고 2005년 국가인권위원회에서 「아동권리헌장」이 선포된 이후, 우리 사회에서도 영유아 인권에 대한 인식 전환을 위해 다양한 노력이 이루어지고 있음에도 불구하고, 영유아의 인권에 대한 부모인식에 있어서의 변화는 두드러지게 나타나지 않고 있다. 이러한 사실을 반영이라도 하듯이 가정에서 발생하는 아동폭력 사고는 해마다 증가하고 있다. 이처럼 가정은 영유아의 자존감을 높이고 인권감수성을 향상시키는 요람이면서 영유아 인권을 침해하고 인권감수성을 저해하는 장소로 작용하기도 한다. 따라서 영유아의 인권감수성을 향상시키고 자신과 타인의 권리에 대한 이해와 존중을 실천하는 인권적 태도 함양을 위해서는 무엇보다 인권감수성 함양을 위한 부모교육이 반드시 필요하다.

영유아 인권존중을 실천하는 데 있어 부모는 영유아의 성장에 필요한 안전한 생활환경과 기본적인 의료 및 영양을 제공하는 인권환경 제공자로서, 혹은 영유아의 권리를 존중하고 그들의 목소리에 귀 기울이고 일상 속에서 인권적 태도를 실천하는 인권실천가로서 혹은 긍정적 행동의 모델링 제공자로서의 역할을 수행하게 된다. 더 나아가 유아교육기관에서 이루어지는 영유아 인권교육의 협력자 및 지지자로서도 중요한 역할을 갖는다.

따라서 유아교육기관 차원에서 부모면담이나 가정통신문, 특강, 부모 모임 등 다양한 부모교육 프로그램을 통해 영유아 인권에 대한 인식을 높이고 일상 속에서 실천할 교육의 기회를 제공하는 것이 필요하다.

## 2) 부모의 인권감수성 증진을 위한 인권교육 프로그램 사례

본 장에서는 영유아 인권에 대한 부모의 인권감수성 증진을 위해 유아교육기관에서 활용 가능한 〈부모 인권교육 프로그램〉 사례를 제시하고자 한다.

〈부모 인권교육 프로그램〉의 궁극적인 목표는 영유아 권리에 대한 부모들의 인식 전환 및 인권적 태도 함양으로, 단순히 인권에 관한 지식 습득이 아니라 일상 속에서 인권적 태도를 실천할 수 있도록 인권감수성을 향상하고자 하는 것이다. 이를 위해서는 단순히 이론적 이해에 머무는 것이 아니라 실천 가능하고 몸에 베인 습성 또는 습관으로 체화되는 것이 필요하다.

따라서 부모들이 일상생활에서 반복적으로 경험함으로써 영유아 인권에 대한 감수성을 기르고 지속적으로 실천할 수 있도록 장기적이고 체계적인 교육 프로그램으로 계획·운영되어야 한다.

다음에 제시된 〈부모 인권교육 프로그램〉 사례는 부모가 영유아의 권리를 이해하고, 권리 존중을 실천함으로써 영유아에게 모범을 보이고, 일상 속에서 영유아의 인권적 태도를 지도하는 데 필요한 인권 관련 지식과 실제적 적용방법을 익히는 것을 지원하는 데 그 목적이 있다. 이를 위해 영유아 인권에 대한 부모의 이해와 인권감수성을 증진시키고 인권태도를 함양시켜 일상생활 속에서 자연스럽게 실천할 수 있도록 하는 내용으로 구성되었다.

영유아 권리에 대한 부모 인권교육 프로그램의 단계별 교육내용은 다음과 같다.

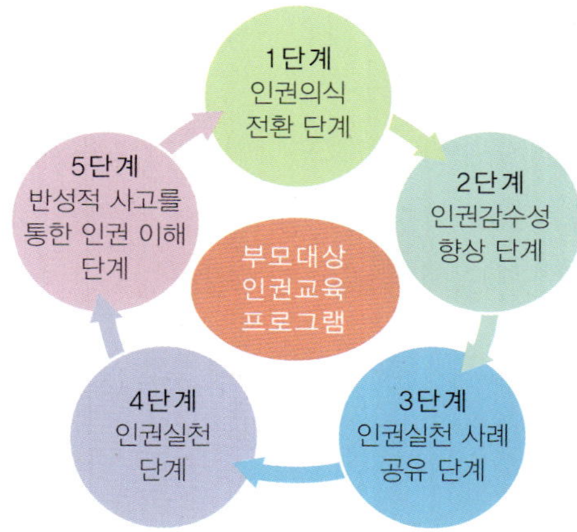


[그림 3-1] 부모를 대상으로 한 인권교육 프로그램의 단계

### (1) 인권인식 전환 단계



부모대상 인권교육의 첫 번째 단계는 영유아가 인격을 가진 존재로서 그들의 권리가 충분히 존중받아야 함을 알아가는 부모의 인식 전환 단계이다.

부모에게 있어 영유아는 권리의 주체라기보다는 마냥 어리고 미성숙한 존재로서 단순히 보호의 대상으로만 생각하기 쉽다. 이로 인해 일상 속에서 이루어지는 영유아들과의 상호작용 과정에서 자칫 잔소리와 간섭, 지시, 명령 등의 양육태도가 쉽게 나타난다.

따라서 영유아 권리 증진을 위한 〈부모 인권교육 프로그램〉은 영유아가 단순히 보호의 대상이 아니라 그들 역시 인간으로서 보편적 권리를 가진 존재이며, 성인과 마찬가지로 영유아의 권리 역시 존중되어야 함을 이해하도록 하는 내용, 즉 영유아 권리에 대한 부모의 인식 전환부터 시작되어야 한다.

이를 위해서는 보편적 인간의 권리로서의 인권(human rights)에 대한 이해, 아동 인권에 대한 이해와 함께 영유아기 발달적 특성에 대한 이해가 이루어져야 한다. 이러한 개념적 이해를 통해 부모들은 일상 속에서 자신의 행동이 영유아 인권을 침해하고 있는 것은 아닌지, 자녀와의 상호작용 과정에서 나타나는 말과 행동이 영유아를 하나의 인격체로 존중하고 인권적 관점에서 문제는 없는지 등 자신의 인권적 태도를 반성적 자세로 돌아보게 될 것이다. 또한 더 나아가 일상 속 다양한 갈등 상황에서 보다 인권적 관점으로 문제를 해결하고자 하는 인권감수성을 갖는 것이 필요하다.

따라서 〈부모 인권교육 프로그램〉의 첫 번째 단계인 '인권인식 전환 단계'에서는 영유아기의 특성에 대한 이해, 영유아 인권의 중요성 및 영유아 4대 기본권리에 대한 이해, 영유아 인권존중 실천방법 등에 대한 이론적 이해와 함께 일상 속에서 쉽게 일어나는 영유아 인권침해 사례에 대한 구체적인 제시 등을 통해 영유아 권리에 대한 부모들의 인식 전환을 도모할 수 있어야 한다.

제1단계 '인권인식 전환 단계'에서 활용할 수 있는 교수방법으로는 가정통신문이나 연락장을 통해 UN 「아동권리협약」(1989)에서 제시한 영유아 4대 기본권리에 대한 내용을 소개할 수도 있고, 인권교육 전문가의 강연회를 통해 특강을 실시하거나, 대·소그룹 부모 모임을 통해 일상 속 자녀양육 과정에서 부딪히는 갈등 상황을 인권적 관점에서 살펴보고 영유아 권리에 관해 토의나 토론을 하는 것도 좋은 방법이 될 것이다.

혹은 부모와의 개별 상담 및 집단 상담을 통해 영유아 권리 존중의 실천을 격려하고 영유아 인권과 관련된 시청각 교육자료를 함께 보면서 자신의 경험을 되돌아보고 이야기 나누며 경험을 공유하는 과정도 부모의 인권에 대한 인식 전환에 도움이 될 것이다.

### (2) 인권감수성 향상 단계

〈부모 인권교육 프로그램〉의 두 번째 단계는 제1단계 '인권인식 전환 단계'를 통해 이루어진 영유아 권리에 대한 부모들의 이해와 인식의 전환을 바탕으로, 실제 일상생활 속에서 부딪히는 다양한 상황 속에서 인권적 요소를 찾아내고 이를 실천하기 위한 인권감수성을 향상시키는 단계이다.

인권감수성이란 일상 속에서 일어나는 다양한 자극을 인권적 관점에서 바라보는 민감한 태도를 말하는 것으로, 인권태도 함양에 있어 출발점이 된다.

국가인권위원회(2002)의 인권감수성 지표개발에 의하면, 인권감수성의 요소는 상황 지각 능력, 결과 지각 능력, 책임 지각 능력으로 구분된다. 상황 지각 능력은 일상 속 상황을 인권적 관점에서 바라보는 능력이며, 결과 지각 능력은 인권적 문제해결의 결과를 예측하는 능력이다. 즉, 인권문제가 다른 사람들에게 미칠 영향을 추론하는 능력과 다른 사람의 입장과 처지를 살피는 정서적 능력을 모두 포함한다. 책임 지각 능력은 인권문제에 대해 자신의 책임을 지각하는 것이다.

부모의 인권감수성을 향상시킨다는 것은 이러한 요소를 경험하게 하여 일상 속에서 인권감수성을 발휘하여 문제를 해결하고 자녀와의 상호작용 과정에서도 인권적 태도를 실천하도록 하는 것이다.

따라서 〈부모 인권교육 프로그램〉의 두 번째 단계인 '인권감수성 향상 단계'에서는 일상생활 속에서 일어나는 다양한 상황에 대한 사례를 통해 인권적 요소를 함께 발견하고, 영유아기 자녀와의 긍정적인 상호작용 과정에서 그들의 이야기에 귀 기울이고 수용적 태도로 반응하며, 갈등 상황에서도 부모 자신의 감정을 조절하는 능력을 향상시킬 방법을 찾고 실천해 본다.

제2단계 '인권감수성 향상 단계'에서 활용할 수 있는 교수방법으로는 대·소집단 부모 모임을 통해 자녀양육 과정에서 느끼는 어려운 점을 함께 이야기하고, 일상 속에서 경험하는 인권적 문제에 대한 경험을 공유함으로써 인권적 관점에서 바라보는 능력을 기르며, 구체적 실천방안을 함께 토의해 보는 시간을 마련하는 것도 좋다. 혹은 인권일지를 작성하여 다른 부모와 경험을 공유하는 것도 좋다.

### 가. 일상 속에서 인권 상황 인식하기

강연회나 가정통신문, 부모 모임 등을 통해 영유아 권리에 대한 이해와 권리 주체로서의 영유아에 대한 인식이 전환되었더라도 실제 자녀양육 과정에서 발생하는 충돌과 갈등 상황을 인권적 관점에서 접근하여 문제를 해결하기는 쉽지 않다.

따라서 부모회나 부모 모임을 통해 일상 속 자녀양육 과정에서 흔히 느끼는 갈등 상황이나 자녀와의 상호작용 과정에서 어려운 점을 공유하고, 이러한 상황을 인권적 관점으로 함께 토의해 보는 시간을 마련해 보는 것도 좋다. 이러한 부모들의 사례별 토의는 자신만이 아니라 다른 부모들 역시 함께 겪는 어려움이라는 인식을 갖게 하여 자녀양육에 대한 정보 공유와 이해의 폭을 넓히는 데 도움이 되며 다양한 상황에 대한 인권감수성을 향상시키는 데 도움이 될 것이다.

일상 속에서 인권 상황을 인식하고 인권적 관점에서 해결하는 태도를 기르기 위한 구체적인 교수방법 사례를 제안하면 다음과 같다.

#### ① 인권존중의 부모-자녀 대화

〈표 3-1〉에 제시된 내용은 부모-자녀 대화 과정에서 흔히 이루어지는 다양한 인권침해 사례와 인권적 관점에서의 해결방법 및 대안을 제시하고 있다.

앞에서 제시된 부모-자녀 대화 사례는 다양한 부모교육 프로그램을 통해 부모교육 내용으로 활용될 수 있는데, 강연회의 형식으로 부모교육이 이루어질 수도 있고 매주 가정통신문을 통해 한 영역씩 가정에 소개될 수도 있다.

〈표 3-1〉 부모-자녀 대화 사례에 따른 인권 상황 인식

| 삼가야 할 대화의 범주 | 인권침해 대화의 사례 | 인권 상황 인식하기 |
|---|---|---|
| 명령, 지시 | • 빨리 장난감 치워.<br>• 밥부터 먹어.<br>• 빨리 가자니까.<br>• 그건 사면 안 돼.<br>• 저것부터 치우고 놀아.<br>• 정리해. 지금은 밥 먹는 시간이야.<br>• 얼른 잠자야 해. | • 모든 것을 부모가 일방적으로 결정하지 말고 영유아의 의견을 물어보고 결정한 권한 부여하기<br>• 영유아의 모든 것이 미숙하다고 생각하고 부모가 모두 결정해 주지 않기<br>• 영유아의 결정을 믿어 주기 |

| 삼가야 할 대화의 범주 | 인권침해 대화의 사례 | 인권 상황 인식하기 |
|---|---|---|
| 경고, 협박, 위협 | • 열 셀 동안 빨리 먹지 않으면 놀이터 안 간다. 하나, 둘, 셋, ….<br>• 이렇게 떼쓰면 혼낼 거야.<br>• 그렇게 행동하면 안 줄 거야.<br>• 정리 안 하면 아무것도 못 해.<br>• 안 할 거야?<br>• 밥 안 먹으면 혼낸다.<br>• 징징거리면, 엄마가 너 두고 간다.<br>• 입 안 다물어?<br>• 자꾸 엄마 말 안 들으면, 엄마가 아프게 돼서 병원에 가야 해. | • 부모의 이익, 공공의 이익을 추구하는 도덕적인 기준을 세워 두고 영유아를 다그치지 않기<br>• 일상적으로 가질 수 있는 영유아의 감정을 금지되어야 하는 것으로 위협하지 않기 |
| 모욕, 우롱, 비판 | • 네 나이가 몇인데 ….<br>• 바보처럼 그것도 못 해.<br>• 네가 그러면 그렇지 ….<br>• 그것 봐. 내가 그럴 거라고 했지?<br>• 네가 뭘 알겠니.<br>• 아기 짓 할래.<br>• 어휴…. 이거 부끄러운 짓이야.<br>• 아직도 못 했어?<br>• 이것밖에 못 해? | • 영유아가 현재 잘 안 되는 부분이 있다고 해도 스스로 성장하려는 힘이 있음을 믿고 기다려 주기<br>• 기죽이기보다는 영유아가 할 수 있는 행동을 제안함으로써 스스로 동기를 갖고 해낼 수 있도록 도와주기 |
| 비교하기 | • 형 반만이라도 해라.<br>• 넌 동생보다도 못해.<br>• 친구들은 다 하는데 넌 왜 못 해?<br>• 다른 친구들은 이렇게 잘하는데 너는 뭐 했니?<br>• 동생은 정리 다 했는데 형이 되어서 아직 못 했니?<br>• 왜 다른 친구처럼 인사를 안 하니?<br>• 왜 너는 다른 애들처럼 가만 앉아 있지를 못해? | • 영유아의 현재 발달 상태를 인정하고 격려하기<br>• 영유아가 힘들어하는 일이 무엇인지, 도움이 필요한 부분이 무엇인지 물어보고 그 부분 도와주기<br>• 결과보다 과정을 칭찬하기 |

| 삼가야 할 대화의 범주 | 인권침해 대화의 사례 | 인권 상황 인식하기 |
|---|---|---|
| 욕설하기 | • 돼지 같구나.<br>• 네가 짐승이니?<br>• 장난하니?<br>• 못됐다.<br>• 넌 머리에 뭐가 들었니. | • 영유아를 인격적으로 대해 주기<br>• 긍정적인 행동의 제안을 통해 바르게 행동할 수 있도록 도와주기 |
| 일방적으로 약속 정하기 | • 이것 다 할 때까지 못 나갈 줄 알아.<br>• 0시까지 다 하렴.<br>• 이거 다 먹고 놀이해라.<br>• 너 이걸 해야 다음 걸 할 수 있어.<br>• 지금 씻어.<br>• 지금은 할머니 집에 갈 거야. | • 영유아와 관련되는 일은 영유아와 함께 약속 정하여 영유아가 자신에게 일어날 일을 예측하도록 해 주기 |
| 아이의 감정 부정하기 | • 사내 녀석이 그만 좀 울어.<br>• 그게 울 일이야? 울긴 왜 울어.<br>• 화내고 짜증 내지 마라.<br>• 나한테 얘기한다고 달라지니?<br>• 울지 마. 그쳐!<br>• 우는 모습 보이지 마.<br>• 재미있어? 전혀 재미있지 않은데.<br>• 징징대지 마.<br>• 뭐가 무섭다고 울어. | • 영유아의 마음 읽어 주기(어떤 감정이든 감정 표현이 나쁜 것이 아님을 느낄 수 있도록 공감해 주기)<br>• 힘든 이유가 무엇인지, 어떻게 해결할 것인지 물어봐 주고 함께 고민해 주기 |
| 해석하고 따지기 | • 도대체 네가 그러는 이유가 뭐야?<br>• 네가 잘못해 놓고 겁이 나니까 말 못 하는 거지.<br>• 잘못된 행동인 줄 알면서 왜 했니?<br>• 네가 이렇게 하니까 친구가 너랑 안 노는 거지. 왜 나한테 얘기해?<br>• 네가 잘못했는데 왜 울어?<br>• 무슨 문제가 있었는지 말해 봐.<br>• 너는 그걸 할 마음이 없었구나. | • 부모가 모든 것을 판단하고 해석할 수 있다고 생각하지 말고 영유아가 스스로 할 수 있음을 믿고 기다려 주기 |

② 안전사고에 대한 인권감수성 향상

영유아기는 발달 특성상 호기심이 왕성하며, 새로운 것을 찾아 무엇이든 시도하려는 욕구와 충동이 강한 시기이지만, 상대적으로 신체 및 운동 기능의 발달이 미숙하고 상황판단 능력이 부족하여 안전사고에 취약한 시기이다.

안전사고로부터 영유아를 보호하는 일은 영유아의 4대 기본권리 중 생명권과 보호권과 관련된다. 영유아를 다양한 안전사고로부터 지키고자 하는 부모의 노력은 영유아의 권리 존중을 실천하는 것으로 이는 부모의 인권감수성 향상을 통해 이루어진다고 할 수 있다. 따라서 부모교육을 통해 안전사고를 대비할 수 있도록 하는 것은 부모들의 인권감수성 향상에 도움이 될 것이다.

최근 통계자료를 살펴보면, 가정에서의 영유아 안전사고가 증가하는 추세임을 알 수 있다.

한국소비자원이 2013~2015년까지 소비자위해감시시스템(CISS)[1)]을 통해 수집한 자료에 따르면, 어린이 안전사고 76,845건 중 가정에서 발생한 안전사고가 69.1%인 53,072건이 차지하였다.[2)] 이는 어린이 안전사고가 가정 내에서 대부분 발생하고 있음을 보여 주는 것으로, 가정 내 환경 개선 및 안전사고에 대한 부모의 각별한 주의가 절실히 요구된다.

따라서 〈부모 인권교육 프로그램〉에서는 안전사고의 사각지대로 볼 수 있는 가정 내에서 빈번히 일어나는 다양한 안전사고 사례를 부모교육을 통해 함께 살펴보고, 영유아가 안전사고에 노출되지 않고 대비할 수 있어야 한다.

다음은 가정에서 흔히 발생할 수 있는 영유아 안전사고의 유형별 사례이다.



---

1) 소비자위해감시시스템(CISS: Consumer Injury Surveillance System): 「소비자기본법」에 의거, 전국 62개 병원, 18개 소방서 등 위해정보 제출기관과 1372소비자상담센터 등을 통해 위해정보를 수집하고 분석·평가하는 시스템

2) 한국소비자원 보도자료(2016. 6. 30.) '어린이 안전사고, 가정 내에서 가장 많이 발생'에서 인용

〈표 3-2〉 가정에서 발생하는 안전사고 유형별 사례

| 유형 | 사례 | 비고 |
|---|---|---|
| 낙상 | (침대, 소파, 의자, 침대 등) 낙상 사고 | |
| | 베란다 및 창틀에 기대어 있다가 떨어지는 사고 | 창가, 가구 등을 밟고 올라가 일어나는 사례 |
| | 놀이터 미끄럼틀에서 떨어지는 사고 | 레이온 재질의 의복(스키복, 망사 소재)은 마찰력이 없어 미끄럼틀을 탈 때 미끄럼틀 밖으로 튕겨 나가는 경우도 있음 |
| | 욕실 바닥 타일에 미끄러지는 사고 | |
| | 문틀, 매트에 걸려 넘어지는 사고 | 매트의 높이가 5cm 이상인 경우가 많음 |
| | 겨울철 두꺼운 옷으로 인해 행동이 둔해져 넘어지는 사고 | 움직임이 둔해져 영유아가 쉽게 대처할 수 없음 |
| | 현관 또는 계단에서 넘어지는 사고 (넘어져서 이가 부러지는 경우) | 주머니에 손을 넣고 있는 경우에는 얼굴을 심하게 다치기도 함 |
| 약물 오·남용 | 병원에서 처방받은 약(비안전 뚜껑)을 먹는 사고 | 물약의 경우 뚜껑에 별도의 조치가 없다면 영유아의 힘으로 바로 열림 |
| | 영유아 음주 사고 | |
| | 세탁용 세제 등 독극물 흡입 사고 | 향기가 좋아서 먹기도 함 |
| 익사 | 영아의 경우 아주 얕은 목욕물에도 넘어지면 일어나기 어려움 | 물 먹는 일이 빈번히 일어남 (부모가 옆에 꼭 있어야 함) |
| | 목욕탕에서 물에 빠지는 사고 | 냉탕의 경우 물의 깊이가 깊고 사람이 많지 않아 도움을 요청하기 힘듦 |
| 질식 | 젤리, 떡, 어묵 등을 먹을 때 음식이 기도에 걸려 질식하는 사고 | |
| | 블라인드를 조절하는 줄에 목이 걸리는 사고 | 블라인드 줄을 묶어 놓아 영유아의 손이 닿지 않도록 하는 조치가 필요함 |
| 절단 및 골절 | 방문이 바람에 닫힐 때 손이 끼이는 사고 | 손가락뼈에 금이 가기도 하며, 손가락이 잘리기도 함 |
| 탈골 | 엄마, 아빠가 아이의 손을 잡고 높이 올려 주는 놀이 중 팔 빠짐 사고 | 영아의 경우 뒤집기 하다가 팔을 못 빼 탈골이 되기도 함 |

| 유형 | 사례 | 비고 |
|---|---|---|
| 감전 | 콘센트에 젓가락 등 뾰족한 물건을 꽂는 사고 | 콘센트 마개 필요: 예전과 달리 한쪽만 꽂아도 위험함(110V의 경우 한쪽 구멍에는 전기가 흐르지 않는 경우도 있었으나 220V로 승압되면서 양쪽 모두 전기가 흐르기 때문임) |
| 화상 | 정수기 온수에 화상 | 영유아가 생활하는 곳은 온수에 이중 잠금장치가 필요함 |
| | 식사 시 국그릇, 냄비 등에 의한 사고 | 호기심에 뜨거운 줄 모르고 손바닥 전체를 갖다 대기도 하며, 넘어지면서 손을 빠트리는 경우도 있음 |
| | 다리미 화상 | 호기심에 옆에서 지켜보다가 발생함 |
| | 무선주전자 및 뜨거운 음료를 아이에게 엎지르는 사고 | 뜨거운 음료를 들고 있다가 영유아와 부딪혀 쏟아지는 경우 |
| 기타 | 가구 모서리에 찍히는 사고 | 일반적으로 가구의 윗부분에만 모서리 보호대를 설치하는데, 영유아는 키가 작아 아랫부분이 더 위험한 경우가 많음 |
| | 놀이기구 및 장난감에 머리가 끼이는 사고 | |
| | 가정용 모래놀이 가루가 눈에 들어가는 사고 | 입자가 고와 눈에 잘 보이지 않으나 눈을 뜰 수 없을 정도로 고통스러워함 |
| | 어중간한 높이에 있던 물건이 떨어져 다치는 사고 | 싱크대 등 영유아의 신장보다 약간 높은 위치에 있는 물건을 파악하지 못하고 호기심에 만지다가 떨어져 다치는 경우 |
| | 책꽂이를 타고 올라가다 책꽂이가 넘어져 다치는 사고 | 책이 떨어져 다치기도 함 |
| | 미술놀이 도구(조각칼 등), 연필 등에 의한 찔림 사고 | 뾰족한 연필을 가지고 다니다가 넘어지면서 찔리는 경우 |
| | 숟가락, 젓가락에 목이 찔리는 사고 | 돌아다니며 먹다가 넘어질 경우 |
| | 어묵 꼬치에 입술, 목이 찔리는 사고 | 꼬치가 위생적이지 않아 더욱 위험함 |
| | (연필을 들고 돌아다니다가 넘어져) 연필에 신체 일부가 찔리는 사고 | 깎은 연필의 경우 더 위험함. 찔릴 경우 흑연의 특징으로 점처럼 흉터가 됨 |

| 유형 | 사례 | 비고 |
| --- | --- | --- |
| 기타 | 문틈, 서랍 또는 차 문에 손 끼임 | 차의 창문을 내릴 때 유아가 창문에 손을 대고 있다면 손이 따라 내려가 창문 틈 사이에 끼이는 사고 발생 |
| | 바디워시를 로션으로 착각하고 얼굴에 바르는 사고, 눈에 들어갈 경우 눈을 비비면 각막에 상처가 생김 | 로션과 바디워시의 경우 용기의 모양과 색이 비슷하여 유아가 착각하기 쉬움. 달콤한 향기로 인해 먹기도 함 |
| | 동전, 장난감 삼키기 | 자석, 건전지 등. 이물질의 경우 다양함 |
| | 이물질을 귀에 넣기 | 장난감 총알(비비탄 총알), 면봉 등 |
| | 책장을 넘기다가 눈에 스치게 되어 각막이 다치는 경우 | 눈물을 계속 흘리며, 눈을 뜰 수 없을 정도로 눈이 부시며 통증을 느낌 |
| | 순간접착제 사고 | 접착제에 의해 손가락끼리 혹은 물건과 신체 일부가 서로 붙는 경우, 접착제가 입이나 눈에 들어가는 경우 등 다양한 유형으로 사고 발생 |

### 나. '인권일기'(쓰기형) 작성해 보기

부모의 인권감수성을 높일 수 있는 방법으로는 부모로 하여금 양육과정에서 일어나는 다양한 상황을 상기시키고 문제해결 과정에 대해 인권적 관점에서 기록해 보는 '인권일기 쓰기' 활동도 가능하다.

'인권일기 쓰기'는 평소 자녀양육 과정에서 체벌이나 정서적 방임과 같은 양육태도가 없었는지 자신의 양육태도를 인권적 관점에서 점검하고 돌아보는 기회를 제공한다. 또한 자녀와의 상호작용 과정이나 갈등 상황에서 보여 준 자신의 태도나 양육방식에 대해 인권적 관점에서 반성적으로 돌아보는 기회를 제공함으로써 부모의 인권감수성 향상에 도움이 된다. 이뿐만 아니라 부모의 '인권일기 쓰기' 활동은 영유아에게 일어나기 쉬운 다양한 안전사고의 위험 상황에 대해 인식하게 되는 기회를 제공하여 영유아의 생명권, 보호권 존중의 측면에서 부모의 인권감수성 향상에도 도움이 될 것이다.

〈표 3-3〉 인권일기 형식의 예

| 학부모 이름 | ○○○ | 날짜 | 0000년 00월 00일 |
|---|---|---|---|
| 자녀 이름 | ☆☆☆ | | |
| ① 들어 주세요 | 오늘 아침에 ☆☆이가 "있잖아요."라고 말하며 따라다녔다. 나는 바쁜 나머지 "어린이집 갔다 와서 얘기해!"라며 ☆☆이가 하려는 말을 들어 주지 않았다. '조금만 여유를 가졌다면 들어 줄 수 있었을 텐데.' 하고 반성해 본다. | | |
| ② 기다려 주세요 | 역시나! 바쁜 시간 속에서 일어난 일이다. 신발을 혼자 신어 보겠다며 고집을 부리는 ☆☆이에게 결국은 화를 내며 신발을 신겨 주었다. '이러면 안 되는데.'라는 생각이 들었지만, 이럴 수밖에 없는 상황을 돌아보니 내가 부지런해져야 한다는 생각이 들었다. | | |
| ③ 감정을 반영해 주세요 | 버스를 기다리며 아침에 있었던 일들을 이야기하며 사과해야겠다고 생각했다. 버스에서 내리는 ☆☆이에게 "아침에 신발을 신을 때 엄마가 화내서 속상했지?"라고 이야기했더니 "응."이라고 말하는 ☆☆이. '아직 어리지만 아이에게도 이런 감정이 있구나.' 하는 것을 다시 한번 느끼게 되었다. | | |



① 들어 주세요

일상생활 속에서 바쁘다는 이유로 자녀의 이야기나 몸짓을 대수롭지 않게 흘려 넘기거나 건성으로 대답을 하지 않았는지 부모는 자신을 돌아볼 필요가 있다. 많은 부모는 자녀와의 대화 과정에서 그들의 어려움이나 고민을 접할 때 해답을 주고자 하거나 직접 해결해 주고자 노력한다. 그러나 현대부모교육이론에서는 부모가 자녀의 문제를 직접 해결해 주고 답을 찾아주기보다는 자녀의 이야기에 공감해 주고 귀 기울여 들어 주는 것이 자율적이고 책임감 있는 인간 양성을 위해 더 바람직한 양육태도라고 말한다.

이는 기본적으로 자녀가 문제를 스스로 해결할 수 있는 능력을 가진 존재임을 믿고 존중하는 태도에서부터 시작된다.

따라서 일상 속에서 부모가 가질 수 있는 인권적 태도는 자녀에게 관심을 갖고, 자녀의 이야기를 잘 들어 주는 것에서 출발한다. 이러한 부모의 태도는 자녀로 하여금 자유로운 의사표현이 가능하게 하고, 자기 생각이나 감정이 긍정적으로 수용되고 존중받는 경험을 통해 '난 소중한 아이야.'와 같이 자신이 가치 있는 존재임을 느끼고, 자신에 대한 존중감과 신뢰감을 형성하게 된다.

이처럼 자녀의 이야기에 귀 기울이고 공감해 주었던 경험을 기록해 보는 활동은 부모의 인권감수성을 향상하는 데 도움이 될 것이다.

#### ② 기다려 주세요

영유아기 발달은 보편적이기보다는 개별적이며 차이가 존재한다. 따라서 부모는 영유아의 모습을 있는 그대로 존중해 주어야 한다. 예를 들어, 자녀가 또래보다 출생 월이 늦거나 발달이 늦어 행동 및 언어 표현이 더딜 경우, 다른 아이들과 비교하거나 급하게 재촉하지는 않았는지 부모는 자신을 돌아볼 필요가 있다.

또한 자녀가 문제해결 과정이나 친구관계에서 힘들어할 때 직접 해결해 주기보다는 이야기를 들어 주고 공감해 주는 것이 필요하며, 자녀의 행동이 다소 느리거나 서툴러도 자녀가 성장해 갈 수 있는 힘이 있음을 믿고 기다려 줄 수 있어야 한다. 부모로서 자녀에게 도움을 주고 싶을 때도 "필요한 게 있으면 엄마한테 이야기해." 혹은 "도와줄까?"라고 물어보면서 자녀가 도움을 요청하는 부분에 대해서는 지원해 줄 수 있다.

이를 통해 영유아는 스스로 결정하고 해결해 나가는 자율성과 주도성을 기르게 되며, 책임감 있는 사람으로 성장하게 된다. 이는 영유아를 하나의 인격체로 존중하는 것으로, 영유아가 자신의 잠재 능력을 최대한 발휘할 수 있도록 하는 것으로 영유아 4대 기본권리 중 발달권과 관련된다. 또한 결과보다는 과정을 격려하고 존중해 줌으로써 자녀로 하여금 자기 스스로 해 나가는 행동에 대해 자부심과 즐거움을 가질 수 있게 한다.

이처럼 부모가 자녀의 개별성을 인정하고 존중하는 마음으로 기다려 준 경험을 기록해 보는 활동은 부모들의 인권감수성을 확장하는 데 도움이 될 것이다.

③ 감정을 반영해 주세요

현대부모교육이론에서는 자녀의 이야기 속에 드러나는 사실(fact)보다는 이야기 속에 숨겨진 감정을 인정하고 공감해 주기를 부모에게 제안한다.

따라서 일상 속에서 다양한 갈등 상황이 생길 경우 상황에 대한 이해나 분석에 앞서 영유아에게 영유아의 감정을 들여다보고 공감해 주며, 영유아가 자신의 감정을 표현하도록 기회를 주고, 그들의 감정을 인정하고 수용해 주는 것이 필요하다.

영유아가 경험하는 감정에 관심을 가지고 반응해 주며 피드백하여 긍정적인 감정은 강화하고 부정적인 감정은 자연스럽게 해소할 수 있도록 도와야 한다. 또한 자녀가 떼를 쓰거나 응석을 부릴 때도 무조건 벌을 주거나 행동에 대한 이유를 묻기 전에 영유아의 입장에서 느꼈을 감정을 생각해 보고 공감해 주어야 한다.

이는 영유아로 하여금 자신이 존중받고 있다는 생각을 갖게 하며, 자녀의 감정에 귀 기울이고 공감하고자 하는 부모의 태도를 통해 타인을 존중하는 태도를 배우게 된다.

이처럼 부모가 자녀의 감정을 인정하고 수용하는 태도와 함께 그들의 감정을 읽어 주어 반영해 주는 경험을 기록해 보는 활동은 부모들의 인권감수성을 확장하는 데 도움이 될 것이다.

### (3) 인권실천 단계

앞에서 제시한 〈부모 인권교육 프로그램〉의 제1단계와 제2단계가 부모에게 영유아 인권에 관한 정의, 개념, 실천방법에 대한 정보를 제공한다면, 제3단계는 인권에 대한 이해를 바탕으로 일상생활에서 실천하는 단계이다.

일상생활 속에서 영유아 인권을 실천하는 것은 단순한 이해를 넘어 복잡하고 미묘하다. 단순히 이해 차원에서 머무른 영유아 인권에 관한 개념적 이해와 정보를 실천을 통해 더욱 정교화할 필요가 있다. 따라서 3단계는 부모가 일상 속에서 영유아의 인권을 존중하고 실천할 수 있는 사례를 중심으로 구성된다.

### 가. 자녀양육 과정에서 가장 힘들었던 이야기를 통해 인권인식 강화하기

생활 속에서 부모가 인권존중을 실천하는 데 있어서 가장 힘들었던 사례를 조사한 후, 그 사례를 중심으로 부모들과 함께 소모임을 통해 이야기 나누는 시간을 가진다.

**사례 1** 사소한 일에도 떼쓰고 우는 경우

"우리 아이는 사소한 일에도 잘 울고, 30분~2시간 동안 떼를 쓰는 경우도 있어요."

**부모 입장** • 지금 통제하지 않으면 더 심하게 떼쓰는 아이가 될 거야.

**자녀 입장** • 부모는 모두 자기 마음대로 해.

영유아 인권존중의 관점에서 제안하기

- 자녀의 흥미와 요구를 무시하지 말고 주의 깊게 바라보기
- 잘못된 행동에는 단호하고 명확하게 안 된다고 하되, 그때 느낀 감정은 공감해 주고, 사회적으로 용인되는 대안적 행동을 제시하여 선택하도록 한다. 이때 부모의 지나친 감정 표현이나 화내는 모습은 유아들로 하여금 공포감을 주므로 단호하지만 부드러운 태도를 유지하는 것이 필요하다.

**사례 2** 부모의 일방적인 통보를 못 들은 척 무시하는 경우

**부모 입장** • 부모를 무시하네. 가만 놔두면 더욱 심해질 거야.
(목소리가 점점 고조되며 혼내게 됨)

**자녀 입장** • 내가 재밌게 놀고 있는데(혹은 TV 보고 있는데), 왜 부모 말만 들으라고 해.
• 부모가 혼낼 때까지 내가 하고 싶은 놀이할 거야(혹은 TV를 볼 거야).

영유아 인권존중의 관점에서 제안하기

- 일상생활 속에서 유아에게 일방적인 지시가 아닌지 돌아보기
- 유아 스스로 자신이 하던 일을 마무리할 수 있는 시간 제공하기
- 부모의 이야기에 집중하도록 분위기 바꾸기
- 유아와 함께 약속 정하기. 지키지 못했을 경우 책임질 수 있도록 스스로 선택하도록 하기

**사례 3** 공공장소에서 뛰어 다니는 경우(야단쳐도 계속함)

**부모 입장** • 사람들에게 피해를 주니까 창피해. 부모를 뭐라고 생각하겠어.

**자녀 입장** • 나는 오래 앉아 있기 싫은데. 뛰고 싶어.

**영유아 인권존중의 관점에서 제안하기**

- 자유로운 활동이 가능한 대안적 공간(놀이방, 키즈카페 등)으로 데려가거나 관심 돌리기
- 다른 사람들에게 피해를 주는 행동이 나쁜 것임을 알려 주기
- 다른 사람의 기분이 어떨지 입장을 바꿔 생각해 보는 기회를 주고 스스로 자제하도록 돕기

**사례 4** 친구를 때리거나 미는 경우

**부모 입장** • 얘는 뭐가 되려고 이렇게 과격해. 가만두면 심해질 거야.

**자녀 입장** • 부모한테 야단맞았어. 기분 나쁘고 짜증 나. 나도 친구에게 그렇게 할 거야.
• 친구가 나한테 나쁘게 했으니까 복수할 거야.
• 내가 더 힘이 세니까 저 친구를 이길 거야.

**영유아 인권존중의 관점에서 제안하기**

- 평소 부모가 자녀에게 과격하게 대한 적은 없는지 돌아보기
- 친구의 입장이 되어 보는 기회를 주고, 친구의 감정이나 느낌에 관해 생각해 보도록 하기
- 친구와 잘 지낼 수 있는 방법을 같이 생각해 보기
- 친구에게 호의를 표현하는 방법을 알려 주기

**사례 5** 일부러 위험한 도구를 가지고 놀거나 부모에게 물건을 던지고 소리 지르는 경우

**부모 입장** • 도대체 왜 그러지. 무슨 일 저지를까 봐 걱정이 돼.

**자녀 입장** • 나도 부모처럼 힘 센 거 보여 줄 거야.
• 이렇게 하면 엄마가 내게 관심을 가져 주겠지.

**영유아 인권존중의 관점에서 제안하기**

- 부모가 화를 내기보다는 잘못된 행동으로 인해 나타날 수 있는 결과에 관해 설명하기
- 위험한 물건이 영유아의 손에 닿지 않도록 안전하게 관리하기
- 영유아의 긍정적이고 바람직한 행동에 대해 적극적으로 관심 표현하기

### 사례 6 할머니, 할아버지 앞에서 더 응석을 부리는 경우

**부모 입장** • 할머니, 할아버지가 아이를 과잉보호하고 아이의 잘못된 행동을 지지하는 양육방식이 싫다. 아이의 버릇이 나빠진다.

**자녀 입장** • 할머니, 할아버지는 괜찮다고 했는데 엄마, 아빠는 왜 안 된다는 거야. 내가 하고 싶은 대로 할래.

#### 영유아 인권존중의 관점에서 제안하기

- 할머니, 할아버지에게 일관성 있는 자녀양육에 대한 이해와 동의 구하기
- 할머니, 할아버지 앞에서도 긍정적인 행동이 더 칭찬받는 일임을 이해하도록 분명하게 말해 주기
- 할머니, 할아버지가 계셔도 함께 정한 규칙이면 지켜야 함을 알려 주고, 부모 역시 일관성 있는 태도 보이기

### 사례 7 아기 소리를 내거나 아기처럼 행동을 하는 경우

**부모 입장** • 다른 곳(친구들 중)에서 배워 왔나 보다.

**자녀 입장** • 엄마, 나를 바라봐 주세요. 관심 받고 싶어요.

#### 영유아 인권존중의 관점에서 제안하기

- 최근에 아이가 받았던 긴장과 스트레스의 문제가 없었는지 돌아보고 이야기 나누기
- 아기 흉내 내지 말라고 다그치기보다 따뜻하고 부드럽게 대해 주며 안정감을 주어 사랑에 대한 신뢰 형성하기
- 퇴행 행동이 일시적인 경우 심각하게 받아들이기보다는 심리적으로 안정감을 갖도록 도와주기

### 사례 8 친구에게 항상 지거나 맞고 오는 경우

**부모 입장** • 부모는 속상해서 "너도 때려."라고 말하게 되고 "왜 항상 지는 거야?"라고 잔소리하게 된다.

**자녀 입장** • 친구를 때리는 건 안 돼. 친구가 아프니까.
• 나는 친구를 이길 힘이 없는데….

### 영유아 인권존중의 관점에서 제안하기

- 유아의 감정을 들어 주고 공감해 주기
- 일방적으로 공격당한 경우 교사나 부모에게 도움을 요청하도록 지도하기
- 친구의 잘못된 행동에 관해 명확하고 단호한 태도로 이야기하도록 지도하기
- 부모가 결정해서 지시하기보다는 자녀와 함께 해결방법을 생각하고, 자녀가 선택하게 하기

### 사례 9 요구대로 해 주지 않으면 오랫동안 고집을 부림

**부모 입장**
- 고집을 받아 주면 다음에 더 심해지겠지.

**자녀 입장**
- 엄마, 아빠는 내 말은 들어 보지도 않고 안 된다고만 해.
- 내가 고집을 부리면 들어주게 될 거야.

### 영유아 인권존중의 관점에서 제안하기

- 부모가 일방적으로 판단하고 추측하기보다 고집을 부리는 이유를 물어보고 자녀의 입장에서 생각해 보기
- 팽팽하게 기 싸움을 하거나 감정적으로 접근하기보다는 일단 유아의 이야기를 들어 주고 감정 수용하기
- 유아의 태도가 누그러지면, 원하는 것이 있을 때 고집 부리는 행동보다는 말로 표현할 수 있도록 지도하기(기 싸움을 하다가 요구를 들어주면 아이는 다음에도 고집 부리기를 통해서 부모를 이기는 것에 목적을 두게 되기 때문임)
- 부모의 관심을 받고자 하는 것이라면 평소에 자주 유아에게 사랑과 관심을 표현하기

### 사례 10 아빠가 지나치게 엄격하게 훈육하며 벌을 주거나 때리는 경우

**부모 입장**
- 가만 놔두면 아이가 더 큰 문제를 일으킬 거야. 초기에 버릇을 고쳐 놔야 해.
- 예전에도 그러더니 또 그러네. 아빠를 뭘로 보는 거야.

**자녀 입장**
- 아빠는 내가 한 잘못보다 무섭게 나를 혼내.
- 아빠는 나를 이해 못 해.
- 내가 힘이 없어서 가만있지만 언젠가 나도 아빠에게 복수할 거야.

### 영유아 인권존중의 관점에서 제안하기

- 부모로서 유아의 잘못된 행동에 대한 훈육이 필요하지만 아이의 존재 자체에 대한 거부로 느껴지는 언어나 행동 조심하기
- 훈육을 위해 무섭게 화를 내거나 때리는 것은 아이에게 나쁜 감정과 반항심을 갖게 하므로 일단 부모 스스로 감정을 되돌아보기
- 체벌은 훈육의 효과보다는 유아로 하여금 모욕감과 공격적 행동을 배우게 만드는 결과를 가져오므로 절대 하지 않기
- 바람직한 훈육방법에 관해 생각해 보고, 부모교육에 관심 가지기

**사례 11** 친구의 물건을 갖고 싶다며 울거나 친구보다 모든 놀이를 먼저 하겠다고 하는 경우

**부모 입장**
- 친구가 좀 빌려주면 되지 하는 생각에 아이의 친구에게 놀잇감을 빌려주라고 계속 부탁하게 된다.
- 안 된다고 해도 막무가내일 때는 친구와 놀지 못하게 하고 집으로 데리고 와 버리게 된다.

**자녀 입장**
- 나는 저 물건이 갖고 싶은데.
- 내가 먼저 하고 싶으니까.

### 영유아 인권존중의 관점에서 제안하기

- 친구에게 물건을 함부로 주고 싶지 않았던 것처럼 그 친구의 마음도 그럴 거라고 이야기해 주고, 친구의 입장이 되어 보기
- 친구와의 놀이에서 나만 먼저 하겠다고 우기면 친구가 그것이 싫어서 다음에는 같이 놀고 싶지 않을 수도 있다고 이야기해 주고, 친구의 입장이 되어 보기
- 친구와 함께 놀이할 수 있는 방법을 찾아보기
- 친구의 물건을 허락 없이 가져오는 것은 나쁜 행동임을 알려 주되 모욕적이거나 심한 야단은 치지 않기

## 나. 인권실천 체크리스트 만들기

부모의 인권감수성을 높이기 위해서는 인권에 대한 이해와 함께 이를 일상 속에서 실천하는 태도나 습관을 형성하는 것이 필요하다. 이를 위해서는 일상 속에

서 자신의 인권적 태도나 실천을 점검해 보는 과정이 필요하며, 이를 통해 부모의 인권감수성과 실천력을 기를 수 있다.

〈표 3-4〉는 부모가 일상에서 자녀를 양육하는 과정에서 자신의 인권적 태도를 돌아보고 점검해 볼 수 있도록 구성된 인권실천 체크리스트이다. 이 표는 등하원 시, 대화, 식사 놀이 및 학습지도 등 일과 전반에 걸쳐 부모 자신의 인권실천을 점검하는 내용으로 구성되어 있으며, 실천 정도에 따라 ○, △, ×로 체크할 수 있다. 인권실천 체크리스트를 실천하는 과정에서 부모는 자신의 양육태도와 인권적 태도 및 실천을 점검해 볼 수 있으며, 생활 속에서 자주 상기할 수 있도록 냉장고에 붙이거나 수첩에 끼워 활용이 가능하다.

〈표 3-4〉 인권실천 체크리스트 만들기

| 구분 | 내용 | 체크사항 (○, △, ×) | | |
|---|---|---|---|---|
| 등 · 하원 시 | • 유아교육기관에서 돌아왔을 때 반갑게 맞이하기 | ○ | △ | × |
| | • 유아교육기관에서의 생활에 관심을 갖고 물어보기 | ○ | △ | × |
| 대화 시 | • 언제든지 자기 의견을 자유롭게 표현할 기회 주기 | ○ | △ | × |
| | • 규칙을 정할 때 함께 이야기 나누기 | ○ | △ | × |
| | • 자녀의 의견을 경청하고 반영하기 | ○ | △ | × |
| | • 가족의 대화에 자유롭게 참여하기 | ○ | △ | × |
| | • '다름'에 대한 이해를 높일 수 있는 대화 나누기 | ○ | △ | × |
| 식사 시 | • 건강에 좋은 간식과 식사 제공하기 | ○ | △ | × |
| | • 즐거운 분위기 조성하기 | ○ | △ | × |
| 놀이 및 학습 지도 시 | • 자녀가 원하는 놀이 허용하기(안전한 상황 전제하) | ○ | △ | × |
| | • 부모와 함께 놀이하는 시간 갖기 | ○ | △ | × |
| | • 지나친 학습을 강요하지 않기 | ○ | △ | × |

| 구분 | 내용 | 체크사항 (○, △, ×) | | |
|---|---|---|---|---|
| 건강 및 안전 지도 시 | • 집 안과 밖에서의 안전 규칙을 지도하기 | ○ | △ | × |
| | • 전쟁, 지진, 홍수 등에 대처하는 방법 알려 주기 | ○ | △ | × |
| | • 건강과 관련한 필요한 치료를 적절한 시기에 제공하기 | ○ | △ | × |
| | • 자녀의 발달에 맞추어 수면시간 배려하기 | ○ | △ | × |
| 환경 구성 시 | • 자녀의 개인적인 공간 인정하기 | ○ | △ | × |
| | • 공간 구성 시 자녀의 의견 반영하기 | ○ | △ | × |
| 가족 구성원으로서 행동하기 | • 가족 공동생활공간에서 배려하기 | ○ | △ | × |
| | • 가족의 물건 소중히 여기기 | ○ | △ | × |
| | • 집안일 돕기 / 협동하기 | ○ | △ | × |
| 사회 구성원으로서 행동하기 | • 공공장소에서 규칙 지기키 | ○ | △ | × |
| | • 친구에게 예절 지키기 | ○ | △ | × |
| | • 약자에 대한 배려심 기르기 | ○ | △ | × |
| 세계시민으로서 태도 갖기 | • 환경 문제에 관심 갖기(음식 남기지 않기, 분리수거 잘 하기, 일회용품 쓰지 않기 등) | ○ | △ | × |
| | • 다른 문화에 대해 이해하고 존중하는 태도 갖기 | ○ | △ | × |

〈표 3-4〉에서 제시한 부모의 인권실천 체크리스트를 활용하는 과정에서 유념하여야 할 것은 부모의 인권적 태도의 실천이 자녀가 타인 및 공공의 이익과 질서를 소중히 생각하고 지키고자 하는 인권적 태도를 가지는 데 있어 중요한 모델링이 된다는 사실이다.

자녀의 인권적 태도나 습관 형성을 위해 자녀들과 대화의 시간을 자주 가지고, 그들의 흥미와 생각에 관심을 보이며 들어 주고자 하는 수용적 태도가 필요하다. 또한 자녀들을 더욱 책임감 있는 사람으로 기르기 위해서는 부모의 일방적인 지시보다는 자녀의 생각을 반영하는 규칙을 함께 정하여 실천하도록 하는 것이 중요하다. 가정 내 의사소통 과정에서도 부모 혹은 나이 많은 형제가 언제나 우선권을 가지거나 나이가 어리다는 이유로 동생의 요구만 일방적으로 들어준다면, 타인을 존중하고 자기 의견을 자유롭게 표현하는 인권적 태도를 가진 민주시민으로서 성장하기는 어려울 것이다.

또한 자녀가 타인에게 존중받기를 원한다면 부모 역시 자녀를 존중하는 인권적 분위기를 가정에서부터 마련하는 것이 필요하다.

### (4) 인권실천 사례 공유 단계

〈부모 인권교육 프로그램〉의 4단계는 인권실천 사례를 다른 부모들과 이야기 나누고 경험을 공유하는 단계이다.

인권에 대한 이해를 바탕으로 가정에서 인권감수성을 가지고 실천하지만, 과연 내가 부모로서 인권실천을 제대로 하고 있는 것인가에 관해서 늘 의문이 생기게 마련이다. 대부분의 부모는 가정 내에서 자녀와 겪는 갈등과 충돌, 자녀양육 과정에서 느끼는 어려움, 그에 대한 나 자신(부모)의 태도나 반응이 적절했는지 혹은 영유아기의 발달적 특성에 기인한 행동임에도 불구하고 지나치게 반응한 것은 아닌지 의문이 생길 때가 많다.

따라서 '인권실천 사례 공유 단계'에서는 부모끼리의 소모임을 통해 다른 부모들의 경험이나 어려움을 공유함으로써 양육에 대한 정보도 얻고 영유아 인권존중의 실천을 위한 신념을 확장시키고 공고히 할 수 있다.

인권실천 사례 공유를 위한 부모 소모임은 유아교육기관에서 주선해 주거나 부모들의 자발적인 소모임 형태로 진행될 수 있다. 이때 소모임 진행자는 부모들이 자체적으로 선출하거나 유아교육기관의 원장 및 교사가 될 수도 있다.

부모 소모임의 운영방법은 부모들이 사전에 기록한 자신의 인권일지를 소개하거나 일상에서 이루어진 인권실천 사례를 발표하는 등의 방법으로 자유롭게 진행하면 된다. 이때 주의할 점은 서로의 이야기에 어떠한 평가나 비난이 있어서는 안 되며, 다른 사람의 사례를 경청하고 공감할 수 있도록 분위기를 유도한다.

#### (5) 인권 이해의 내면화 단계

〈부모 인권교육 프로그램〉의 5단계는 이전 4단계를 통해 이루어진 영유아 인권에 대한 이해와 인권감수성 및 인권적 태도의 실천력을 더욱 공고히 하고 자신의 것으로 내면화시키는 단계이다.

〈부모 인권교육 프로그램〉이 진행되는 동안 부모들은 영유아 인권에 관해 이해하고, 직접 기록하고 실천해 본 경험을 통해 인권의 전문가가 되어 있을 것이다.

그러나 인권감수성과 인식을 자신의 것으로 견고하게 하기 위해서는 다양한 형태의 프로그램을 통해 내면화하는 과정이 필요하다.

'인권 이해의 내면화 단계'는 그동안 실천해 왔던 '영유아 인권실천 사례'에 대한 자유로운 의견 나누기(워크숍) 혹은 인권전문가를 초빙하여 자신의 인권실천 사례에 대한 피드백받기 등을 통해 공고히 하는 단계이다.

이 단계에서는 〈부모 인권교육 프로그램〉에 참여한 부모가 다른 부모들을 대상으로 한 인권교육 프로그램의 강사가 되는 기회를 가져 보는 것도 좋다. 이는 인권교육을 받는 대상에서 주체가 되어 자신의 경험을 이야기하고, 어려웠던 점, 변화된 점, 좋았던 점 등을 전달하는 기회를 가짐으로써 자신의 인권적 태도를 다시 한번 돌아보고 공고히 하는 기회를 갖게 된다. 인권교육을 받는 부모들 역시 이미 인권교육을 실천한 부모의 사례를 접하게 될 경우, 같은 부모의 입장에서 경험한 것들에 대한 이해와 관심을 증진시킬 수 있어 효과적이다.

### 3) 부모를 대상으로 한 인권교육 프로그램의 기대효과

영유아교육기관과 연계된 〈부모 인권교육 프로그램〉의 기대효과는 다음과 같다.

첫째, 부모의 인권감수성 향상은 영유아 인권존중의 실천에 도움이 된다.

부모들은 〈부모 인권교육 프로그램〉을 통해 영유아의 권리가 무엇인지 알게 되고 사례를 통해 인권 상황을 쉽게 이해하며 영유아의 권리 존중을 위해 무엇을 실천하여야 하는지를 깨닫게 됨으로써 인권감수성을 향상시키는 기회를 갖게 된다. 영유아가 가장 오랜 시간을 함께 보내는 부모의 인권감수성 증진은 매우 중요하다. 인권교육이 교사뿐 아니라 부모를 대상으로 함께 이루어진다면, 인권존중의 실천은 더욱 효과적으로 이루어질 것이다. 영유아를 존중하고 그들의 목소리를 듣는 것은 교육기관에서만 이루어지는 것이 아니라 가정과 연계되어 이루어졌을 때 그 효과가 극대화될 수 있기 때문이다.

둘째, 부모 스스로 양육태도를 돌아보게 한다.

부모들은 〈부모 인권교육 프로그램〉을 통해, 아이가 바르게 잘 성장하기를 바라면서 했던 자신의 행동과 훈육이 아이에게는 지나친 간섭과 스트레스의 원인이 아니었는지 돌아보고, 자신의 인권적 태도를 반성하는 기회를 가진다.

셋째, 영유아의 인권을 보호하고 존중하는 것은 일상 속 작은 것에서부터 시작하는 것임을 이해하는 계기가 된다.

부모는 〈부모 인권교육 프로그램〉을 통해 인권존중과 실천이 어렵거나 추상적인 것으로만 이해하지 않으며, 모든 일상 속 양육 과정에서 그들의 이야기를 들어주고, 기다려 주고, 가능한 한 많은 선택의 기회를 주는 것임을 알게 된다. 특히 '인권실천 공유 단계'에서 다른 부모들 역시 자녀양육 과정에서 어려움을 겪고 있으며, 많은 시행착오를 거치는 것을 보면서 대화의 중요성을 깨닫게 된다.

넷째, 부모 스스로 영유아의 권리를 존중하는 것은 영유아가 타인을 배려하고 존중하는 인권적 태도를 기르는 데 중요한 요소임을 이해하게 된다.

부모가 〈부모 인권교육 프로그램〉을 통해 자녀의 권리를 존중하고 그들의 이야기에 귀 기울이는 태도는 자녀의 인권교육에 좋은 모델링을 제공하고, 타인을 존중하는 법을 배워 민주시민으로 성장하는 밑바탕이 되는 것을 이해하게 된다.

HUMAN RIGHTS EDUCATION FOR CHILDREN

PART 2

# 영유아를 위한 인권교육활동의 실제

HUMAN RIGHTS EDUCATION FOR CHILDREN

1. 생존권
2. 보호권
3. 발달권
4. 참여권

CHAPTER 4

# 영유아 4대 기본권리별 주제 구성

## 1 생존권

- 생존권
  - 자연재해에 관심을 가져요
    - 지진대피 훈련
    - 지구가 뜨거워지고 있어요
  - 가난과 전쟁으로부터 지켜 주세요
    - 왜 슬퍼 보이는 걸까?
    - 도움의 손길, 앞과 뒤에는 어떤 일이?
  - 나의 몸을 보호해 주세요
    - 채소를 골고루 먹어요
    - 알록달록 오색비빔밥
    - 목욕은 즐거워!
    - 이를 닦아요
    - 예방주사를 맞아요
    - 약이 필요할 때가 있어요
  - 안전한 환경이 필요해요
    - 우리들의 약속(안전표지판 이해와 찾아보기)
    - 우리들의 약속이 담긴 안전표지판

## 2 보호권

- 보호권
  - 장애가 있는 친구를 이해할 수 있어요
    - 빛과 우리의 생활
    - 손이 없을 때 불편함을 경험으로 느껴 보기
    - 볼 수 없는 모양을 만져서 친구에게 설명하기
    - 우리만의 점자 알림판
    - 수화를 배워요
    - 말하지 못한다면 어떤 일이 일어날까요?
  - 학대 상황에서 나를 보호할 수 있어요
    - 달콤한 말에 속지 않아요
    - 담배 연기는 싫어요(노! 스모킹) Ⅰ
    - 타요와 금연 대작전 Ⅱ
    - 담배 냄새, 간접흡연은 싫어요 Ⅲ
    - "싫어요"라고 표현할 수 있어요
    - 내 몸은 소중해요
  - 다름을 이해하고 서로 도와줄 수 있어요
    - 우리는 서로 다른 점이 있어요
    - '도움 짝'이 있어요
    - 친구가 원하는 선물 그림
  - 동생을 보살펴 주어요
    - 동생을 만나는 날(보살핌의 책임 Ⅰ)
    - 내가 돌보는 꽃씨(보살핌의 책임 Ⅱ)
    - 동생을 위한 쿠폰
    - 우리들의 약속, 동생반에도 필요해요

## 3 발달권

- 발달권
  - 나를 존중해 주세요
    - 나는 소중해요
    - 나만의 패션쇼
    - 내 모습이 좋아요
  - 내 감정을 표현할 수 있어요
    - 감정 스티커
    - 오늘 내 기분은?
    - 나의 감정과 닮은 색을 찾아보아요 Ⅰ
    - 감정 색깔 만들기 Ⅱ
  - 감사의 마음을 표현해 보아요
    - 마음을 나누는 화채
    - 어머니를 위한 감사의 케이크 만들어 선물하기
    - 나의 고맙고 소중한 마음
  - 우리가 할 수 있도록 기회를 주세요
    - 칭찬의 별 따기
    - 우리가 계획하는 일과 시간표
    - 우리가 만든 우리 반 규칙
    - 우리는 마음껏 놀고 싶어요

## 4 참여권

- 참여권
  - 함께라서 좋아요
    - 이어서 그리는 하나 되는 그림
    - 듣고 그리는 그림
    - 틀려도 괜찮아
  - 우리의 환경은 우리가 지켜요
    - 깨끗한 우리 동네
    - 놀잇감을 교환하여 사용해요 Ⅰ
    - 놀잇감을 교환하여 사용해요 Ⅱ
  - 자연의 소중함을 알아요
    - 가을을 보내는 나무
    - 가을을 보내는 나무에게 편지 쓰기
    - 화초에 별명과 이름 지어 주기
    - 별명을 가진 화초에게 화분을 선물해요

HUMAN RIGHTS EDUCATION FOR CHILDREN

생존권 자연재해에 관심을 가져요 / 가난과 전쟁으로부터 지켜 주세요 / 나의 몸을 보호해 주세요 / 안전한 환경이 필요해요

보호권 장애가 있는 친구를 이해할 수 있어요 / 학대 상황에서 나를 보호할 수 있어요 / 다름을 이해하고 서로 도와줄 수 있어요 / 동생을 보살펴 주어요

발달권 나를 존중해 주세요 / 내 감정을 표현할 수 있어요 / 감사의 마음을 표현해 보아요 / 우리가 할 수 있도록 기회를 주세요

참여권 함께라서 좋아요 / 우리의 환경은 우리가 지켜요 / 자연의 소중함을 알아요

CHAPTER 5

# 인권 주제별 활동계획안 사례

생존권 | 자연재해에 관심을 가져요

# 지진대피 훈련

## 목 표

- 지진이 일어났을 때 대피하는 방법을 알고 대피한다.
- 지진이 무엇인지 다양한 자료를 통해 지진의 정보를 알고 위험에 대해 경각심을 갖는다.

## 자료

• 지진 관련 영상자료(국민재난안전포털: www.safekorea.go.kr)



## 방 법

❶ 지진을 겪은 경험에 대한 감정 이야기 나누기

- 지진은 무엇일까요?
- 지진이 일어났을 때 어떻게 대피할 수 있나요?

❷ 지진에 대한 느낌을 그림으로 그려 본다.

❸ 지진이 일어날 때 대피하는 훈련을 해 본다.

- 기관의 시설 상황에 맞는 대피 훈련을 실행한다.
  - 건물 내에서 흔들림이 멈출 때까지 유리 창문에서 떨어진 곳에서 가방을 머리에 쓰고 몸을 숙이고 있기
  - 책상의 다리를 잡고 책상 밑에 숨기
  - 영아들은 휴식 영역의 휴식 매트 아래로 들어가 몸을 숨기기
- 흔들림이 멈추었을 때 밖으로 침착하게 대피한다.

유의해 주세요

• 활동과 평가 중 교사는 유아의 두려움과 걱정의 감정을 다독이고 수용해 줄 수 있도록 합니다.

## 평 가

- 지진대피 훈련을 해 보니 어떤 생각이 드나요?
- 실제로 지진이 일어나면 어떻게 해야 하는지 대피방법을 이야기해 보아요.

## 확장활동

- 지진대피 상황의 사진을 찍은 후 코팅해서 언어 영역에 비치하여 영유아들이 일상 속에서 이야기하고 경각심을 갖도록 한다.

## 활동사진

생존권 | 자연재해에 관심을 가져요

# 지구가 뜨거워지고 있어요

## 목 표

- 지구가 더워지는 이유에 관해 알 수 있다.
- 자연을 보호하고 환경을 지키기 위한 방법을 알고 실천한다.

## 자료

- 환경오염과 관련된 사진 자료

- 동화 자료

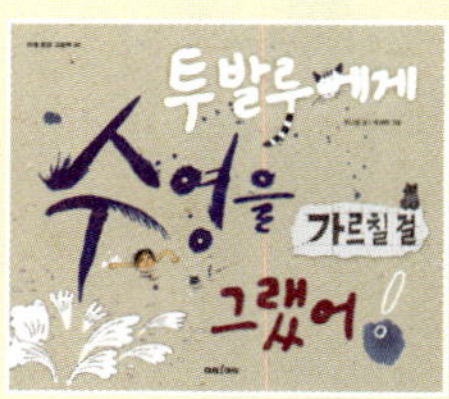


투발루에게 수영을 가르칠 걸 그랬어! (미래환경그림책 1)
유다정 지음 • 박재현 그림
미래아이 • 2008년

## 방 법

❶ 여름철 날씨에 대한 경험과 느낌에 관해 이야기 나눈다.

- 요즘 날씨가 어떠한가요?
- 날씨를 알려 주는 방송에서 '폭염'이라는 말을 들어 보았나요?

② 지구의 날씨가 더워지는 이유를 알아본다.

- 지구의 날씨는 왜 점점 더 더워지는 걸까요?

③ 지구가 더워지게 되면 어떤 피해를 입게 되는지 이야기 나눈다.

- 지구가 더워지면 우리의 생활은 어떻게 변할까요?
- 어떤 부분이 힘들어지고 어려워질까요?

④ 지구를 더 이상 더워지지 않게 하려면 우리가 어떤 노력을 해야 할지 이야기한다.

⑤ '환경지킴이 온도계'를 만들어 유아들과 함께 생각해 낸 방법들을 실천한다.

유의해 주세요

- 다양한 환경 동화를 통해 환경문제의 심각성을 알 수 있는 활동을 계획해 주세요.

## 평 가

- 지구가 더워지게 된 이유는 무엇인가요?
- 우리의 노력이 어떤 좋은 점을 가져올 수 있을까요?

## 확장활동

- 가정에서도 환경을 지킬 수 있는 일들을 함께 공유하여 실천하는 활동을 할 수 있도록 한다.
- 유아들과 함께 동화의 뒷부분을 환경을 지킬 수 있는 이야기로 이어서 만들어 본다.

생존권 | 가난과 전쟁으로부터 지켜 주세요

# 왜 슬퍼 보이는 걸까?

## 목 표

- 작품에 관한 이야기를 통해 가난과 전쟁이 무엇인지 알 수 있다.
- 가난과 전쟁이 가져다주는 어려움을 이해한다.

## 자료

• 케테 콜비츠(Kathe Kollwitz)의 작품

독일 어린이들이 굶주리고 있다
(케테 콜비츠, 1924, 석판, 40.5×27.5cm)

빵을!
(케테 콜비츠, 1924, 석판, 30×28cm)

## 방 법

❶ 그림을 보며 그림 속 친구들의 표정에 관하여 이야기 나눈다.

- 그림 속 친구들의 표정은 어떠한가요?
- 친구들의 표정을 따라 해 보고 왜 그런 표정을 지었을지 이야기해 볼까요?
- 친구들은 어떨 때 슬픈 표정을 짓게 되나요?
- 친구들은 어떨 때 어른들로부터 도움받기를 원하나요?

❷ 이야기 나누기 후 원작 그림에 관한 이야기를 들려준다.

- 가난과 전쟁이 무엇인가요?
- 전쟁으로 힘든 사람들에 대해 이야기해 보아요.

❸ 슬프거나 안타까운 일들을 그림으로 표현해 본다.

**유의해 주세요**

- 원작에 담긴 내용을 이야기하기 전에 유아들이 충분히 그림을 감상하여 느낌을 드러내게 해 주세요.
- 그림 속에 나타난 감정에 관해 교사의 의견을 미리 이야기하지 않도록 주의하세요.

## 평 가

- 원작의 이야기를 들은 후 그림 속 친구들의 마음은 어떠할지 이야기해 본다.

## 확장활동

- 다른 작품(그림책, 사진, 포스터 등)을 감상하며 연계하여 활동해 본다.
- 난민에 관해 알아보는 시간을 가져 본다.

생존권 | 가난과 전쟁으로부터 지켜 주세요

# 도움의 손길, 앞과 뒤에는 어떤 일이?

## 목 표

- 구호단체가 하는 일을 알 수 있다.
- 어려움에 처한 사람들을 어떻게 도울 수 있을지 알 수 있다.

## 자료

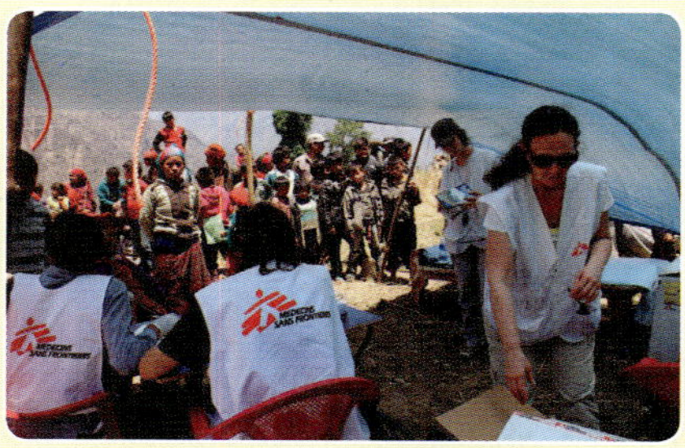

출처: 국경 없는 의사회 홈페이지: 현장 소식 (2015. 5. 6.)

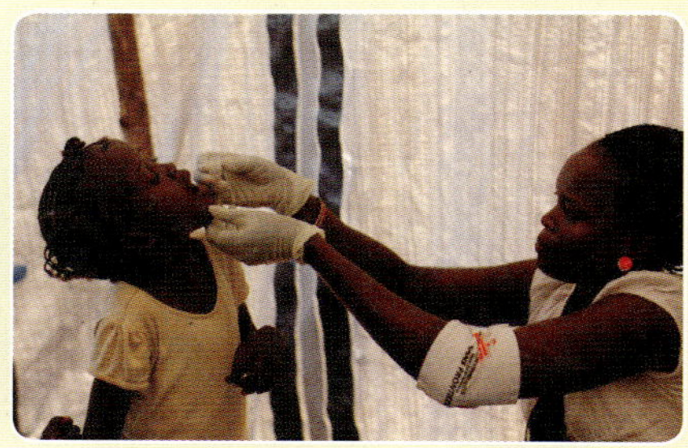

출처: 국경 없는 의사회 홈페이지: 활동 〉 현장 상황 〉 전염병 창궐(2016. 1. 25.)

## 방 법

❶ 사진을 보며 이야기 나눈다.

- 사진이나 TV, 인터넷 등을 통해 이러한 사진을 본 경험이 있나요?
- 사진 속 사람들은 무엇을 하고 있는 것 같나요?
- 사진 속 사람들은 어떠한 도움이 필요할까요?

❷ 구호단체에 관해 이야기 나눈다.

* 구호단체의 예: World Vision, UNICEF, Save the Children 등

❸ 어려운 사람을 도울 수 있는 방법에는 어떤 것이 있는지 생각해 본다.

❹ 사진의 전후 상황을 떠올려 보고 그림으로 그려 본다.

- 도움을 받기 전과 받은 후의 상황은 어떻게 달라졌을까요?
- 그림으로 그려 보아요.

**유의해 주세요**

- 구호 목적에 따라 여러 구호단체가 있으며, 힘들지만 의미 있는 일임을 알려 주세요.
- 유아들도 자신의 생활에서 어려운 처지의 사람들을 도울 방법을 생각해 볼 수 있도록 합니다.

## 평 가

- 어려움에 처한 사람을 도와주는 일은 어떠한 의미가 있다고 생각하였나요?
- 우리가 도움을 줄 수 있는 경우를 주변에서 찾아볼까요?

## 확장활동

- 구호단체에서 일하는 분들께 응원의 편지를 써 본다.
- 동물을 구호하는 단체에 관해서도 알아볼 수 있다.

생존권 | 나의 몸을 보호해 주세요

# 채소를 골고루 먹어요

## 목 표

- 채소에 친근감을 갖고 골고루 먹을 수 있다.

## 자료

- 채소 모형, 입을 벌린 아이 얼굴 그림과 빈 통
- 동화 자료

**골고루 먹어요!**
토이앤스토어 지음 • 문상수 엮음
국민서관 • 2013년

## 방 법

❶ 채소의 이름을 알아본다.

- 내가 먹어 본 채소가 있나요?
- 내가 좋아하는 채소는 무엇인가요?
- 내가 싫어하는 채소는 무엇인가요?

❷ 놀잇감을 활용하여 채소 먹여 주기 놀이를 안내한다.

- 어떤 채소(모형)가 준비되어 있나요?
- (입을 벌린 아이 얼굴 그림을 가리키며) 아이가 건강해지기 위해 어떤 채소를 먹여 주고 싶은지 말해 보고 그 채소를 먹여 주세요.

• 내가 먹여 준 채소는 무엇이었나요?
• 채소를 골고루 먹여 주니 아이의 기분이 어떤 것 같나요?

❸ 우리 몸은 골고루 먹을 때 건강해진다는 것을 이야기한다.

〈점심시간에 연계하여 이야기 진행〉

• 오늘 메뉴에 대해 이야기한다.
 – 오늘 점심 반찬은 무엇인가요?
 – 우리가 놀이하며 아이에게 먹여 준 채소가 점심 메뉴에 있나요?
 – 아이에게 먹여 준 것처럼 우리도 골고루 먹을 수 있나요?

평 가

- 놀이를 하며 우리가 아이에게 채소를 먹여 주니 기분이 어땠나요?
- 앞으로 어떤 음식을 좋아하고 잘 먹고 싶나요?

확장활동

- 육류 및 과일 등 다양한 음식 모형을 활용하여 먹여 주기 놀이하기

활동사진

# 알록달록 오색비빔밥

## 목 표

- 채소가 건강에 주는 이로움을 안다.
- 건강을 위해 골고루 먹어야 함을 안다.

## 자료

- 요리활동 재료: 다양한 (볶은) 채소, 밥, 달걀 프라이
- 동화 자료
  **요리요정 라쿠쿠와 오색비빔밥**(서영아 지음 • 민택기 그림 • 웅진주니어 • 2009년)



## 방 법

❶ 다양한 색깔의 재료를 알아보고, 채소가 건강에 도움을 주는 점을 이야기한다.

- 알록달록 다양한 색깔의 채소를 활용하면 먹음직스러운 비빔밥이 될 것 같아요. 알록달록한 색깔의 채소들은 우리 몸에 어떤 도움을 줄까요?

〈색깔별 채소의 효능〉

- 황색 농산물 : 노화 방지(항산화 작용을 하는 베타카로틴 성분 때문임)
- 흰색 과일 및 채소 : 우리 몸을 깨끗하게 해 주는 효능(바나나, 버섯, 마늘 : 세균과 바이러스에 대한 저항력을 높여 줌, 혈중 콜레스테롤 수치와 혈압을 낮춰 줌)
- 보라색 농산물 : 눈과 혈관 건강에 효능
- 빨간색 농산물 : 항암 효능
- 초록색 농산물 : 해독 효능(신진대사를 원활하게 하여 세포 재생, 면역력 증강, 간 기능 회복 등)

※색깔별로 한 개씩 선정하여 요리 재료로 활용한다.

- 여러 가지 채소 중에 우리 몸에 좋고 예쁜 채소를 선택해서 알록달록한 비빔밥을 만들어 보아요.
- 내가 선택한 채소는 무엇인가요? 왜 그것을 선택했나요?

❷ 비빔밥에 대한 경험을 이야기한다.

- 여러 음식을 한 그릇에 넣어 비벼 먹어 본 경험이 있나요?
- 비빔밥에 어떤 음식들을 넣었는지 기억하고 있나요?
- 비빔밥은 우리가 먹는 밥과 어떤 점이 다른가요?

❸ 직접 만든 비빔밥을 먹어 본 후 이야기 나눈다.

- 직접 채소를 섞어서 먹어 보니 맛이 어떠한가요?
- 다음에 비빔밥을 먹는다면 어떤 채소를 넣어서 먹어 보고 싶나요?

**유의해 주세요**

- 유아들이 싫어하는 채소가 있을 수 있기 때문에 채소의 '다양한 색깔'과 필요한 영양성분에 대한 이야기로 흥미를 갖도록 도와요.
- 비빔밥에 넣을 재료를 선택할 때 유아들의 생각을 반영하면 비빔밥을 유아들이 더 잘 먹을 수 있어요.

## 평 가

- 몸에 좋은 채소로 비빔밥을 만들고 먹어 본 소감을 이야기해 볼까요?
- 채소로 또 어떤 음식을 만들어 볼 수 있나요?
- 채소는 우리에게 어떤 도움을 주나요?

## 확장활동

- 유아들이 제안한 채소를 활용한 음식 만들기(김밥, 볶음밥, 피자, 햄버거 등)

# 목욕은 즐거워!

## 목 표

- 즐겁게 목욕할 수 있다.
- 내 몸의 건강을 지키기 위해 몸을 청결하게 하는 습관을 기른다.

## 자료

• 동화 자료

**목욕은 정말 싫어!**
앰버 스튜어트 지음 • 로라 랭킨 그림 • 민유리 옮김
베틀북 • 2006년

**친구야, 목욕하자!**
크리스티나 가렐리 지음 • 프란체스카 체사 그림 • 박향주 옮김
시공주니어 • 2002년

## 방 법

❶ 『목욕은 정말 싫어!』 동화를 읽고 목욕에 관해 이야기를 나눈다.
- 주인공은 목욕을 왜 싫어할까요?
- 목욕하는 것에 관해 어떻게 생각하나요?

• 목욕을 안 하면 어떤 일들이 일어날까요?

❷ '목욕' 하면 생각나는 것에 관해 이야기를 나눈다.

• 목욕할 때 필요한 물건 :
• 목욕할 때 놀이 :
• 목욕하는 장소 :
• 목욕하면 좋은 점 :

❸ 유아들과 즐겁게 목욕할 수 있는 방법에 관해 이야기 나눈다.

### 평 가

- 왜 목욕을 해야 하나요?
- 목욕을 즐겁게 하는 방법 중 내가 직접 해 보고 싶은 방법은 무엇인가요?

### 확장활동

- '목욕탕 놀이'를 진행한다.

### 활동사진

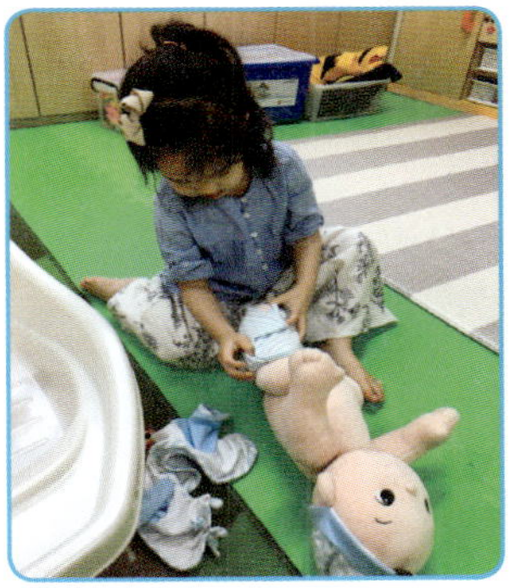

# 이를 닦아요

## 목 표

- 유아 스스로 치아를 청결하게 하는 습관을 기른다.
- 치과에 가는 두려움을 없애고 친근감을 갖는다.

## 자료

- 거울, 양치 도구, 컵, 물, 양치질 순서도
- 동화 자료

**칫솔 들고 치카포카**
애플비북스 편집부 지음
애플비 • 2015년

## 방 법

❶ 서로의 치아를 탐색한다.

* 치과놀이 역할극으로 활동을 진행한다.
* 의사가 된 유아는 환자가 된 유아의 치아를 살펴보고 진단해 준다.

❷ 이를 깨끗이 닦지 않았을 때의 상황에 관해 이야기 나눈다.

- 치과에 갔을 때 어떤 일이 있었나요?
- 충치가 많으면 어떤 문제가 생길까요?

❸ 이를 튼튼하게 하려면 어떻게 해야 하는지 이야기한다.

- 이는 왜 깨끗하게 닦아야 할까요?
- 이를 깨끗이 닦는 방법에 관해 알고 있나요?
- 입안을 헹구는 방법에 관해서도 알고 있나요?

❹ 이를 건강하게 유지하기 위해서는 자기 스스로 양치질을 해야 할 책임도 있음을 유아들에게 알려 준다.

❺ 유아들과 함께 바르게 양치질하는 방법을 이야기하며 직접 양치질을 해 본다.

❻ 유아들과 동네 치과(보건소)에 견학을 가 본다.

* 치과에 대한 두려움을 없애고, 친근감을 유도한다.

**유의해 주세요**

- 선천적으로 이가 약한 사람도 있음을 유아들에게 설명해 줄 필요가 있어요.

## 평 가

- 이는 어떻게 관리하는 것이 좋을까요?

## 확장활동

- 치과놀이를 자주 할 기회를 제공하기 위해 치과에서 사용하는 놀잇감을 교실에 준비해 둔다.

# 예방주사를 맞아요

## 목 표

- 예방주사에 관한 정보를 안다.
- 예방주사의 필요성을 알고, 예방주사 카드를 만들어 본다.

## 자료

• 동화 자료

**두근두근 예방 주사**
고바야시 마사코 지음 • 오카베 리카 그림 • 이선아 옮김
시공주니어 • 2003년

## 방 법

❶ '예방주사'에 관해 이야기를 나눈다.

• 예방주사를 맞아 본 경험에 대해 이야기해 볼까요?

❷ 예방주사와 관련된 자신의 경험을 공유한다.

• 어떤 예방주사를 맞아 보았나요?

❸ 예방주사의 필요성에 관해 이야기를 나눈다.

• 예방주사는 왜 건강할 때 맞아야 할까요?

❹ '아기수첩' 속의 예방 접종표를 살펴본다.

- 친구들이 알고 있는 예방 접종은 무엇인가요?

❺ 우리 반의 '예방 접종표'를 만들어 본다.

- 우리에게 필요하다고 생각하는 예방주사는 무엇이 있을까요?

## 평 가

- 예방주사에 대해 알게 된 점은 무엇인가요?
- 예방주사가 왜 필요하다고 생각하나요?

## 확장활동

- '예방주사 병원놀이'를 역할극으로 활동해 본다.

## 활동지

### 예방 접종표

이름 ____________________

| 구분 | | | 1차 | 2차 | 3차 |
|---|---|---|---|---|---|
| 국가 예방 접종 | 독감 |  | | | |
| | 수두 |  | | | |
| | 일본 뇌염 |  | | | |

| 구분 | | | 1차 | 2차 | 3차 |
|---|---|---|---|---|---|
| 기타 예방 접종 | 결핵 |  | | | |
| | 로타 바이러스 |  | | | |

**예방 접종 후 주의사항**

★ 예방 접종 당일은 목욕하지 않아요.

★ 접종 당일과 다음 날은 힘든 활동을 잠시 쉬어 주세요.

# 약이 필요할 때가 있어요

## 목 표

- 질병에 따라 먹어야 하는 약이 다름을 알 수 있다.
- 활동을 통해 약에 대한 거부감을 줄일 수 있다.

## 자료

- 병원놀이와 관련된 각종 놀잇감



## 방 법

❶ 아팠던 경험에 관해 이야기한다.

❷ 아팠을 때 어떤 방법으로 나았는지 이야기한다.

❸ 약을 먹은 경험에 관해 이야기를 나눈다.

- 약을 먹을 때의 느낌은 어땠나요?
- 약을 먹을 때 싫은 느낌이었다면, 무엇 때문인가요?

❹ 약의 필요성에 관해 알아본다.

- 약은 왜 먹어야 할까요?

❺ 먹기 싫은 약을 잘 먹는 방법에 관해 토의한다.

❻ 병원놀이를 통해 약에 대한 거부감을 해소할 수 있도록 한다.

## 평 가

- 약은 왜 필요한가요?
- 약을 잘 먹기 위한 방법에는 어떤 것이 있었나요?

## 확장활동

- 약물 오·남용 교육을 실시하기(예: 비타민)

## 활동지

### 접수 차트

| 진료 과목 | 체크 | 체크 |
|---|---|---|
| 소아과 | | |
| 안과 | | |
| 외과 | | |
| 이비인후과 | | |
| 치과 | | |
| 산부인과 | | |

### 깨끗한 생활

1. 손발을 깨끗이 씻어요.
2. 음식을 먹은 후 양치질을 해요.
3. 몸과 머리를 단정하게 해요.
4. 자기 전에 목욕을 해요.
5. 상한 음식을 먹지 않아요.

### 2018년 병원놀이

| 반 | |
|---|---|
| 이름 | |
| 성별 | |

### 건강보험증

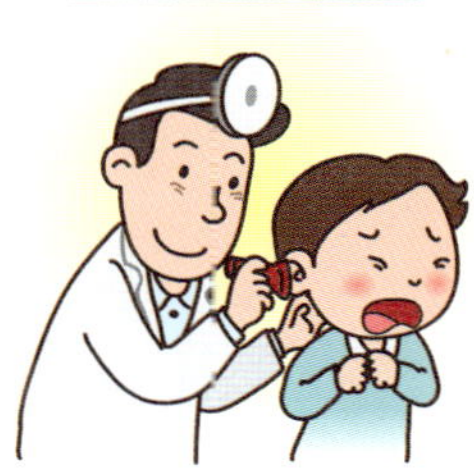

○○○ 병원
어린이집
☎ 0C0-0000

### 진료 과목

| 아픈 곳 | 진료 과목 | 체크 |
|---|---|---|
|  배가 아파요. | 소아과 | |
|  열이 나요. | 소아과 | |
|  이가 아파요. | 치과 | |
|  다리가 아파요. | 외과 | |
|  팔이 아파요. | 외과 | |

| 아픈 곳 | 진료 과목 | 체크 |
|---|---|---|
|  눈이 아파요 | 안과 | |
| 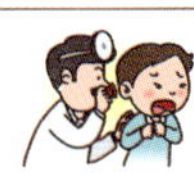 눈, 코, 귀가 아파요 | 이비인후과 | |
|  아기를 가졌어요 | 산부인과 | |

### 산부인과 진료

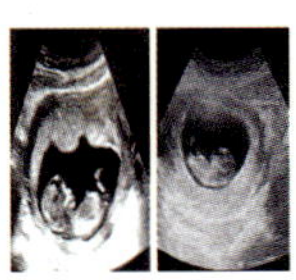

축하합니다!

여자아이 남자아이

### 처방전

❖ 의사선생님의 생각

| 항목 | 종류 | 확인 |
|---|---|---|
| 약 |  물약 | |
| | 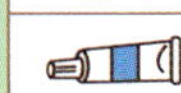 연고 | |
| |  알약 | |
| |  식전 |  식후 |
| 주사 |  팔 주사 |  엉덩이 주사 |
| 입원 | 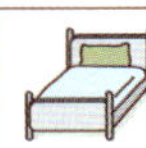 | |

________ 병원장

생존권 | 안전한 환경이 필요해요

# 우리들의 약속 (안전표지판 이해와 찾아보기)

## 목 표

- 주변에서 안전표지판을 찾아보고, 그 의미를 알아본다.
- 모두의 안전을 지키기 위해 약속을 지킬 수 있다.

## 자료

- 표지판 그림 자료 및 동영상 자료(유아들이 쉽게 접할 수 있는 안전표지판을 중심으로 준비), 디지털카메라



## 방 법

❶ 표지판 그림 자료 또는 동영상 자료를 보며 이야기 나눈다.

- 표지판은 어디에서 보았나요?
- 표지판에는 왜 글자가 아닌 그림으로 표현해 놓았을까요?

❷ 안전표지판의 중요성에 관하여 이야기 나눈다.

- 안전표지판은 왜 필요할까요?
- 안전표지판의 지시를 따르지 않았을 때 어떤 일이 일어날까요?

❸ 바깥활동 전 모두의 안전을 위하여 지켜야 할 약속을 이야기한다.

❹ 유아들과 함께 동네를 둘러보며 안전표지판을 찾아보고 사진을 찍는다.

❺ 찍은 안전표지판 사진을 다시 보면서 표지판에 담긴 의미에 관해 이야기 나눈다.

- 어디에서 볼 수 있었던 표지판인가요?
- (표지판에 따라) 이 표지판은 어떤 의미인가요?

* 우리 동네에서 살펴볼 수 있었던 안전표지판

## 평 가

- 우리 주변에서 안전표지판을 보았을 때 우리는 어떻게 행동해야 하나요?
- 새롭게 알게 된 안전표지판이 있나요?
- 어떤 것이 있나요?

## 확장활동

- 가정통신문을 통해 가정과 연계하여 안전표지판을 찾아보는 기회를 갖도록 한다.

생존권 | 안전한 환경이 필요해요

# 우리들의 약속이 담긴 안전표지판

## 목 표

- 안전표지판에 담긴 의미를 안다.
- 안전을 약속하고 실천하기 위한 구체적인 방법을 경험한다.

## 자료

- 그리기 도구(매직, 색연필, 사인펜 등), 종이(표지판을 만들 수 있게 일정한 크기로 미리 잘라 놓기)



## 방 법

❶ 원에서 일어날 수 있는 위험한 상황을 알아본다.

❷ 안전한 생활공간이 되기 위해 지켜야 할 일들이 무엇인지 이야기를 나눈다.

❸ 이야기 나누기 활동에서 나누었던 내용들을 표지판으로 만들어 본다.

❹ 안전표지판을 필요한 장소에 붙여 두고 생활 속에서 활용할 수 있도록 한다.

유의해 주세요

• 유아들은 안전표지판의 간결화된 내용을 이해하더라도 함축적으로 표현하는 것에 어려움이 있으므로 자신들이 경험한 내용을 함께 그리는 경우가 있어요. 이때 유아들의 발달 특성을 이해하고 격려해 주세요.

## 평 가

- 우리에게 필요한 안전표지판에는 어떤 것들이 있었나요?
- 안전표지판을 만들어 보니 어떤 생각이 들었나요?

## 확장활동

- 가정과 연계: 가족과 함께 지켜야 할 약속을 정한 후 관련 표지판을 만들어 보고, 적절한 장소를 찾아 전시한다.

## 활동사진

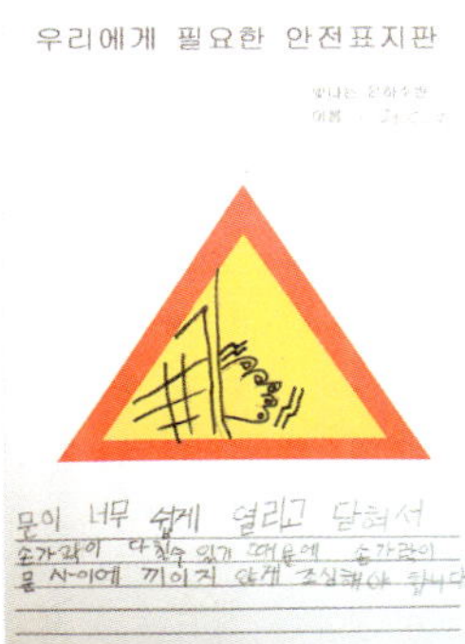

보호권 | 장애가 있는 친구를 이해할 수 있어요

# 빛과 우리의 생활

## 목 표

- 교실을 어둡게 한 후 활동했을 때 어떤 어려움이 있는지 체험한다.
- 체험활동 후 눈이 보이지 않는 사람에게 어떤 도움이 필요한지 이해하고 도와줄 수 있다.

## 자료

- 체험 후 사용할 그리기 도구
- 빛을 차단한 교실 분위기: 교실의 불을 끄고 롤스크린을 내린 후, 외부로부터 빛을 차단한다. 단, 낮잠을 잘 때처럼 분위기를 어둡게 만들지만 안전을 위해 완전히 캄캄하게 하지 않는다.



## 방 법

❶ 빛의 고마움과 빛이 없을 경우에 관해 이야기한다.

- 밝은 빛이 없다면 우리가 생활할 때 어떤 일이 일어날까요?

❷ 눈이 보이지 않는 장애가 있는 사람을 본 경험에 관해 이야기한다.

- 앞을 볼 수 없는 사람들을 본 적이 있었나요?
- 그 사람들은 어떻게 생활을 할까요?

❸ 빛이 없이 생활하게 될 경우 어떤 느낌이 드는지 활동을 통해 경험해 본다.

- 빛이 없는 생활에 대해 체험해 보면 어떨까요?

❹ 자유선택활동 시간에 20~30분 정도 시간을 정한 후 어둠에서 활동해 본다.

❺ 활동 후 느낌이 어땠는지 이야기를 나눈다.

❻ 그때 상황이나 기분을 그림으로도 표현해 본다.

❼ 눈이 보이지 않는 사람들의 생활과 마음에 관해 이야기 나눈다.

## 평 가

- 캄캄한 상황에서 활동해 보니 느낌이 어떠했나요?
- 눈이 보이지 않는 사람과 생활하게 된다면 무엇을 도와주고 싶나요?

## 확장활동

- 짙은 색깔의 셀로판지로 안경을 만들어서 '빛이 없다면 우리는?' 활동을 해 볼 수 있다.

## 활동사진

# 손이 없을 때 불편함을 경험으로 느껴 보기 (손이 없는 사람을 이해할 수 있는 간접 경험)

## 목 표

- 손이 없어서 손으로 활동을 할 수 없는 사람을 이해하기 위해 손의 사용을 제한하고 활동을 한다.
- 경험을 통해 손의 고마움을 알고 몸이 불편한 사람을 이해하고 도울 수 있다.

## 자료

- 손을 사용하지 않는 활동



## 방 법

❶ 장애를 가진 사람을 본 경험에 관해 이야기 나눈다.

- 손이 없거나 손에 장애가 있어서 사용하지 못하는 사람을 본 적이 있나요?

❷ 장애가 있는 사람들의 어려움을 생각해 본다.

- 손을 사용하지 못하면 어떤 불편함이 있을 것 같나요?

❸ 손과 팔에 장애가 있는 사람들을 이해할 수 있는 활동을 해 본다.

- 손을 사용하지 못하는 사람들을 이해할 수 있는 활동을 해 보아요. 어떤 방법으로 경험할 수 있을까요?

✻ 의견 모으기

친구들의 의견을 수렴하거나 선생님의 제안으로 일정 시간 손을 사용하지 않고 자유놀이를 해 본다(10~20분).

(제안: 주먹을 쥐고 활동해 보기, 팔짱을 끼고 활동해 보기)

❺ 손을 사용하지 않고 활동을 해 본 후 느낌에 관해 이야기 나눈다.

**유의해 주세요**

- 장애인에 대한 감정이 '불쌍하다'라는 동정 또는 차별적 시각의 표현으로만 치우치지 않도록 유의해 주세요. 더불어 있는 그대로의 모습을 수용하는 마음을 가질 수 있도록 도와주세요. 장애인을 무조건 도와주어야 하는 것이 아님을 알려 주시고, 도움을 주고 싶을 때는 꼭 상대에게 도움이 필요한지 물어본 뒤 그 답변 여부에 따라 행동하도록 알려 주세요.

## 평 가

- 장애가 있는 사람에 대해 어떤 마음이 드는지 이야기 나누어요.
- 손을 사용하지 못하는 사람과 생활하게 된다면 무엇을 도와주고 싶나요?

## 확장활동

- 다리를 잃어서 직접 다리를 움직일 수 없는 사람의 마음을 이해할 수 있도록 간접 활동을 해 본다.

## 활동사진

# 볼 수 없는 모양을 만져서 친구에게 설명하기

## 목 표

- 눈의 소중함을 안다.

## 자료

- 비밀 상자, 다양한 물건(유아에게 익숙한 물건으로 준비), 필기도구

## 방 법

❶ 앞 차시의 '빛과 우리의 생활' 활동 경험을 이야기 나누며 눈의 소중함에 관해 다시 이야기 나눈다.

❷ 오늘의 활동을 소개한다(비밀 상자에 손만 넣어 그 안에 무엇이 담겨 있는지 설명하는 놀이).

❸ 상자 안에 손을 넣어서 만져지는 촉감, 모양 등을 친구들에게 이야기하고 친구들은 어떤 물건인지 알아맞혀 본다.

❹ 상자 안에 물건을 만져 본 후, 그림으로 그려서 친구들과 함께 비교해 본다.

⑥ 활동 후 소감을 이야기 나눈다.

- 보이지 않는 상태에서 물건을 손으로 만져 볼 때와 눈으로 볼 때 어떻게 달랐나요?
- 눈으로 보지 않고 만져서 설명할 때 어떤 어려운 점이 있었나요?

유의해 주세요

- 비밀 상자 안에 넣을 물건은 다양한 촉감의 물건으로 구성하며, 유아들의 연령에 따라 난이도를 조절하여 선택해 주세요.

## 평 가

- 눈으로 볼 때 어떤 점이 편했나요?
- 눈으로 볼 수 없을 때 어떤 점이 불편했나요?

## 확장활동

- 초롱이 눈 건강나라 홈페이지(www.chorongi.org)를 활용하여 시력을 예방하는 방법에 관해 알아본다.
- 오늘의 활동을 가족들과 함께 해 볼 수 있도록 한다.
  예) 이불 속에 물건을 두고 촉감으로만 설명해 보는 활동
- 눈을 소중히 하는 방법에 대해 가정과 연계하여 활동해 볼 수 있도록 가정통신문을 보낸다.

보호권 | 장애가 있는 친구를 이해할 수 있어요

# 우리만의 점자 알림판

## 목 표

- 눈이 보이지 않는 사람의 의사소통 수단을 이해한다.
- 점자에 관심을 가지고 점자에 관해 알 수 있다.

## 자료

- 생활 주변에 있는 점자를 찍은 사진, 스케치북, 연필처럼 생긴 나무 막대, 부직포
- 동화 자료

**눈을 감고 느끼는 색깔여행**
메네나 코틴 지음 • 로사나 파리아 그림 • 유 아가다 옮김
고래이야기 • 2008년

## 방 법

❶ 눈이 보이지 않는 사람이 어떻게 물건의 이름을 알 수 있는지에 대해 이야기 나누어 본다.

❷ 점자에 관해 알아본다.

- 점자가 무엇인지 알고 있나요?

* 점자가 가지고 있는 간단한 규칙에 관해 유아들에게 알려 주면 유아들의 흥미를 유발할 수 있다.

❸ 생활 주변에 있는 점자들을 찾아본다.

- 점자를 어디에서 보았나요?

❹ 우리만의 점자 알림판 만들어 본다.

예) 비상구 유도 표시, 화장실의 위치를 알려 주는 표시, 조리실 표시, 놀이 영역판 표시 등

**유의해 주세요**

- 주변에서 점자로 된 것들을 직접 만져 볼 기회를 주세요.

## 평 가

- 점자를 알아보니 어땠나요?

## 확장활동

- 어린이집이나 지역사회 등 주변에서 점자를 찾아본다.
  예) 점자 보도블록, 엘리베이터 점자 버튼 등

보호권 | 장애가 있는 친구를 이해할 수 있어요

# 수화를 배워요

## 목 표

- 손으로 하는 언어인 수화에 관해 알아본다.
- 노래를 수화로 표현해 본다.

## 자료

- 수화 동영상 자료



## 방 법

❶ 수화에 관해 이야기 나눈다.

- 수화는 왜 필요할까요?

❷ 손으로 하는 언어를 표현해 본다.

❸ 동요 중에서 수화로 표현된 영상을 감상한다.

❹ 영상을 통해서 알게 된 수화 노래를 배워 본다.

* '수화 동요 배우기'를 검색하여 영상을 감상해 본다.

## 평 가

- 노래를 수화로 배워 보니 어땠나요?

## 확장활동

- 평소에 유아들이 많이 사용하는 말이나 단어에 대해 이야기 나눈 후 그 말을 수화로 표현해 본다.

## 활동사진

보호권 | 장애가 있는 친구를 이해할 수 있어요

# 말하지 못한다면 어떤 일이 일어날까요?

## 목 표

- 활동을 통해 말할 수 없는 사람들의 어려움을 이해할 수 있다.
- 체험을 통해 말을 할 수 없는 사람을 도와줄 수 있는 마음을 갖는다.

## 방 법

❶ 말을 하지 못하는 사람을 주변이나 텔레비전에서 본 경험에 관해 이야기 나눈다.

❷ 말을 하지 못하면 어떤 어려움이 있을지 이야기 나눈다.

❸ 말을 하지 못하는 체험을 위해 어떤 방법을 사용할지에 관해 토의해 본다.

* 유아들의 의견을 수렴하거나 교사의 제안으로 일정 시간 말을 하지 않는 자유놀이를 해 본다(10~20분).

❹ 말을 하지 않고 놀이를 해 본 후, 느낌에 관해 이야기 나눈다.

### 유의해 주세요

• 말을 하지 않는 놀이 시 어떤 유아는 귓속말을 할 수 있고, 어떤 유아는 작은 목소리를 사용할 수 있어요. 이때 기다려 보면 유아는 손짓과 몸짓, 그림 등으로 자신만의 표현방법을 사용할 것이니 규칙을 지시하지 말고 지켜봐 주세요.

## 평 가

- 말을 하지 않았을 때 어떤 일이 있었나요?
- 말을 하지 않고 놀이를 해 보면서 느낀 점이 있었나요?
- 말을 못하는 사람을 만나면 무엇을 도와주고 싶나요?

## 확장활동

- 간단한 수화를 배워 보는 활동을 통해 말하지 못하는 사람들이 사용하는 언어를 경험해 볼 수 있다.

## 활동사진

보호권 | 학대 상황에서 나를 보호할 수 있어요

# 달콤한 말에 속지 않아요

## 목 표

- 자신을 지키기 위한 안전한 방법을 안다.
- 부모님이 아닌 다른 사람을 따라가면 안 된다는 것을 안다.

## 자료

• 동화 자료

거미와 파리
메리 호위트 지음 • 장경렬 옮김
열린어린이 • 2004년

## 방 법

❶ 만약 낯선 사람이 듣기 좋은 말로 말을 걸면 어떻게 해야 하는지 이야기 나눈다.

- 누군가가 듣기 좋은 말을 하며 함께 가자고 했었던 경험이 있었나요?
- 만약 이런 경우가 있다면, 어떻게 해야 할까요?
- 나이가 많은 누군가가 도와 달라고 요청하였을 때는 어떻게 해야 할까요?

❷ 안전하게 상황을 피할 수 있는 방법에 관해 이야기 나눈다.

유의해 주세요

- 위험한 사람을 얼굴 생김새나 말투로만 판단하지 않게 알려 주세요.
- 누군가가 도와 달라는 요청을 하였을 때 유아들이 직접 도움을 주려고 하지 말고 도움을 요청할 수 있는 실제적인 장소와 사람들을 알려 주세요.

## 평 가

- 낯선 사람이 함께 가자고 한 적이 있나요?
- 그때 우리 친구들은 위험한 상황인지 알 수 있었나요?
- 누군가가 도움을 요청하였을 때, 어떻게 그 사람을 도와줄 수 있을까요?

## 확장활동

- '안전 지킴이 집'과 관련된 내용을 연계하여 활동해 본다.
- 유아들이 직접 경험할 수 있도록 역할극 놀이로 활동해 본다.

  예) 외부인을 초청하여 역할극에 참여시키는 방법 활용

# 담배 연기는 싫어요(노! 스모킹) I

## 목 표

- 생활 속에서 자신도 모르게 담배 연기로부터 피해를 받았던 사실을 안다.
- 담배 연기가 해로운 것임을 알고, 보호받기 위해 우리의 생각을 말로 표현할 수 있다.

## 자료

- 동화 자료

**노! 스모킹 아이쿠맨**
보건복지부 국가금연지원센터

## 방 법

❶ 담배 연기를 맡아 본 경험에 관해 이야기 나눈다.

- 담배 연기를 맡아 본 적이 있나요?
- 그때 기분은 어땠나요?

❷ 담배 연기가 우리 몸에 해로운 이유를 알아본다.

❸ 옆에서 담배를 피우는 어른이 있을 때 말할 수 있다.

- "담배 연기는 싫어요." (노! 스모킹)

❹ 담배 연기 속에 있는 사람들의 표정을 지어 보고, 그려 본다.

- 담배 연기 속에 있는 사람들의 표정을 지어 볼까요?
- 그 모습을 그려 볼까요?

❺ 그린 그림을 친구들과 함께 보며 느낌에 대해 이야기 나눈다.

## 평 가

- 담배 연기는 우리 몸에 어떤 나쁜 영향을 미칠까요?
- 담배 연기로부터 자신을 보호하기 위해 어떤 말을 할 수 있을까요?

## 확장활동

- 나의 주변에 있는 담배 피우는 사람에게 편지를 써 보는 활동을 진행해 본다.

**보호권 | 학대 상황에서 나를 보호할 수 있어요**

# 타요와 금연 대작전 Ⅱ

## 목 표

- 흡연의 해로움에 관해 안다.

## 자료

• 동화 자료

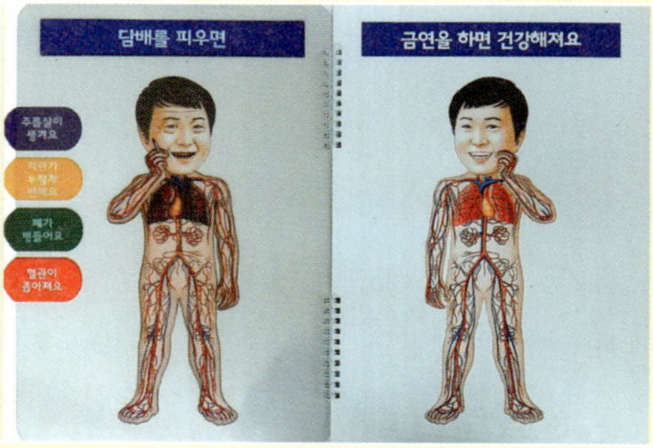


**뛰뛰빵빵 금연 대작전**
보건복지부 국가금연지원센터

## 방 법

❶ 유아들과 '담배'에 대한 경험을 통해 얻은 느낌을 함께 공유한다.

- 주변에 담배를 피우는 어른이 있나요?
- 담배를 피우면 건강이 어떻게 될까요?
- 담배 피우는 가족이 있을 때 우리는 어떤 말을 해 줄 수 있을까요?

**유의해 주세요**

- 흡연의 해로움을 알려 주되, 담배 피우는 사람이 나쁘다는 것이 아니라는 것도 유아들에게 전달합니다.

## 평 가

- 흡연에 대한 동화도 감상하고 이야기도 나누었는데, 어떤 생각이 들었나요?

## 확장활동

- 인근 보건소에서 진행하고 있는 금연 프로그램을 알려 주어 가족에게 전달할 수 있는 활동을 계획해 본다.

보호권 | 학대 상황에서 나를 보호할 수 있어요

# 담배 냄새, 간접흡연은 싫어요 Ⅲ

## 목 표

- 금연구역 표시를 알아보고, 금연구역의 의미를 안다.

## 자료

• 금연구역 사진 자료

## 방 법

❶ 금연구역에 관한 이야기 나누기를 한다.

- '금연'이란 무엇일까요?
- '금연구역'이 무엇인지 알고 있나요?
- 금연구역을 어디서 본 적 있나요?
- 금연구역이 왜 필요하다고 생각하나요?
- 금연구역이 있을 때와 없을 때의 상황을 예상해 보아요.

❷ 금연구역을 찾아보도록 한다.

- 금연 표시를 우리 주변에서 찾아보아요.

유의해 주세요

- 금연구역에서 담배를 피우면 벌금이 있음을 알려 주세요.

## 평 가

- 왜 금연구역을 만들어 놓았을까요?

## 확장활동

- 유아들과 금연을 알리는 포스터와 상징하는 그림(픽토그램)을 만들어 본다.

# "싫어요"라고 표현할 수 있어요

## 목 표

- 싫고 난처한 느낌에 관해 안다.
- 친구와 협동하여 '싫어요' 표현책을 만들며 싫은 감정을 표현할 수 있다.

## 자료

- 그리기 및 쓰기 도구
- 동화 자료

**세계 어린이 인권학교: 학대 싫어요!** (도미니끄 드 쌩 마르 지음 • 쎄르주 블로흐 그림 • 김태희 옮김 • 푸른숲주니어 • 2004년)

## 방 법

❶ 어른들과의 경험 속에서 싫은 감정을 느껴 본 적이 있었는지 이야기한다.

- 생활하면서 어른들이 한 행동으로 인해 무서웠거나 싫었던 적이 있나요?

❷ 유아들의 일생생활에서 힘들었던 경험에 관해 이야기 나눈다.

- 친구들과의 관계에서 힘들거나 난처한 경우가 있었나요?

❸ 그런 경험을 했을 때, 우리가 표현할 수 있는 것에 관해 이야기 나눈다.

- 어떤 표현을 했나요?
- 표현을 할 수 없었을 경우 왜 표현할 수 없었나요?

❹ 유아들이 겪었던 상황을 토대로 '싫어요' 책을 만든다.

- 우리가 힘든 말이나 난처한 상황을 겪었을 때의 상황을 그림이나 말로 적은 후 그림책을 만들어요.

**유의해 주세요**

- 어떤 상황에서 싫은 감정이었고, "싫어요"라고 말해야 되는 상황은 어떤 경우였는지 민감성을 갖도록 활동을 이끌어 주세요.

### 평 가

- 조별로 만든 싫은 상황 책을 친구들에게 소개하고 "싫어요"라고 표현해 본다. (습관화를 위해 해당 내용을 상기시키는 활동)

### 확장활동

- 활동을 통해 만든 책을 언어 영역에 두고 공유해 본다.

보호권 | 학대 상황에서 나를 보호할 수 있어요

# 내 몸은 소중해요

## 목 표

- 우리 몸을 소중하게 보호해야 함을 안다.
- 나쁜 의도를 가지고 몸을 만지는 것에 대한 느낌에 관해 알고, 성인에게 도움을 요청할 수 있다.

## 자료

- 다양한 행동에 관한 그림 및 사진 자료
- 동화 자료

**내 몸은 내가 지켜요**
코넬리아 스펠만 지음 • 테리 와이드너 그림 • 신형건 옮김
보물창고 • 2007년

**다정한 손길**
샌디 클레븐, LCSW 지음 • 조디 버그스마 그림 • 이승숙 옮김
내인생의책 • 2006년

### 방 법

❶ 유아들이 일상생활에서 경험했던 다른 사람의 행동 중 좋은 혹은 싫은 느낌을 주었던 행동은 무엇이었는지 이야기 나누어 본다.

❷ 싫은 느낌이었을 때 유아들이 어떻게 할 수 있는지에 관해 이야기한다.

- 누군가 친구들에게 싫은 느낌의 행동을 했을 때 싫다고 표현한 적이 있나요?
- 표현을 할 수 없었다면, 그 이유는 무엇이었나요?

❸ 함부로 나의 몸을 만지는 경우 대처방법에 관해 이야기한다.

- 내가 싫다면 어떻게 해야 할까요?
- 싫은 경험이 생긴다면, 나는 무엇을 표현할 수 있고 누구에게 도움을 받을 수 있을까요?

### 평 가

- 오늘 활동을 하고 난 후의 느낌은 어떠한가요?

### 확장활동

- 여러 미디어 속에서 볼 수 있는 '학대의 상황'에 관해 유아들과 함께 이야기 나누어 본다.
- 가정과 연계하여 이러한 주제의 내용에 관해 이야기 나눌 기회를 제공한다.

보호권 | 다름을 이해하고 서로 도와줄 수 있어요

# 우리는 서로 다른 점이 있어요

## 목 표

- 나를 소개하고 친구와 다른 차이를 안다.
- 나와 다른 점이 있는 친구를 이해하고 잘 지낼 수 있는 방법에 관해 안다.

## 자료

- 그리기 도구, 필기도구
- 동화 자료

**세계 어린이 인권학교: 차별 싫어요!** (플로랑스 뒤떼이 지음 • 앙리 펠네르 그림 • 김태희 옮김 • 푸른숲주니어 • 2004년)



## 방 법

❶ 차별을 받아 본 경험에 관해 이야기한다.

- 누구로부터 차별을 받았나요?
- 차별을 받았을 때 기분이 어땠나요?

❷ 나는 어떤 사람인지 생각해 보고, 내 모습을 그림이나 글을 통해 나타내 본다. 또는 벤다이어그램이나 막대그래프로 기록한다.

- 좋아하는 음식, 싫어하는 음식
- 잘하는 것, 못하는 것
- 좋아하는 일, 싫어하는 일

❸ 유아들이 그림이나 글로 표현한 것을 게시하고, 유아들과 함께 공유한다.

* 공유 활동을 통해 친구와 나의 다른 점을 느낀다.

❹ 나와 비슷한 점을 가진 친구, 나와 다른 점을 가진 친구가 누구인지 생각해 본다.

❺ 나와 다른 친구들과 함께 잘 지내기 위해 우리는 어떤 마음을 가지고 어떻게 행동해야 하는지 이야기 나눈다.

**유의해 주세요**

- 다름은 차별의 이유가 아니고 옳고 그름을 가리는 것도 아니며, 우열을 가리는 것이 아닌 그 자체로 존중받아야 한다는 것을 유아들이 알 수 있도록 이끌어 주세요.

## 평 가

- 오늘 활동을 통해 무엇을 느끼게 되었나요?
- 오늘 느낀 것을 생활 속에서 어떻게 실천할 수 있을까요?

## 확장활동

- '다름'은 고정된 것이 아님을 알 수 있도록 본 활동을 여러 차례에 걸쳐 경험할 수 있도록 한다.

# '도움 짝'이 있어요

## 목 표

- 도움 짝을 짓는 방법을 의논할 수 있다.
- 서로 도움을 주고받으며, 서로의 존재에 고마움을 갖는다.

## 자료

- 도움 짝을 위해 나의 특징을 그린 그림과 기록지



## 방 법

❶ '우리는 서로 다른 점이 있어요' 활동을 통해 서로 다른 친구의 모습을 발견하고 함께 즐겁게 지내기 위해 도움 짝 짓기 방법에 대해 토의한다.

- 어떤 방법으로 도움 짝을 정하면 좋을까요?

❷ 도움 짝이 정해지면 기간(일주일 혹은 하루)을 정한 후 그 친구를 위해 도움을 줄 수 있고, 그 친구와 협동하는 놀이들에 참여한다.

❸ 도움 짝 활동을 해 본 후, 내가 이해한 것이 무엇인지 친구에 관해 새롭게 알게 된 것이 무엇인지 의견을 나눈다.

- 도움 짝 활동을 해 보니 어떤 점이 좋았나요? (어떤 점이 아쉬웠나요?)
- 도움 짝 활동을 통해 그 친구에 대한 어떤 새로운 점을 알게 되었나요?
- 도움 짝 친구에게 해 주고 싶은 말은 무엇인가요?

유의해 주세요

- 도움 짝을 구성할 때 친한 친구와만 짝을 하려는 유아에게는 다른 친구와도 도움 짝을 해 볼 수 있도록 제안해 주세요.

## 평 가

- 친구를 도와줄 때의 기분과 친구에게 도움을 받을 때의 기분은 어땠나요?
- 도움 짝 친구에 대한 생각에 어떤 변화가 있었나요?

## 확장활동

- 도움 짝을 바꿔 가며 활동을 해 볼 수 있고, 서로의 장·단점을 이해하고 보완하는 활동을 할 수 있다.

## 활동사진과 활동지

| '도움 짝'에게 나에 대해 알려 주어요<br>이름 : | |
|---|---|
| 나는 이런 것이 어렵고 힘들어 (내가 도움 받고 싶은 것) | |
| 내가 좋아하는 일 | |
| 내가 들으면 기분 좋은 말 | |

# 친구가 원하는 선물 그림

## 목 표

- 소통을 통해 친구가 원하는 선물이 무엇인지 안다.
- 친구가 원하는 것을 선물할 수 있다.

## 자료

- 선물상자 모양 종이(활동 사진 참조), 색연필, 사인펜 등 그리기 도구(원의 상황에 따라 유동적으로 준비)



## 방 법

❶ 선물의 의미에 관하여 이야기 나누어 본다.

- 선물을 받아 본 경험이 있나요?
- 선물을 받았을 때 기분이 어땠나요?
- 그 선물을 받았을 때 왜 기분이 좋아졌나요?

❷ 유아들을 2인 1조로 짝을 만들어 준 후, 받고 싶은 선물이 무엇인지 서로 이야기할 시간을 준다.

✻ 너는 요즘 무엇을 좋아해?
너는 무엇을 가장 하고 싶어?
무엇을 가장 받고 싶어?

❸ 선물상자 모양 종이를 유아들에게 제공한 후, 친구에게 주고 싶은 선물을 그림으로 그려서 전달한다.

**유의해 주세요**

- 선물의 의미를 다양하게 생각해 볼 수 있도록 해 주세요.
- 특정한 물건이 아니더라도 기억에 남고 다시 가지고 싶은 시간, 상황 등 다양하게 표현될 수 있도록 격려해 주고, 표현에 어려움을 느끼는 유아에게는 잡지, 인쇄물 등에서 오려 붙이도록 유도해 주세요.
- 유아가 짝을 지을 때, 유아의 감정이 상하지 않도록 다양한 방법으로 진행해 주세요.

## 평 가

- 친구의 이야기를 충분히 듣고 그림을 그렸나요?
- 친구의 그림을 받고 난 후, 기분은 어땠나요?

## 확장활동

- 선생님, 부모님, 조부모님과도 이야기를 나누고, 그들이 원하는 선물 그림을 그려 본다.

## 활동사진

# 동생을 만나는 날
## (보살핌의 책임 Ⅰ)

## 목 표

- 동생을 초대하여 동생과 만나는 경험을 가져 본다.
- 어린 동생의 특성을 알고 보살필 수 있다.

## 자료

- 동생을 초대



## 방 법

❶ 우리 반에 어린 동생이 있는 친구가 있다면 사전에 이야기한 후 그 동생을 초대한다.

* 동생을 초대하는 초대장을 만들어 보낸다.

❷ 동생이 우리 반에 오면 동생과 인사 나누기를 한다.

* 자유로운 분위기에서 동생의 모습을 보고 동생에 관해 이야기를 나눈다.

- 동생이 우리와 다른 점은 무엇인가요?
- 동생이 어리기 때문에 힘든 것은 어떤 것일까요?
- 동생에게 어떤 보살핌을 주면 동생이 좋아할까요?

❸ 동생의 말이나 표정, 손짓 등을 살펴 동생의 감정을 이해하고 동생이 좋아하고 안전한 방법으로 놀아 준다.

## 평 가

- 동생을 만나고 돌보아 준 느낌이 어떠했나요?
- 동생은 어떤 도움이 필요했나요?

## 확장활동

- 동생에게 해 주고 싶은 말, 동생과 놀았던 경험을 편지나 그림카드로 만들어 동생에게 전달할 수 있다.
- 12개월 미만의 더 어린 동생을 초대해서 그 시기의 아이의 특성을 이해하고 그 연령에 맞는 놀이를 함께 해 본다.

## 활동사진

# 내가 돌보는 꽃씨 (보살핌의 책임 Ⅱ)

## 목 표

- 꽃씨를 심은 후, 꽃이 필 때까지 돌볼 수 있다.
- 꼭 필요한 보살핌이 꽃을 피게 할 수 있음을 체험한다.

## 자료

- 꽃씨, 필기도구

## 방 법

❶ 주제별 활동을 하며 계절에 맞는 꽃씨 심기를 한다.

- 꽃씨의 종류를 다양하게 준비해서 유아가 선택할 수 있도록 한다.
- 씨앗 심기 노래도 불러 본다.

❷ 씨앗을 심은 날짜, 이름, 변화과정을 글이나 그림으로 기록한다.

### 활동지

| 꽃씨 성장일기<br>○○반 이름 : | | | |
|---|---|---|---|
| 심은 날짜 | 년 월 일 | 관찰 날짜 | 년 월 일 |
| 꽃씨 이름 | | 내가 지어 준 꽃씨 이름 | |
| 어떤 부분을 보았나요? | | 변화된 점은 무엇인가요? | |
| 꽃씨를 위해 돌보아 준 것은 무엇인가요? | | | |

❸ 변화가 있을 때 그것을 사진을 찍기도 하며 기록작업을 한다.

❹ 친구들에게 내가 가꾼 꽃씨의 성장 과정을 소개하고 어떤 도움을 주었는지 이야기해 본다.

### 평 가

- 식물을 가꾸면서 어려웠던 점은 무엇이었나요?
- 식물에 대해 어떤 마음이 생겼나요?

### 확장활동

- 우리 동네 공원 놀이터에 꽃씨를 심으며 지역 참여 활동과도 연계할 수 있다.
- 우리 주변의 식물에 관심을 갖고 가꾸는 데 도움을 줄 기회를 갖는다.

### 활동사진

# 동생을 위한 쿠폰

## 목 표

- 동생에 대한 나의 감정을 표현해 본다.
- 동생을 위해 할 수 있는 일을 알아본다.

## 자료

- 쿠폰 만들기 재료(다양한 종류의 종이, 쓰기 및 꾸미기 재료)
- 동화 자료

피터의 의자
에즈라 잭 키츠 지음 · 그림 • 이진영 옮김
시공주니어 • 1996년



## 방 법

❶ 동화를 듣고 이야기 나눈다.

- 동생이 있는 친구 중에서 동생이 생겼을 때 어떤 느낌이었는지 이야기해 보아요.
- 동생에게는 어떤 물건이 필요했나요?

❷ 만약 동생이 생긴다면 무엇을 해 주고 싶은지 이야기한다.

❸ 동생을 위해 우리가 할 수 있는 일을 쿠폰으로 만들어 본다.

- 만약 동생이 없다면, 동생이 생겼을 때를 상상해 보거나 가장 어린 반 동생 또는 내가 알고 있는 동생들을 떠올리며 만들어 보세요.

### 평 가

- 어떤 모양으로 쿠폰을 만들었나요?
- 동생에게 무엇을 해 주고 싶은지 쿠폰에 쓴 내용을 이야기해 볼까요?

### 확장활동

- 유아교육기관 또는 가정에서 활용할 기회를 갖도록 한다.
- 가족 및 선생님, 친구들을 위한 쿠폰 만들기를 한다.

### 활동사진

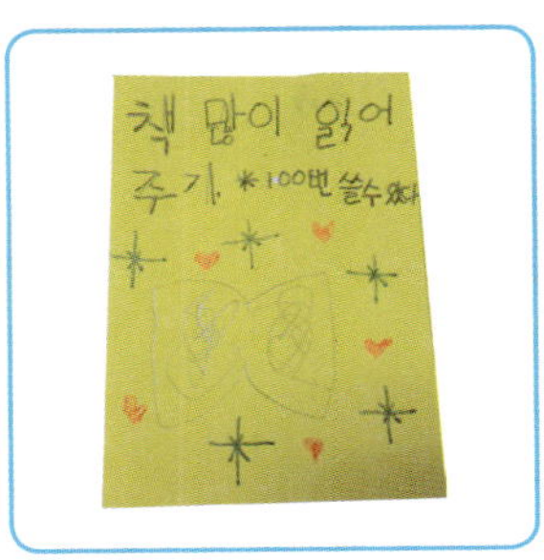

보호권 I 동생을 보살펴 주어요

# 우리들의 약속, 동생반에도 필요해요

## 목 표

- 동생들에게 안전한 생활에 대한 이야기를 들려준다.
- 우리들이 만든 안전표지판의 의미를 동생들과 공유하고 함께 실천해 본다.

## 자료

• 유아들이 직접 만든(지난 시간에 만든) 안전표지판

## 방 법

❶ 지난 시간의 '안전표지판 만들기' 과정을 떠올리며 안전을 지키기 위한 약속들에 관해 다시 이야기 나눈다.

❷ 우리가 만든 '안전표지판'을 생활 속에서 실천한 경험에 관해 이야기 나눈다.

❸ 우리처럼 안전표지판과 안전에 대한 약속의 중요성을 동생반에 가서 전해 주고 안전표지판을 붙여 준다.

### 평 가

- 안전표지판을 우리가 직접 만들고 지켰을 때 어떤 생각과 기분이 들었나요?
- 동생반에 안전표지판을 붙여 주고 안전한 생활에 관한 이야기를 전해 줄 때 어떤 생각이 들었나요?

### 확장활동

- 소통하는 상대가 다를 때는 어떤 차이점이 있어야 되는지 이야기 나눈다.

### 활동사진

# 나는 소중해요

## 목 표

- 나의 소중함을 안다.
- 자신에 대한 긍정적인 이미지를 구상해 본다.

## 자료

- '나는 예쁜 꽃을 피울 거예요' 활동지, 다양한 꾸미기 재료
- 동화 자료

너는 어떤 씨앗이니?
최숙희 지음 · 그림
책읽는곰 • 2013년

## 방 법

❶ 『너는 어떤 씨앗이니?』 동화를 듣는다.

- 동화를 듣고 난 후 동화 속 그림을 다시 감상한다.

❷ 동화의 내용을 회상한다.

- 씨앗들의 모습은 어떠했나요?
- 씨앗과 함께 있었던 친구들, 꽃과 함께 있었던 친구들의 모습은 어떠한가요?
- 못생기고 볼품없는 씨앗들이 어떻게 변화되었나요?
- 꽃으로 피어난 씨앗들은 어떤 느낌을 주나요?

❸ 동화의 의미를 알고, 활동지에 자신의 모습을 꾸며 본다.

- 자신의 모습이 나중에는 어떤 꽃을 피우게 될지 생각해 볼까요?

❹ 유아들이 꾸민 활동지를 친구들에게 소개하는 시간을 갖는다.

**유의해 주세요**

- 소중한 꽃들처럼 유아들도 소중하다는 것을 알려 주세요.

## 평 가

- 친구들이 꾸민 각자의 모습은 어떠했나요?

## 확장활동

- 화관 만들기를 하여 사진을 찍어 보는 활동으로 진행할 수 있다.





## 활동지

나는 예쁜 꽃을 피울 거예요

이름 ______________________

# 나만의 패션쇼

## 목 표

- 나의 소중함을 안다.
- 내 몸을 자유롭게 표현할 수 있다.

## 자료

• 패션쇼와 관련된 사진 자료, 오디오 및 음악, 다양한 의상 및 소품



## 방 법

❶ 다양한 패션쇼 사진 자료를 살펴본다.

- 어떤 모습의 사진인 것 같나요?

❷ 유아들과 헌옷 등 다양한 소품을 활용해 패션쇼 준비를 한다.

- 친구들, 선생님과 함께 여기 사진처럼 자신을 멋지고 아름답게 꾸며 뽐내는 시간을 가져 보는 건 어떨까요?
- 친구들이 집에서 준비해 온 소품들을 활용해서 스스로를 꾸며 볼 거예요. 꾸밀 때 친구나 선생님의 도움이 필요하다면 도움을 요청하는 것도 좋아요.

❸ 자신의 모습을 꾸밀 수 있는 시간을 충분히 준다.

❹ 친구들과 함께 패션쇼를 한다.

❺ 패션쇼를 끝낸 후 소감을 나누어 본다.

**유의해 주세요**

- 패션쇼 사진 자료를 제시할 때 남녀 비율이 균등할 수 있도록 신경 써 주세요.
- 유아들이 패션쇼를 할 때 표현된 모습들은 자신만의 개성을 표현한 것임을 알려 주고, 누가 더 잘했다는 개념으로 구분하지 않아요.

## 평 가

- 친구들의 모습은 어땠나요?
- 내가 만든 옷을 입었을 때 기분은 어땠나요?

## 확장활동

- 패션쇼를 사진으로 찍어 화보집을 만든 후 미술영역에 전시한다.
- 패션쇼 사진으로 달력을 만들어 교실에서 사용한다.
- 화관 만들기를 하여 패션쇼와 연결할 수 있다.

# 내 모습이 좋아요

## 목 표

- 나와 친구의 같은 점과 다른 점이 무엇인지 알 수 있다.
- 나와 다른 사람을 존중하고 배려할 수 있다.

## 자료

• 미술 재료, 지구본, 지도, 다문화 인형 등

• 동화 자료

**이런 코 저런 코** (멜라니 월쉬 지음 · 그림 • 허은실 옮김 • 차일드아카데미)

## 방 법

❶ 나와 친구의 모습에 관해 이야기 나눈다.

* 각자 모습이 다름을 유아들과 함께 알아본다.
- 나와 친구의 이런 입 / 저런 입
- 나와 친구의 이런 눈 / 저런 눈

❷ 다문화 인형을 소개한다.

- (인형을 관찰할 시간을 준 후) 인형들은 어떤 점이 다른가요?

❸ 각 인형에 어울리는 옷을 함께 만들어 본다.

- 인형 친구들에게 어울리는 옷을 만들어 볼까요?

❹ 모습은 다르지만, 서로 존중하고 배려할 수 있도록 이야기 나눈다.

## 평 가

- 인형에게 입혀 준 옷은 어떻게 해서 만들어 주게 되었나요?
- 나와 다른 모습의 친구를 만난다면 어떤 이야기를 해 주고 싶나요?

## 확장활동

- 비정부기관(NGO)을 통해 외국의 아이들에게 편지 써 보는 활동 경험하기
  예) 희망편지 쓰기 등

# 감정 스티커

## 목 표

- 감정 스티커를 주며 내 기분을 표현할 수 있다.
- 감정 스티커를 받고 나의 행동을 조절하고 반성할 수 있다.

## 자료

- 감정 스티커(웃는 얼굴, 찡그린 얼굴 등), 감정 스티커판
- 동화 자료

  **화가 나서 물었어요** (김수희 지음 • 이승석 그림 • 한국헤밍웨이)



## 방 법

❶ 동화 감상 후 이야기를 나눈다.

- 친구에게 잘못된 행동을 한 적이 있나요?
- 친구가 피해를 입었을 때 여러분은 어떤 기분이 들었나요?

* 감정 스티커를 활용한 감정 전달하기: 감정 스티커를 유아와 함께 만들거나 교사가 만들어 바구니에 담아서 교실 한 켠에 둔다.

❷ 친구가 나를 화나게 하거나 아프게 했을 때, 찡그린 감정 스티커를 주어요.

❸ 친구가 나를 도와주거나 기분 좋게 했을 때, 웃는 감정 스티커를 주어요.

- 내가 받은 감정 스티커를 나의 감정 스티커판에 붙이고 살펴보아요.

* 스티커판에 붙은 감정 스티커를 통해 나의 행동을 긍정적으로 조절할 수 있다.

## 평 가

- 친구에게 받은 감정 스티커를 볼 때 내 기분은 어떠했나요?
- 친구에게 어떻게 대해 주는 것이 좋다고 생각하나요?

## 확장활동

- 연령에 따라 활동기간을 늘이거나 줄이며, 일과 중에 언제든 진행할 수 있다.

## 활동사진

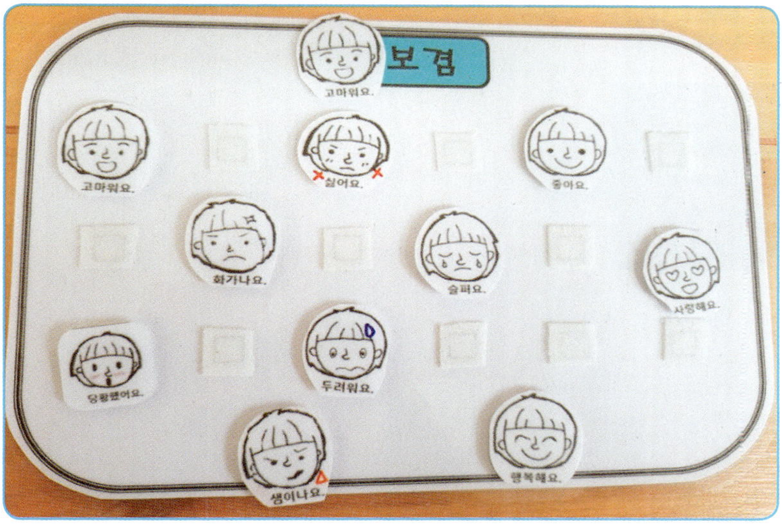

발달권 | 내 감정을 표현할 수 있어요

# 오늘 내 기분은?

## 목 표

- 나의 감정을 알고 표현할 수 있다.

## 자료

• 동화 자료

**기분을 말해 봐!**
앤서니 브라운 지음 · 그림 • 홍연미 옮김
웅진주니어 • 2011년

**마음을 보았니?**
김춘효 지음 • 오정택 그림
시공주니어 • 2009년

## 방 법

❶ 어떤 상황에서 어떤 기분이 들었는지 물어본다.

- 다른 친구가 칭찬받을 때 어떤 기분이 들었나요?
- 길을 잃어버렸을 때 어떤 기분이 들었나요?
- 선물을 받았을 때 어떤 기분이 들었나요?

❷ "오늘 내 기분은…"이라는 문구로 다양한 기분을 표현하는 단어들을 소개한다.

* 행복해, 사랑스러워, 질투 나, 슬퍼, 화나 등

❸ 어떤 기분에 어떤 표현을 해야 하는지 유아는 그림책을 통해 자연스럽게 깨닫고, 상황에 따른 적절한 표현을 할 수 있다.

**유의해 주세요**

- 유아들의 다양한 반응을 있는 그대로 인정해 줄 수 있도록 도와주세요.

## 평 가

- 감정을 표현할 때 말로 표현하는 것이 어렵지 않았나요?
- 이야기 나누었던 상황을 경험할 때 내가 느끼는 감정을 말로 표현할 수 있나요?

발달권 | 내 감정을 표현할 수 있어요

# 나의 감정과 닮은 색을 찾아보아요 I

## 목 표

- 같은 감정이 다르게 표현될 수 있음을 안다.
- 다양한 방법으로 감정을 표현한다.

## 자료

- 감정 주머니, 색종이, 풀, 가위 등
- 동화 자료

**알록달록 색깔 괴물**
안나 예나스 지음
여원미디어

## 방 법

❶ 이야기 나누기를 한다.
- 슬펐던 적이 있었나요?
- 기뻤던 적은 있었나요?

❷ 슬펐을 때 감정 색깔을 색종이에서 찾아보고, 감정 주머니에 붙여 준다.

❸ 나의 감정 주머니를 친구들과 공유하며 내가 느낀 감정의 색을 표현해 본다.

유의해 주세요

- 유아기 감정 표현을 이해하고 그들의 감정에 대해 어떠한 것이든 이야기를 충분히 들어 주세요.

## 평 가

- 오늘 내가 경험한 감정은 어떤 색이었나요?
- 내가 표현한 감정 중에서 더 표현하고 싶은 색깔이 있었나요?

## 확장활동

- 다양한 인쇄물을 활용하여 감정의 색을 표현하는 활동을 진행할 수 있다.

## 활동지

내가 느낀 감정을 색깔로 표현해요

이름 ______________________

# 감정 색깔 만들기 Ⅱ

## 목 표

- 같은 감정이 다르게 표현될 수 있음을 안다.
- 다양한 방법으로 감정을 표현한다.

## 자료

- 물감, 팔레트, 붓(일반적인 수채화 붓 18호 이상), 4절 이상의 흰색 도화지



## 방 법

❶ 물감으로 색을 혼합해 가며 나의 감정 색깔을 만들어 본다.

❷ 자신이 만든 색에 이름이나 별명을 붙여 주고 그때의 감정을 떠올려 본다.

❸ 자신이 만든 색을 발표해 보고 친구들과 공유한다.

유의해 주세요

- 물감 사용에 익숙하지 않은 유아가 있을 수 있으므로 미리 물감 사용방법에 대한 기본적인 활동을 진행한 후에 본 활동을 진행해 주세요.

### 평 가

- 자신의 감정을 표현할 때 어떤 어려움이 있었나요?
- 나의 감정이 색으로 잘 표현이 되었나요?
- 나의 감정과 같은 감정을 가진 친구가 있나요?
- 친구는 어떤 색으로 그 감정을 표현하였나요?

### 확장활동

- 주변 사물이나 환경에서 자신의 감정 색깔과 같은 색이 있는지 찾아보는 활동을 한다.

# 마음을 나누는 화채

## 목 표

- 배려와 나눔이라는 개념에 관심을 가진다.
- 배려와 나눔을 실천할 방법에 관해 생각해 볼 수 있다.

## 자료

- 화채 재료, 접시, 그릇, 숟가락 등



## 방 법

❶ 나눔과 배려에 관해 생각해 본다.

- ○○(이)가 생각하는 나눔(배려)은 무엇인가요?
- 친구(다른 사람)를 배려한다는 것은 무엇일까요?

❷ 친구를 배려하거나 다른 사람을 위해 나눌 수 있는 것에는 무엇이 있는지 토의해 본다.

- 친구나 다른 사람을 도와줄 수 있는 일에는 무엇이 있을까요?
- 우리는 친구들에게 무엇을 나누고 도울 수 있을까요?

❸ 마음을 나누는 화채를 만들어 본다.

❹ 준비한 화채를 주변 사람들에게 대접한다.

예) 경로당, 관리실 등

## 평 가

- 화채를 대접하고 난 후의 느낌은 어땠나요?

## 확장활동

- 사랑의 모금함 활동을 진행해 본다(사랑의 저금통 가정통신문).
- 모금액은 전부 어려운 친구들에게 전달한다.
- 지역사회에서 나눔을 실천할 수 있는 기관을 찾아본다.

## 활동사진

# 어머니를 위한 감사 케이크 만들어 선물하기

## 목 표

- 어머니에게 감사의 마음을 갖고, 어머니를 위한 케이크를 만들어 선물한다.
- 아버지와 함께 엄마에게 사랑의 마음을 담아 편지를 쓴다.

## 자료

- 케이크 만들기 재료(빵 시트, 휘핑크림, 토핑 과일 및 과자류, 케이크 상자)
- 동화 자료

  **아리나의 신기한 마술 상자** (알렉스 캐브레라 지음 • 로사 M. 쿠르토 그림 • 김성은 옮김 • 파인앤굿 • 2011년)



## 방 법

❶ 유아들과 어머니의 고마움에 대해 이야기 나눈다.

- 엄마는 우리에게 어떤 도움을 주나요?
- 엄마께 도움을 받았을 때 어떤 마음이 들었나요?

❷ 어머니에게 감사하는 마음으로 아버지와 함께 어머니를 위한 케이크를 만든다.

- 엄마를 위해 세상에서 단 하나뿐인 케이크를 만들어 보아요.
  - 어떤 케이크를 만들지 구상하기
  - 케이크를 만든 후 케이크에 이름 붙이기
  - 유아는 스스로 케이크를 만들 수 있고 더 어린 경우에는 아버지의 도움 받기

- 아버지와 유아가 함께 어머니에게 전할 '사랑의 카드' 만들기
- 가정으로 돌아가 부모님께 내가 만든 케이크 선물하기
- 케이크를 전달하면서 고마운 마음도 말로 표현하거나 몸으로 표현해 보기

유의해 주세요

• 유아들의 가족 구성원 상황에 따라 케이크 전달 대상을 변경할 수 있어요.

### 평 가

- 케이크를 받은 부모님의 반응과 나의 기분을 다음 날 등원하여 친구들과 이야기 나누어 본다.

### 확장활동

- 가정과 연계하여 내가 마음을 담아 감사의 마음을 전달하고 싶은 사람(부모님, 할머니, 할아버지, 형제, 이웃 등)을 위해 요리할 수 있다.

### 활동사진

발달권 | 감사의 마음을 표현해 보아요

# 나의 고맙고 소중한 마음

## 목 표

- 여러 가지 상황에서 느끼는 감정을 인식한다.
- 자신이 느끼는 감정을 자유롭게 표현할 수 있다.

## 자료

- 그림책(못 쓰게 되어 폐기할 그림책으로 준비), 그리기 도구, 필기도구



## 방 법

❶ '고마움', '미움', '사랑', '미안함'을 제목으로 기록한 감정 그림판을 유아들이 볼 수 있도록 게시판에 걸어 둔다.

❷ 4가지 감정(고마움, 미움, 사랑, 미안함)을 느껴 본 경험이 있는지 유아들과 함께 이야기 나눈다.

❸ 자신의 경험과 관련된 그림을 찾아 게시된 그림판에 붙여 본다.

❹ 유아들이 붙인 다양한 상황 그림에 관해 이야기를 나누며 공유한다.

✱ 고마운 말은 더하고, 미운 말은 빼고, 사랑의 말은 많이 하고, 사과의 말은 나눈다.

**유의해 주세요**

- 게시된 4가지 감정 외의 것에 관해 이야기를 할 때도 교사는 충분히 공감해 준다.
- 편의상 4가지의 감정으로 나누지만, 유아들의 감정을 유동성 있게 수용한다.

## 평 가

- 내가 표현하고 싶었던 감정에 관해 충분히 이야기했나요?
- 내가 몰랐던 감정에 관해 새롭게 알게 된 것이 있나요?

## 확장활동

- 언어 영역 및 미술 영역에 게시해 두고 유아들이 되새길 수 있도록 한다.
- 각 감정에 대해 지속적으로 보충하여 확장해 나갈 수 있도록 한다.

발달권 | 우리가 할 수 있도록 기회를 주세요

## 칭찬의 별 따기

### 목 표

- 내가 할 수 있는 있는 일은 스스로 해낼 수 있다.
- 내가 스스로 한 일에 대해 칭찬해 보며 성취감을 가질 수 있다.

### 자료

- 사다리 그림판, 칭찬별(찍찍이로 만든 별)
- 동화 자료

**엄마, 나도 할 수 있어요** (김남길 지음 • 하현이 그림 • 한국헤밍웨이)



### 방 법

❶ 어머니가 우리에게 해 주는 일에는 어떤 것이 있는지 알아보고, 그중 우리가 스스로 할 수 있는 것에 관해 이야기한다.

❷ 어머니가 해 주었을 때와 내가 스스로 했을 때의 기분이 어떻게 다른지 이야기한다.

❸ '내가 스스로 할 수 있는 일'에는 어떤 것이 있는지 생각 모으기를 하고, 교사는 유아의 생각을 기록해서 스티커로 만들어 준다.

❹ 생각 모으기를 했던 것 중에서 내가 스스로 한 일이 있을 때 해당되는 칭찬스티커를 찾아 사다리에 붙인다.

❺ 다섯 칸의 사다리를 채우고 나면 칭찬별을 하나 떼어서 유아의 이름 아래 붙인다.

**유의해 주세요**

• 연령에 따라 활동기간은 하루, 이틀 또는 일주일 단위로 다르게 진행하면서 성취감을 경험하게 해 주세요.

## 평 가

- 활동을 통해 스스로 할 수 있는 일이 많아졌을 때 기분은 어떠했나요?
- 내가 할 수 있는 일들을 스스로 해내고 모은 칭찬의 별을 자랑해 보아요.

## 확장활동

- 연령에 따라 사다리 칸의 개수를 다르게 해서 스스로 한 일에 대한 성취감을 느낄 수 있는 속도를 조절할 수 있다.

## 활동사진

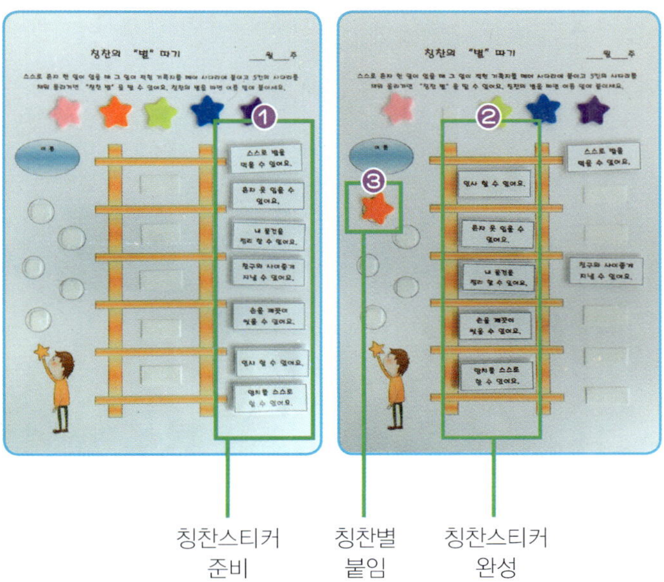


❶ 스스로 할 수 있는 일을 적은 칭찬스티커를 준비합니다.
❷ ❶에서 적은 일을 스스로 했다면 사다리의 아랫부분부터 칭찬스티커를 붙여 한 칸씩 칸을 채워 올라갑니다.
❸ 사다리의 모든 칸을 채우면 칭찬별 하나를 붙입니다.
❹ 이런 방법으로 칭찬의 별 모으기를 반복합니다.

발달권 | 우리가 할 수 있도록 기회를 주세요

# 우리가 계획하는 일과 시간표

## 목 표

- 유아들이 토의 과정을 거쳐 원하는 하루 일과를 계획한다.
- 스스로 계획한 일과 시간표대로 진행해 보며 만족감과 책임감을 함께 갖는다.

## 자료

- 필기도구(종이, 연필 등)



## 방 법

❶ 유아들과 함께 했던 하루 일과에 관해 이야기를 나눈다.

- 선생님이 계획했던 하루 일과에서 좋았던 활동과 싫었던 활동이 있었나요?
- 좋았던 활동은 왜 좋았는지 이야기해 보아요.
- 싫었던 활동은 왜 싫었는지 이야기해 보아요.

❷ 유아들과 나눈 이야기를 중심으로 팀별로 직접 하루 일과를 계획해 본다.

- 오늘은 친구들과 함께 하루 일과를 만들어 보기로 해요.

❸ 팀별로 자신들의 계획표를 소개한다.

- 팀별로 만든 일과표를 다른 친구들에게 이야기해 볼까요?

❹ 유아들이 만든 계획표를 실행해 본다.

- 친구들이 만든 계획표대로 하루 일과를 진행해 보아요.

유의해 주세요

- 교사는 유아들의 의견을 반영하여 활동을 계획하도록 합니다.

## 평 가

- 하루 일과를 계획해 보니 기분이 어떠한가요?
- 직접 만든 일과표를 따라 생활해 보니 어떤 느낌이 들었나요?

## 확장활동

- 유아들이 실행해 본 일과 계획을 점검하며, 다른 날 다시 계획과 실행을 해 볼 기회를 제공해 준다.

# 우리가 만든 우리 반 규칙

## 목 표

- 우리에게 필요한 규칙을 우리가 만들 수 있다.
- 우리가 스스로 정한 규칙을 실천하고 평가할 수 있다.

## 자료

- 투표함, 투표용지, 필기도구



## 방 법

❶ 어린이집의 둘러보고 규칙이 필요한 곳을 살펴본다.

- 어린이집에서는 규칙이 필요해요. 규칙이 필요한 곳을 살펴볼까요?

❷ 유아들이 살펴본 각각의 구역에 맞는 규칙을 알아보고, 추가해야 할 규칙이 있다면 의견을 모아 본다.

- (각 구역에는) 어떤 규칙이 있었나요?
- 왜 이 규칙이 필요한가요?
- 추가해야 할 규칙이 있을까요?
- 왜 이 규칙이 필요하다고 생각하나요?

❸ 유아들의 의견을 모아 규칙을 결정한다.

- (❷에서) ○○(이)가 제안한 규칙이 어떤 점에서 필요할까요?

❹ 제안된 규칙에 찬성/반대의 의견을 투표하는 과정을 진행한다.

- 이 규칙에 찬성하는 친구는 '○'를, 반대하는 친구는 '×'를 적어 투표함에 넣어 주세요.

❺ 정해진 규칙을 필요한 곳에 붙여 두고 실천한다.

유의해 주세요

- 유아들의 의견을 반영하여 규칙이 지켜질 수 있도록 관심을 가지고 지켜봐 주세요.

## 평 가

- 우리가 만든 규칙은 무엇인가요?
- 우리가 만든 규칙은 우리에게 어떤 도움을 줄 수 있을까요?

## 확장활동

- 규칙 실천하기와 관련된 활동을 진행한다(우리가 정한 규칙이 지켜지지 않았을 때 어떻게 해야 할지 유아들과 함께 정해 본다).

# 우리는 마음껏 놀고 싶어요

## 목 표

- 자신에게 놀 권리가 있음을 안다.
- 자신의 권리를 지킬 수 있는 방법을 알고 실천한다.

## 자료

- 나무 그림(놀고 싶은 나무), 포스트잇(열매 모양)



## 방 법

❶ 일상생활에서 마음껏 놀지 못했거나 제지당했던 경험을 함께 이야기 나눈다.

- 친구들은 충분히 놀지 않았는데, 정리해야 하는 상황이 되어 정리하거나 공부해야 했던 적이 있나요?
- 그때 어떤 느낌이었나요?

❷ 유아들의 일상을 적어 본다.

- 어린이집이 끝난 후, 집에 돌아가서 원하는 만큼 쉬었나요?
- 혹시 쉬지(놀지) 못했다면 왜 쉬지(놀지) 못하였나요?

✲ 유아들과 이야기 나눈 내용을 열매 모양 종이에 기록하여 '놀고 싶은 나무'에 붙인다.

❸ 유아들의 일상생활을 공유하고, 유아들이 충분히 놀기(쉬기) 위한 방법에는 어떤 것이 있는지 유아들과 의견을 모아 본다.

- 놀기(쉬기) 위한 시간을 만들기 위해 어떻게 하면 좋을까요?

❹ 유아들이 자신의 바람을 부모님께 편지를 써서 알린다.

* 유아들의 바람을 부모님께 알린 후, 유아들의 바람이 해결되었을 때는 열매를 수확해 본다.

**유의해 주세요**

- 유아가 열매에 자신의 바람을 기록하는 것은 유아가 간절히 원하는 것을 표현한 것입니다. 그러므로 최대한 유아의 말에 공감해 주고 귀 기울여 주세요.

## 평 가

- 우리가 충분히 놀기(쉬기) 위한 방법에는 어떤 것들이 있었나요?
- 어떤 도움을 요청할 수 있을까요?

## 확장활동

- 가정과 연계하여 부모님에게 활동 결과물을 보여 주고, 유아들에게도 놀(쉴) 권리가 있음을 전달한다.

참여권 | 함께라서 좋아요

# 이어서 그리는 하나 되는 그림

## 목 표

- 나와 다른 생각을 존중한다.
- 친구들과 의견을 나누며 하나의 그림을 만들어 갈 수 있다.

## 자료

- 다양한 모양 색종이, 풀



## 방 법

❶ 준비된 모양 색종이를 유아들과 함께 보면서 이야기 나누기를 한다(모양 탐색).

- 이 모양을 보니 무엇이 생각나요?
- 모양이 더해지고 더해지면 어떤 모양들이 더 나올까요?

* 교사가 먼저 여러 가지 모양을 만들어 보여 준다.

❷ 아이들과 순서를 정하고 한 명이 하나의 종이를 선택하여 붙여 나가며 모두 함께 하나 되는 그림을 만들어 나간다.

❸ 완성된 그림을 보며 생각들이 어떻게 변화되었는지 이야기 나눈다.

❹ 그림을 완성하기까지 어려웠던 점, 좋았던 점에 관해 이야기 나눈다.

**유의해 주세요**

- 유아들의 성향에 따라 3~4명의 모둠으로 진행해도 좋습니다.
- 교사는 활동과정 속에서 드러나는 유아들의 다양한 생각이 협의의 과정을 거칠 수 있도록 충분한 시간을 주세요.

## 평 가

- 활동하면서 친구와 서로 생각이 다를 수 있음을 알았나요?
- 친구들과 함께 만든 그림을 보고 어떤 생각이 들었나요?

## 확장활동

- 그리기 도구를 사용하여 연결된 그림을 그려 본다.
- 명화 또는 그림책의 한 장면을 찾아 내용을 추측해 보고 그림을 출발해 본다.

참여권 | 함께라서 좋아요

# 듣고 그리는 그림

## 목 표

- 이야기를 경청하는 자세를 가져 본다.
- 서로 다른 느낌과 생각의 표현을 안다.

## 자료

- 그림책의 일러스트 그림, 그리기 도구, 색연필, 사인펜 등



## 방 법

❶ 교사 또는 유아 한 명이 나와서 준비된 그림을 친구들에게 보여 주지 않고 말로 설명한다.

❷ 유아들은 들은 이야기를 바탕으로 그림을 그려 본다.

❸ 친구들의 그림을 보며 서로 다른 표현에 관하여 이야기 나눈다.

- 그림에서 나와 같은 점과 다른 점을 찾아보아요.

❹ 하나의 이야기가 서로 다르게 생각되고 표현될 수 있음을 알게 한다.

유의해 주세요

- 설명한 본래의 그림과 다르다고 틀린 그림은 아니랍니다. 같은 설명이라도 다르게 표현될 수 있고 더 풍부한 표현이 될 수도 있음을 경험하는 것을 목적으로 합니다.

## 평 가

- 나와 친구들의 그림이 다를 수 있음을 알게 되었나요?
- 나는 친구들의 그림과 무엇이 다르게 표현되었는지 알 수 있었나요?
- 친구들의 그림에서 무엇을 더 알게 되었나요?
- 이야기를 듣는 사람에 따라 다르게 표현될 수 있음을 알 수 있었나요?

## 확장활동

- 활동을 한 번만 시행하기보다 시간 간격을 두고 반복해서 시행해 봄으로써 자기 생각을 표현하는 데 자신감을 가지고 친구들의 다른 표현도 존중하는 마음을 길러 본다.

참여권 | 함께라서 좋아요

# 틀려도 괜찮아

## 목 표

- 다른 친구와 의견이 다를 수 있음을 안다.
- 스스로 판단하고 의견을 말할 수 있다.

## 자료

• 동화 자료

**틀려도 괜찮아**
마키타 신지 지음 • 하세가와 토모코 그림 • 유문조 옮김
토토북 • 2006년

## 방 법

❶ 자신과 친구의 의견이 달랐을 때 느낌을 말해 본다.

- 말하고 싶어도 말하지 못했던 경험이 있었나요?
- 그때 기분이 어땠나요?
- 친구가 이야기했던 것 중에 틀렸다고 생각한 내용이 있나요?

❷ 친구들의 이야기를 듣는 나의 태도를 돌아본다.

- 친구들이 이야기를 할 때 나는 어떻게 들어 주었나요?

❸ 경험했던 느낌에 관해 이야기 나눈다.

- 친구들이 이야기를 들어 주지 않았을 때는 기분이 어땠나요?
- 친구의 이야기와 내 생각이 다르다면 어떻게 해야 할까요?

**유의해 주세요**

- 유아가 생활 속에서 자신의 이야기를 자연스럽게 표현하고 타인의 이야기를 잘 들어 줄 수 있으려면 교사가 적극적으로 경청해 주는 모델링이 중요합니다.

## 평 가

- 나의 의견이 잘 표현이 되었나요?
- 나의 의견과 같거나 다를 때 받았던 느낌을 표현할 수 있나요?

## 확장활동

- 나의 감정을 주변에 있는 물건의 색깔에서 찾아본다.
- 친구가 이야기를 잘 들어 줄 때의 기분과 들어 주지 않을 때의 기분을 감정 카드로 표현해 본다.

참여권 | 우리의 환경은 우리가 지켜요

# 깨끗한 우리 동네

## 목 표

- 우리 동네를 산책해 보고 관심을 갖는다.
- 깨끗한 곳과 지저분한 곳을 살펴본 후 지저분한 곳은 정리하고 불필요한 물건들은 정리하는 방법을 토의하고 실천한다.

## 자료

• 카메라, 표지판을 만들 판과 펜, 집게, 장갑, 쓰레기봉투 등
• 동화 자료

**티모시 할아버지는 모으기를 좋아해요**
네트 힐튼 지음 • 스티븐 브레이 그림 • 창작집단 바리 옮김
중앙출판사 • 2002년

## 방 법

❶ 우리 동네가 깨끗해서 좋았던 점과 지저분해서 불편했던 점에 관해 이야기 나눈다.

❷ 어린이집 주변 동네를 산책하며 환경을 살펴본다.

* 깨끗한 곳, 더러운 곳의 사진을 찍어 온 후 사진을 보며 이야기 나누기

❸ 어린이집에 돌아와서 주변을 산책한 후 느낌을 이야기하고, 더러운 곳을 어떻게 할 수 있을지 의논한다.

❹ 유아들과 지저분한 장소를 찾아가서 함께 쓰레기를 주워 본다.

- 동네에 불필요하게 쌓인 물건들을 어떻게 할 수 있는지 의논해요.

  예) 동네 어른들께 편지로 불편함과 지저분함을 전달하여 치울 수 있도록 한다. / 구청에 연락해서 도움을 요청한다.

  → 유아들의 의견과 사진을 함께 전달한다(구청 게시판, 민원전화 등).

❺ 깨끗해진 우리 동네를 산책하며 변화된 점을 점검한다.

## 평 가

- 변화된 동네를 보고 느낀 점을 이야기 나누어요.
- 우리 스스로 우리 동네를 더 깨끗하게 만들어야 할 장소가 있었나요?

## 확장활동

- 일정 시간을 두고 동네 환경을 가꾸는 활동에 지속적으로 참여할 수 있다.

## 활동사진

# 놀잇감을 교환하여 사용해요 I

## 목 표

- 놀잇감을 새로 사지 않고 서로 바꾸어 사용하는 것이 지구의 환경을 보호하는 일이라는 점을 이해한다.

## 방 법

❶ 새로운 놀잇감이 생겼을 때의 경험을 이야기한다.

- 놀잇감을 새로 샀을 때 기분이 어땠나요?

❷ 유아들의 놀잇감 중 가지고 놀지 않는 놀잇감이 있는지 알아본다.

- 내가 가지고 놀다가 싫증이 난 놀잇감이 집에 있나요?

* 놀잇감이 사용되지 않고 방치되거나 버려질 때 나타나는 소비 문제와 환경오염에 관해 이야기를 나눈다.

❸ 놀잇감을 교환하여 사용하는 방법에 대한 유아들의 의견을 들어 본다.

- 놀잇감을 바꾸어 사용해 보면 어떨 것 같나요?
- 어떤 놀잇감과 교환하고 싶나요?

＊ 교환하고 싶은 놀잇감에 관련된 추억에 관해 이야기를 나눈다.

❹ 놀잇감을 교환할 구체적인 방법에 관해 유아들과 토의한다.

- 몇 가지를 바꾸는 것이 좋을까요?

❺ 놀잇감이 파손되었거나 지저분할 때 점검하고 손질해서 교환하자고 의견을 모은다.

＊ 가정으로 통신문을 보내서 부모님들께 놀잇감을 바꿔 쓰기의 취지와 의미를 공유하고 협조를 부탁드린다.

## 평 가

- 놀잇감을 바꾸어 사용할 때 생기는 장점에 관해 이야기한다(돈이 절약되고, 버려지는 놀잇감이 줄어들어서 환경의 오염을 예방할 수 있음).

## 확장활동

- 시장놀이를 할 때 물건을 사고파는 바자회 형식이나 아나바다 코너로 꾸며 놀잇감을 바꾸어 볼 수 있도록 계획한다.

# 놀잇감을 교환하여 사용해요 Ⅱ

## 목 표

- 내가 사용하고 싫증이 난 놀잇감을 친구와 바꾸어 사용하면 절약되고 환경오염을 예방할 수 있음을 안다.

## 자료

- 교환할 놀잇감과 놀잇감에 관련된 추억의 이야기 표



## 방 법

❶ '놀잇감을 교환하여 사용해요 Ⅰ' 활동에서 이야기 나누기를 통해 친구와 놀잇감을 바꾸는 의미를 알고 있고, 바꾸고 싶은 놀잇감을 집에서 가져온다.

❷ 사전에 가정통신문을 통해 놀잇감에 관련된 추억 이야기를 부모님들께 메모로 받은 후 놀잇감에 부착한다.

❸ 모아온 놀잇감은 한곳에 모으고 반별로 고르는 순서를 정한다.

* 시장놀이의 한쪽에 장소를 정하고 놀잇감을 전시한다.

❹ 어떤 놀잇감을 선택하고 싶은지 사전에 이야기해 본다.

❺ 놀잇감은 2~3가지를 교환할 수 있도록 준비한다.

❻ 놀잇감 선택의 기회가 골고루 이루어질 수 있도록 선택하는 순서를 반별로 공평하게 한다.

❼ 놀잇감을 선택하고 그 놀잇감을 선택한 기분을 이야기 나눈다.

**유의해 주세요**

- 한 가지의 놀잇감을 여러 유아가 원할 경우, 유아들의 의견을 적극적으로 반영하여 협의 과정을 거칠 수 있는 시간을 제공해 주세요.

## 평 가

- 교환한 놀잇감을 집으로 가져가 놀아 본 후 놀잇감을 바꾸어 사용한 소감에 관해 이야기 나눈다.

## 확장활동

- 다양한 소품도 시장놀이에서 교환해서 사용해 볼 수 있다.

## 활동사진

참여권 | 자연의 소중함을 알아요

# 가을을 보내는 나무

## 목 표

- 생활 주변의 식물에 관심을 가진다.
- 자연의 소중함과 보호할 책임감을 안다.

## 자료

- 디지털카메라



## 방 법

❶ 우리 원 또는 원의 주변에서 볼 수 있는 나무들에 관하여 이야기 나눈다.

- 우리는 어디에서 나무를 볼 수 있나요?
- 우리 원에는 어떤 나무가 있을까요?
- 우리 집 근처(공원, 놀이터 등)에는 나무가 얼마나 있을까요? 어떤 나무가 있을까요?

❷ 나무의 입장이 되어 생각해 본다. 계절과 나무에는 어떠한 변화가 일어나고 있는지 이야기해 본다.

- 내가 만약 나무라면 어떤 생각을 할까요?
- 내가 만약 나무라면 어떤 계절을 가장 좋아할까요? 그 이유는 무엇일까요?

❸ 아이들과 산책을 하며 나무들에 관심을 가지며 살펴본다.

* 나뭇잎 색, 떨어진 나뭇잎의 모양과 색을 살펴볼 수 있도록 한다.

④ 아이들과 함께 본 나무를 사진으로 찍어 오고 다시 볼 수 있도록 한다.

- 새롭게 찾아본 나무는 어떤 것이 있었나요? 어떤 느낌이 들었나요?

**유의해 주세요**

- 나무의 이름, 나무의 변화 등을 과학적으로만 접근하지 않도록 합니다. 평소 관심을 가지지 않았던 식물에 관심을 가져 보고 나무의 입장을 생각해 보고 이야기 나누는 것을 활동의 목표로 합니다. 인간 중심적인 생각에서 벗어나 자연과 공존, 공생하는 관계로 자연과 함께하는 마음을 기르도록 합니다.

## 평 가

- 생활 주변의 식물에 관심을 가지게 되었나요?
- 활동을 통해 느낀 점은 무엇인가요?

## 확장활동

- 가정에서도 주말에 가족들과 함께 산책하며 나무에 관하여 이야기 나눌 수 있는 시간을 가지도록 한다.
- 다른 계절(봄, 여름, 겨울)에도 적용해 볼 수 있다.

## 활동사진

참여권 | 자연의 소중함을 알아요

# 가을을 보내는 나무에게 편지 쓰기

## 목 표

- 자연의 소중한 마음을 표현한다.

## 자료

- 도화지, 그리기 도구, 지끈

## 방 법

❶ 지난 시간 산책한 경험에 대한 이야기가 나올 수 있도록 찍은 사진을 아이들과 함께 보며 이야기 나눈다.

❷ 가을을 맞이한 나무에 하고 싶은 말을 그림이나 글로 편지를 쓴다.

- 나무에게 어떤 이야기를 들려주고 싶은가요?

❸ 나무에 편지를 줄 때 나무가 다치지 않도록 전달하는 방법을 이야기 나눈다.

- 어떤 방법으로 나무한테 편지를 전달할 수 있을까요?

❸ 아이들과 함께 나무에 편지를 매달아 준다.

유의해 주세요

- 원 밖의 놀이터나 공원 등에 편지를 매달아 줄 때는 인근 주민에게 수업내용을 알리는 간단한 안내문을 첨부하여 하루 정도라도 아이들이 좌절감을 느끼지 않고 전시될 수 있도록 합니다.
- 편지의 내용과 편지를 매달아 놓은 나무의 모습을 사진을 찍어 두어 아이들의 좌절을 막고 활동 후에도 감상활동으로 이어지도록 합니다.

## 평 가

- 나무에 그림이나 글로 편지를 써 줄 때 즐거운 점과 어려운 점이 있었나요? 있었다면 무엇인가요?
- 나무에 편지를 써 주고 난 뒤 어떤 느낌이 들었나요?

## 확장활동

- 나무에 매달아 놓은 편지를 하원 시 부모님과 함께 볼 수 있도록 한다.

## 활동사진

참여권 | 자연의 소중함을 알아요

# 화초에 별명과 이름 지어 주기

## 목 표

- 생활 주변 화초에 관심을 가진다.
- 작은 식물에도 의미를 부여하여 사랑하는 마음을 가진다.

## 자료

- 원에서 키우는 화분, 아이스크림 막대, 접착제(발달 수준에 맞도록 준비), 도화지, 가위, 그리기 재료 등



## 방 법

❶ 우리 반과 우리 원의 식물들을 찾아보고 탐색한다.
- 이 화초만의 특징은 무엇인가요?
- 옆에 있는 화초와는 어떤 점이 다른가요?
- 화초를 보니 어떤 생각이 들었나요? (어떤 느낌을 받았나요?)
- 이 화초는 무엇과 닮았나요?

❷ 화초들의 특징이 드러날 수 있는 별명이나 이름을 붙여 준다.
- 만약 이 화초에 이름을 지어 준다면 어떤 이름으로 지어 주고 싶나요?

❸ 지어 준 별명이나 이름이 표현될 수 있도록 이름표를 만들어 본다.

❹ 같은 식물이지만 다른 친구들은 어떤 특성을 찾았으며 무슨 별명을 지어 주었는지 감상한다.

**유의해 주세요**

- 화분에 물을 주어야 하므로 그리기 재료는 유성매직과 코팅지를 준비해 주세요.
- 화초는 생김새나 특징이 뚜렷하게 드러나는 것으로 준비합니다. 예를 들어, 선의 요소가 강한 난초류, 면의 요소가 강한 잎이 큰 식물, 꽃이 피는 식물 등을 골고루 준비해 주세요.

## 평 가

- 새롭게 알게 된 화초가 있다면 어떤 점을 알게 되었나요?
- 화초에 이름표를 만들어 주고 난 뒤 어떤 기분이 들었나요?

## 확장활동

- 오늘 활동의 내용을 가정에 알리고, 가정에 있는 화초에도 별명 짓기를 한다.

## 활동사진

참여권 | 자연의 소중함을 알아요

# 별명을 가진 화초에게 화분을 선물해요

## 목 표

- 관심을 가지게 된 식물이 잘 자랄 수 있는 화분을 직접 만든다.
- 미술 활동을 통해 생명을 아끼고 사랑하는 마음을 기른다.

## 자료

- 반에서 키우는 식물, 도화지, 화분으로 사용할 수 있는 폐품류, 가위, 만들기나 그리기를 할 수 있는 미술 재료





## 유의해 주세요

- 화분으로 만들기 위해서는 용기의 바닥 부분에 반드시 구멍을 뚫어야 함을 이야기해 준다. 식물이 자라기 위해서 햇빛과 흙, 물이 필요하며, 주기적으로 물을 주어야 하고, 물이 고여서 뿌리가 썩지 않는 화분으로 만들려면 반드시 물이 빠질 수 있는 구멍이 있어야 하며, 그 구멍으로 흙이 빠져나오지 않도록 작은 돌들을 깔아 놓아야 하는 과정을 유아들과 함께 이야기한다. 즉, 자신의 작품이 쓰임에 따라 어떤 점을 고려해야 하는지를 생각해 볼 기회가 되도록 한다.

## 방 법

❶ 우리 반과 우리 원에서 식물(화분)이 있는 곳을 찾아서 살펴보며 관심을 가지고 둘러본다.

❷ 가장 마음에 드는 식물을 하나 정하고 화분을 만들 계획을 이야기한다.

❸ 식물의 이름도 알아보고 어떤 모양인지 등을 이야기 나눈다. 지난 시간 화초들에게 별명을 지어 준 이야기를 다시 나누어 본다.

❹ 유아가 하나씩 선택한 식물에 어울리는 화분을 어떻게 만들어 볼지 그림으로 그려 보며 계획을 세우고 화분을 만들어 본다.

❺ 만든 화분에 옮겨심기를 한다. 이는 차시로 이어서 활동하여도 좋다. 식물을 옮겨 심는 과정에서 식물의 뿌리 모양을 살펴보고 화분에 흙을 넣는 방법도 알아보는 등 다른 영역의 활동으로 이어질 수 있도록 한다.

❻ 완성된 화분을 햇빛이 잘 드는 곳에 전시하고 다른 친구들의 작품도 보고 잘된 점 등을 이야기하며 감상한다(완성된 화분에는 화초의 별명을 기록해 준다).

## 평 가

- 내가 직접 식물을 키워 보니 어떤 기분이 드나요?
- 내가 키운 식물은 어떤 모습으로 자랐나요?

## 확장활동

- 가정에서도 가족들과 함께 활동해 볼 수 있도록 한다.

## 활동사진

## 활동지 활용을 위한 동화책 목록

| 책 제목 | 지음 · 그림 · 옮김 | 출판사 |
|---|---|---|
| 투발루에게 수영을 가르칠 걸 그랬어! | 유다정 지음 • 박재현 그림 | 미래아이 |
| 골고루 먹어요! | 토이앤스토어 지음 • 문상수 엮음 | 국민서관 |
| 요리요정 라쿠쿠와 오색비빔밥 | 서영아 지음 • 민택기 그림 | 웅진주니어 |
| 목욕은 정말 싫어! | 앰버 스튜어트 지음 • 로라 랭킨 그림<br>민유리 옮김 | 베틀북 |
| 친구야, 목욕하자! | 크리스티나 가렐리 지음 • 프란체스카 체사 그림<br>박향주 옮김 | 시공주니어 |
| 칫솔 들고 치카포카 | 애플비북스 편집부 지음 | 애플비 |
| 두근두근 예방주사 | 고바야시 마사코 지음 • 오카베 리카 그림<br>이선아 옮김 | 시공주니어 |
| 눈을 감고 느끼는 색깔여행 | 메네나 코틴 지음 • 로사나 파리아 그림<br>유 아가다 옮김 | 고래이야기 |
| 거미와 파리 | 메리 호위트 지음 • 장경렬 옮김 | 열린어린이 |
| 노! 스모킹 아이쿠맨 | 보건복지부 국가금연지원센터 | 보건복지부 |
| 뛰뛰빵빵 금연 대작전 | 보건복지부 국가금연지원센터 | 보건복지부 |
| 세계 어린이 인권학교: 학대 싫어요! | 도미니끄 드 쌩 마르 지음 • 쎄르주 블로흐 그림<br>김태희 옮김 | 푸른숲주니어 |

| 책 제목 | 지음 · 그림 · 옮김 | 출판사 |
|---|---|---|
| 내 몸은 내가 지켜요 | 코넬리아 스펠만 지음 • 테리 와이드너 그림<br>신형건 옮김 | 보물창고 |
| 다정한 손길 | 샌디 클레븐, LCSW 지음 • 조디 버그스마 그림<br>이승숙 옮김 | 내인생의책 |
| 세계 어린이 인권학교:<br>차별 싫어요! | 플로랑스 뒤떼이 지음 • 앙리 펠네르 그림<br>김태희 옮김 | 푸른숲주니어 |
| 피터의 의자 | 에즈라 잭 키츠 지음 · 그림 • 이진영 옮김 | 시공주니어 |
| 너는 어떤 씨앗이니? | 최숙희 지음 · 그림 | 책읽는곰 |
| 이런 코 저런 코 | 멜라니 월쉬 지음 · 그림 • 허은실 옮김 | 차일드아카데미 |
| 화가 나서 물었어요 | 김수희 지음 • 이승석 그림 | 한국헤밍웨이 |
| 기분을 말해 봐! | 앤서니 브라운 지음 · 그림 • 홍연미 옮김 | 웅진주니어 |
| 마음을 보았니? | 김춘효 지음 • 오정택 그림 | 시공주니어 |
| 알록달록 색깔 괴물 | 안나 예나스 지음 | 여원미디어 |
| 아리나의<br>신기한 마술 상자 | 알렉스 캐브레라 지음 • 로사 M. 쿠르토 그림<br>김성은 옮김 | 파인앤굿 |
| 엄마, 나도 할 수 있어요 | 김남길 지음 • 하현이 그림 | 한국헤밍웨이 |
| 틀려도 괜찮아 | 마키타 신지 지음 • 하세가와 토모코 그림<br>유문조 옮김 | 토토북 |
| 티모시 할아버지는<br>모으기를 좋아해요 | 네트 힐톤 지음 • 스티븐 브레이 그림<br>창작집단 바리 옮김 | 중앙출판사 |

HUMAN RIGHTS EDUCATION FOR CHILDREN

# PART 3

# 일상에서의 인권존중 사례

CHAPTER 6 함께 생각해 봅시다

CHAPTER 7 일과 속에서 영유아 권리 존중의 상호작용 사례

# HUMAN RIGHTS EDUCATION FOR CHILDREN

# CHAPTER 6
# 함께 생각해 봅시다

사례 1 내 거야!

별이와 달이가 자유선택활동 시간에 끼적이기 활동을 하고 있다. 그러던 중 달이가 사용하고 있던 색연필을 별이가 말없이 가지고 가 버리자, 달이는 "내 거야!"라고 말하며 색연필을 빼앗았다. 별이도 "아니야. 내 거야!"라고 소리를 지르며 울음을 터트렸다.

### 인권적 관점에서 생각 나누고 모으기

1. 나의 권리가 존중받기 위해서는 타인의 권리도 존중되어야 함을 이해한다.
2. 영유아 간의 갈등 상황에서 교사가 해결의 주체가 되지 않도록 한다.
3. 영유아들이 자신의 입장을 이야기할 기회를 제공하여 의사표현의 기회와 다른 사람의 입장을 들어 볼 기회를 가진다.

**교사를 위한 TIP**

- 색연필을 가지고 간 아이는 왜 가지고 갔는지, 빼앗긴 아이는 왜 울었는지 이야기하게 하고 앞으로 어떻게 해결하면 좋을지에 대해 아이에게 의견을 물어봐 주세요.
- 영유아들 모두의 입장에서 의견과 감정을 긍정적으로 수용해 주세요.

## 사례 2 내가 읽어 줄게!

언어 영역에서 달이가 별이에게 "야! 너 책 못 읽잖아. 줘 봐. 내가 읽어 줄게!"라고 말하면서 별이가 읽고 있는 책을 빼앗는다.
이때 별이가 화를 내면서 "내가 먼저 읽고 있잖아."라고 말하자 달이는 "넌 어차피 책도 못 읽잖아. 내가 읽어 줄게." 하고 무시하면서 다툼이 일어났다.

### 인권적 관점에서 생각 나누고 모으기

1. 다름에 대한 이해와 존중으로서의 인권적 태도가 필요함을 인식한다.
2. 유아들 간의 갈등 상황에서 서로의 감정에 대한 이해와 공감의 기회를 가질 수 있도록 한다.
3. 유아들 간의 단순한 다툼으로만 넘기지 않도록 주의한다.

**교사를 위한 TIP**

- '넌 어차피 책도 못 읽잖아.'라는 표현은 친구의 마음을 상하게 할 수 있음을 알려 주세요.
- 무시당하는 친구의 입장이 되었을 때 어떤 기분일지 물어보고 생각할 기회를 주세요.

## 사례 3 이제 너랑 안 놀아!

별이, 달이, 해님이가 역할 영역에서 생일파티 놀이를 함께 하고 있다. 별이가 갑자기 일어나 "우리 다른 데 가서 놀자."라고 말하며 달이를 데리고 다른 곳으로 가려고 하자 해님이가 "나도 같이 갈래."라고 말한다. 그러자 별이가 "싫어. 이제 너랑 안 놀아! 우리끼리 놀 거야!"라고 말하면서 사라진다.

### 인권적 관점에서 생각 나누고 모으기

1. 공동체 상황에서 일방적 따돌림은 타인의 권리를 침해하는 행동임을 인식한다.
2. 교사는 다툼의 측면에서만 보지 않고, 인권적 상황이 내포된 것임을 이해한다.



### 교사를 위한 TIP

- 함께 놀이하는 상황에서 친구에 대한 예의와 배려의 태도를 이야기해 주세요.
- 따돌림을 당하는 친구의 입장이 되었을 때 어떤 기분일지 물어보고, 생각할 기회를 주세요.

## 사례 4 우는 건 싫어! 싫어!

자유선택활동 시간에 별이가 갑자기 울음을 터트리자, 주변에 있던 친구들이 "아 – . 시끄러워! 쟤는 울보야."라고 말한다. 그러자 별이는 더 크게 운다. 교실은 소란스러운 분위기로 바뀌고, 친구들은 귀를 막으며 별이를 짜증스럽게 쳐다본다. 이때 교사는 별이에게 "그만 울어. 친구들에게 방해돼."라고 말한다.

### 인권적 관점에서 생각 나누고 모으기

1. 교사가 한 영유아의 권리를 존중하는 것은 다른 영유아들의 권리 존중과 상충되는 결과를 초래할 수 있으므로, 양쪽을 모두 고려하여야 한다.
2. 단순한 갈등 상황에 대한 해결책으로만 바라보지 말고 개별 영유아의 상황과 의견을 듣고 존중해 준다.



**교사를 위한 TIP**

- 별이에게 운 이유를 물어보고 문제 상황에 대해 해결책을 찾아보아요.
- 별이의 감정에 대해 다른 영유아들과 함께 공감할 기회를 가져 보아요.
- 울고 있는 별이로 인해 다른 친구들에게 방해가 되고 시끄럽더라도 별이에게 부정적인 표현을 하지 않도록 이끌어 주어요.

## 사례 5 내가 먼저야!

유아들이 점심 시간에 손을 씻기 위해 화장실 앞에 줄을 서 있다. 뒤에 서 있던 별이가 맨 앞자리로 끼어들자, 다른 친구들이 소리를 지르며 "너 왜 앞으로 끼어들어? 뒤로 가!" 하면서 소란이 일어났다. 그러자 별이는 "내가 먼저 왔어."라고 억지를 부리며 친구들에게 소리친다.

### 인권적 관점에서 생각 나누고 모으기

1. 공동생활에서 규칙을 지키는 것은 자신의 안전과 타인의 안전을 보호하기 위한 인권적 상황임을 인식한다.
2. 교사는 줄 서는 상황에서 특정한 유아(힘이 세거나 민첩한 유아)에게만 우선적인 상황이 마련되었던 것은 아닌지 생각해 본다.

### 교사를 위한 TIP

- 공동체 생활에서 질서 지키기가 왜 필요한지에 관해 유아들과 이야기 나누어 보고 실천해 보아요.
- 유아들과 함께 일상생활에서 지켜야 할 규칙들에 관해 이야기 나누고 정해 보세요.
- 늘 앞자리만 좋아하는 별이에게 친구들의 입장을 생각해 볼 기회를 주세요.

## 사례 6 선생님 마음대로 규칙 정해요?

새 학기가 시작할 무렵, 교사는 자신이 미리 정한 규칙을 유아들에게 소개하면서 잘 지킬 수 있도록 안내한다. 이때 별이가 "선생님만 규칙 정해요?"라고 말하자, 교사는 자신의 생각만을 반영한 것이라는 느낌이 들어 고민에 빠졌다.

### 인권적 관점에서 생각 나누고 모으기

1. 규칙 정하기에서 유아들의 느낌 및 의견을 반영하는 것이 유아들의 참여권을 인정하는 것임을 이해한다.
2. 규칙 정하기가 단순히 교사를 위한 것은 아닌지 되돌아본다.



### 교사를 위한 TIP

- 유아와 함께 규칙을 정해 보고, 규칙판을 교실에 게시하여 일상 속에서도 실천할 수 있도록 해 주세요.
- 유아와 함께 만든 규칙을 실천한 후에 자신의 기분이 어떠했는지 이야기 나누어 보세요.

## 사례 7 선생님이 안 볼 때 만져요!

달이가 복도에 비치된 소화기를 신기해 하며 손으로 만지려 하자 교사가 "달이야, 위험해! 만지면 안 돼!"라고 말하며 지나간다. 교사의 말에 달이는 얼른 손을 떼지만 교사가 지나간 후 다시 만지기 시작한다.

### 인권적 관점에서 생각 나누고 모으기

1. 안전을 위한 규칙을 정하고 따르는 것은 모두의 안전을 보호받기 위해 필요한 인권적 상황에 대한 이해임을 인식한다.
2. 영유아들의 호기심으로 인한 행동이 안전을 위협하는 상황이 될 수 있음을 이해한다.
3. 영유아들의 행동을 단순히 잘못된 행동으로만 보기보다는 발달적 특성으로 인한 호기심에서 시작된 행동임을 이해하고, 이에 따른 안전 지도를 하는 것이 필요하다.

### 교사를 위한 TIP

- 영상 및 다양한 교수자료를 활용하여 소화기의 기능과 내용물을 보여 주는 활동을 통해 호기심을 충족하는 기회를 제공해 주세요. 영유아들은 소화기에 대한 호기심을 충족하고 나면 다시 관심을 보이지 않아요.
- 비상벨을 누르는 영유아들에 대해서도 안전교육을 통해 그 역할과 중요한 기능에 대해 알려 주세요.

## 사례 8 '축구 VS. 소꿉놀이', 어떻게 해야 할까요?

바깥놀이 시간에 남자아이들은 운동장에서 축구를 하고 싶어 하고, 여자아이들은 모래 놀이터에서 소꿉놀이를 하고 싶어 한다. 교사로서 어떻게 해야 할지 고민이 되는 상황이다.

### 인권적 관점에서 생각 나누고 모으기

1. 바깥놀이의 특성상 유아들의 안전이 반드시 고려되어야 함을 인식한다.
2. 교사가 일방적으로 결정하기보다 유아들과 협의하여 안전을 고려한 최선의 방법을 생각해 본다.

### 교사를 위한 TIP

- 유아들이 놀이할 때 지나치게 흩어져 있을 경우 교사가 안전하게 보호할 수 없음을 알려 주세요.
- 협의 과정에서 의견 충돌이 계속 일어날 경우, 교사가 안전한 범위 내에서 몇 가지 놀이를 제안해 주고 선택할 수 있게 해 주세요.

## 사례 9 왜 5명만 할 수 있어요?

5명의 유아가 놀 수 있도록 규칙이 정해진 쌓기 영역에는 이미 5명의 유아가 즐겁게 놀고 있다. 이때 다른 놀이를 하던 2명의 유아가 "우리도 같이 놀면 안 돼?" 하며 함께 놀고 싶어 한다.

### 인권적 관점에서 생각 나누고 모으기

1. 규칙은 서로의 권리를 보호하기 위해 필요한 것임을 이해한다.
2. 놀이 인원을 규칙으로 정하는 것은 유아의 안전을 위한 것이지만 상황(공간, 흥미, 요구 등)에 따라 융통성을 발휘하여 유아의 참여권과 발달권을 존중하는 것이 중요하다.



### 교사를 위한 TIP

- 규칙을 정하되, 유아의 흥미나 요구에 따라 상황을 융통성 있게 변경(영역의 공간 확장 및 위치 변경 등)하여 유아의 의견을 최대한 반영해 주세요.
- 규칙을 지키지 않았을 때 발생하게 될 문제점에 관해 유아들과 이야기 나누어 보세요.

## 사례 10 기다리기 힘들어요

점심 시간, 교사가 차례대로 배식을 하는 동안, 순서를 기다리던 유아들이 장난치며 소란을 피운다. 교사는 유아들에게 조용히 기다리도록 소리쳤으나, 유아들은 아랑곳하지 않고 계속 장난을 치며 시끄럽게 한다.

### 인권적 관점에서 생각 나누고 모으기

❶ 유아의 위생과 안전을 보장할 수 있도록 지도하는 것이 인권적 상황에 대한 이해임을 인식한다.

❷ 유아의 안전을 고려하되, 유아의 발달 특성을 고려한 교육활동 또한 인권교육의 일부임을 이해한다.



**교사를 위한 TIP**

- 배식하는 동안 유아들의 관심 및 흥미를 끌 수 있는 활동(노래 부르기 및 식단에 대한 간단한 이야기 등)에는 어떤 것들이 있는지 생각해 보세요.
- 유아들이 배식에 참여할 기회를 제공해 주세요.

## 사례 11 여기는 내 자리란 말이야!

점심 시간에 별이는 자기 자리가 아닌 달이의 자리에 앉았다.
달이가 "여기는 내 자리야! 비켜!"라고 말하자 서로 밀며 다툼이 일어났다.

### 인권적 관점에서 생각 나누고 모으기

1. 자신의 권리를 보장받기 위해서는 타인의 권리도 보장해 주어야 함을 인식한다.
2. 영유아의 행동을 단순히 꾸짖기보다는 어떤 이유에서 이와 같은 행동을 하게 되었는지 물어보고, 대안을 생각해 본다.



**교사를 위한 TIP**

- 영유아들의 자리를 주기적으로 바꾸어 앉아 볼 기회를 주세요.
- 친구의 자리에 앉고 싶을 때는 어떻게 말해야 하는지 알려 주세요.

## 사례 12 그렇게 하면 안 돼. 별이가 울잖아

별이가 자유선택활동 시간에 자동차로 주차장 놀이를 하려고 자동차 바구니를 들고 왔다. 옆에 있던 달이는 "이건 내가 가지고 놀 거야!" 하며 자기가 좋아하는 분홍색 자동차를 차지하려고 하다가 자동차 바구니가 쏟아지면서 별이가 울음을 터트렸다. 교사는 우는 별이를 보고 급히 달려와서 "달이야, 그렇게 하면 안 돼. 별이가 울잖아."라고 말한다.

### 인권적 관점에서 생각 나누고 모으기

1. 갈등 상황에서 교사의 일방적인 판단보다는 영유아가 자신의 상황과 관련된 의사결정이나 의사표현을 할 기회를 제공해 주는 것이 영유아의 참여권을 보장하는 것임을 인식한다.
2. 갈등 상황에서 나타난 영유아의 자기중심적인 행동을 이해하고 존중하는 것은 영유아의 발달권을 인정하는 것임을 인식한다.

### 교사를 위한 TIP

- 달이에게 분홍색 자동차를 가져간 이유를 물어봐 주고 울고 있는 별이의 감정이 어떨지 생각해 볼 기회를 주세요.
- 장난감으로 인한 갈등 상황이 발생하였을 때 훈계나 지적보다 대안적 장난감을 제시하거나 갈등 상황이 일어나지 않도록 같은 종류의 장난감을 여러 개 준비해 주세요.
- 교사가 놀이 상황에 하나의 역할을 맡아 참여하면서 별이와 달이가 장난감을 공유하면서 놀 수 있도록 이끌어 주세요.
- 영유아들 간의 갈등 상황에서 의례적으로 해결하는 방법(친구 안아 주기, 미안하다고 말하기)은 지양해 주세요.

## 사례 13 장난감도 없이 늘 혼자 놀아요

별이는 같은 반 친구들과 비교하면 다소 체격이 작고 외소하고 행동도 느리고 말수도 적은 편이다. 그래서 별이는 늘 혼자 놀이를 하거나 친구들이 먼저 놀잇감을 차지하면 놀잇감 없어 교실을 배회하기도 한다.

### 인권적 관점에서 생각 나누고 모으기

1. 또래 관계에서 다름(키, 몸무게 등과 같은 신체적 특징, 능력 등)으로 인해 차별받지 않도록 하는 것이 영유아의 권리를 존중하는 것임을 인식한다.
2. 영유아가 '다름'을 이해하고 배려하는 태도를 가지도록 다양한 교육활동을 구성한다. 다소 표현력이 약하거나 놀이에서 소외되는 아이들에게는 자기 생각을 표현하거나 놀이에 소외되지 않도록 도와준다.

### 교사를 위한 TIP

- 별이가 잘할 수 있는 활동을 구성하거나 칭찬과 격려를 통해 별이의 자존감을 높여 주세요.
- 영유아들의 흥미와 발달적 차이를 고려한 다양하고 세분화된 활동을 제안해 주세요.

## 사례 14 해님이가 싫어요

해님이는 평소 집중력이 부족하고 과격한 행동과 산만한 특성을 보이는 유아이다. 해님이의 공격적인 성향으로 인해 다른 친구들은 활동을 방해받거나 피해를 입기도 하며, 점차 해님이와 함께 놀이하기를 싫어하고 해님이가 다가오면 피하기도 한다.

### 인권적 관점에서 생각 나누고 모으기

1. 공동체 생활에서 다른 사람의 권리를 존중하고 보호하는 것이 나의 권리를 존중받는 것만큼 중요한 것임을 인식한다.
2. 과잉행동을 보이는 영유아의 경우 가정에서 정서적으로 보호받지 못한 상황은 없는지 관심을 가지고 살펴보는 것이 중요하다.

### 교사를 위한 TIP

- 해님이의 행동이 일시적인 산만함과 조급한 성향 탓인지, 아니면 전문가의 도움이 필요한 상황인지 관찰을 통해 지속적으로 관심을 주세요.
- 도움이 필요하다고 판단되는 상황이면 부모와 의논하여 적극적으로 외부 전문가의 도움을 받도록 해 주세요.
- 해님이를 무조건 활동에서 배제해서는 안 되며 해님이가 원하고 할 수 있는 활동의 기회를 제공해 주세요.
- 해님이의 정서적 안정을 위해 일상생활에서 지속적으로 관심을 갖고 충분한 스킨십의 기회를 제공해 주세요.

## 사례 15 내가 더 잘할 거야!

별이는 모든 활동에 적극적이고 다른 친구들보다 잘하려고 하는 욕심이 많은 유아이다. 공원으로 숲체험 활동을 갔을 때에도 다른 친구들보다 솔방울을 더 많이 주워 담으려고 친구를 밀치기도 하고 친구의 솔방울을 가져오기도 한다. 이 과정에서 다른 유아들은 넘어지거나 솔방울을 빼앗겨 울기도 한다.

### 인권적 관점에서 생각 나누고 모으기

1. 자신이 원하는 행동이라도 다른 사람에게 피해를 주는 것은 타인의 권리를 침해하는 것임을 인식한다.
2. 장소에 따라 안전이 우선적으로 고려되어야 함을 인식하는 것이 필요하다.

### 교사를 위한 TIP

- 별이를 다그치거나 혼을 내서 수치심을 주기보다 잘한 점을 먼저 인정해 준 후 친구와 함께 배려하며 활동하도록 격려해 주세요.
- 바깥놀이 활동 시 지켜야 할 안전 규칙을 일상 속에서 반복적으로 이야기하고 지킬 수 있도록 지도해 주세요.

## 사례 16 난 조금밖에 못 놀았는데

자유선택활동 시간을 마무리하기 위해 교사가 유아들에게 "얘들아, 이제 곧 정리할 시간이야."라고 말하자 다른 유아들은 모두 하던 활동을 멈추고 정리를 시작하는데, 달이는 싫은 표정을 지으며 "나는 조금밖에 못 놀았는데…."라며 아쉬워한다. 그러자 교사는 달이에게 "지금 정리해야 다음 활동을 할 수 있어." 하면서 달이에게 정리하도록 재촉한다.

### 인권적 관점에서 생각 나누고 모으기

1. 개인의 권리와 공동생활에서 지켜야 할 권리가 균형 있게 고려되어야 함을 인식한다.
2. 영유아의 놀고 싶은 욕구만을 들어주거나 영유아에게 규칙만을 강요하는 것은 그들 스스로 공동체 규칙을 지키고자 하는 내적 동기를 저하시키는 결과를 초래함을 이해한다.
   - 달이의 더 놀고 싶어하는 마음을 공감해 주어야 한다.
   - 혼자놀이를 지속할 경우 다른 유아들의 다음 활동에 방해될 수 있음을 설명해 준다.
3. 문제해결의 방법에는 어떤 것들이 있을까요?

### 교사를 위한 TIP

- 영유아들이 하던 활동을 급하게 정리하지 않도록 정리 시간을 예고해 주세요.
- 달이가 스스로 마무리할 시간을 짧게라도 제공해 주세요.
- 하던 활동을 멈추기를 아쉬워하는 달이에게는 그 활동을 다른 시간에 이어서 활동할 수 있음을 알려 주세요.

## 사례 17 여자 친구들 먼저, 힘 센 남자 친구들은…

점심 시간 전, 교사가 유아들에게 손 씻기를 지도하며 "여자 친구 먼저 씻어요."라고 말한 후 "힘 센 남자 친구들은 선생님이 책상 옮기는 걸 도와줘요."라고 한다.

### 인권적 관점에서 생각 나누고 모으기

1. 성별로 인한 편견을 갖는 것은 인권적 관점에서 피해야 함을 인식한다.
2. 성 역할에 대한 편견은 영유아의 잠재 능력을 계발할 기회를 빼앗는 것이므로 주의한다.





### 교사를 위한 TIP

- 일상에서 성 역할에 대한 편견이 담긴 언어적 표현이나 상호작용이 이루어지지 않았는지 되돌아보세요.
  예) 공주처럼 얌전히 앉아.
  남자는 우는 거 아니야.
  남자가 분홍색 옷을 입었네.
- 영유아들과의 활동 과정에서 성별을 기준으로 팀을 구성하거나 환경을 구성할 때 색이나 모양으로 성별을 구별하지 않도록 주의하세요.

### 사례 18 오늘 야채 먹으면 스티커 줄게

별이는 늘 고기만 좋아하고 야채를 먹는 것을 매우 싫어하는 편식이 심한 아이이다. 교사는 별이에게 편식을 지도하기 위해 "튼튼해지려면 골고루 먹어야지. 별이야, 오늘 야채 먹으면 스티커 줄게."라고 말한다.

#### 인권적 관점에서 생각 나누고 모으기

1. 단순히 강요하는 편식 지도는 영유아의 권리를 침해하므로 영유아의 음식에 대한 선호도나 기호를 최대한 고려하여 편식 지도가 이루어져야 한다.
2. 영유아는 음식에 대한 선호도가 일시적이거나 환경에 따라 변화될 수 있는 있으므로 편식 지도에 있어 다양한 대안을 생각해 본다.

#### 교사를 위한 TIP

- 요리활동을 통해 영유아가 싫어하는 음식에 대해 거부감을 없앨 기회를 제공해 주세요.
- 내가 먹을 반찬을 스스로 담아 보되, 싫어하는 음식도 최소량을 담아 먹어 볼 수 있는 선택과 그에 따른 책임을 느끼도록 지도해 주세요.
- 편식 지도는 가정과 연계하여 이루어질 수 있도록 해 주세요.
- 영유아들에게 음식에 대한 편견이 생기지 않도록 재미있는 동영상을 보여 주는 것도 효과가 있어요.

## 사례 19 쉿! 우리끼리 비밀 이야기야

자유선택활동 시간에 역할 영역에 비치된 소꿉놀이 집에 들어간 별이와 달이가 엄마 아빠 놀이를 하고 있다. 아빠 역할을 맡은 달이가 별이에게 "옷 벗어 봐."라고 이야기하면서 별이의 바지를 내린다.

### 인권적 관점에서 생각 나누고 모으기

1. 유아의 성적 호기심에 의한 놀이가 성폭력으로부터 보호받을 권리와 보호해 줄 책임과 관련이 있음을 인식한다.
2. 성적 호기심으로 인한 놀이가 자신과 친구에게 해가 될 수 있음을 유아가 이해할 수 있도록 지도한다.



### 교사를 위한 TIP

- 유아가 자기 몸의 소중함을 알 수 있는 다양한 활동을 계획하고 실천해 주세요.
- 성폭력 예방 교육을 주기적으로 실시하고 관련 전문기관을 통해 도움을 받을 수 있도록 해 주세요.
- 유아의 이러한 행동에 대해 지나치게 지적하거나 심하게 야단치는 것은 유아에게 수치심을 유발할 수 있으므로 주의해 주세요.

## 사례 20 나는 잠이 안 와요. 자기 싫어요

낮잠 시간에 달이는 "나는 잠이 안 와요. 자기 싫어요."라고 하면서 낮잠 자기를 거부한다. 그리고 옆에서 자고 있는 친구들에게 장난을 치며 깨우려 한다.

### 인권적 관점에서 생각 나누고 모으기

1. 낮잠 자기를 거부하는 것이 단순히 영유아의 요구인지, 부모의 요구로 인한 것인지를 판단하는 것이 필요하다.
2. 영유아의 발달 특성상 낮잠 자기가 필요하다면 영유아에게 낮잠 시간을 제공하는 것이 권리 존중과 관련됨을 인식한다.



### 교사를 위한 TIP

- 낮잠이 필요한 경우 부모와의 상담을 통해 영유아의 시기적 발달 특성을 안내해 주고 협조를 요청하세요.
- 낮잠을 자지 않는 영유아에게는 교사가 개별적인 활동을 할 수 있도록 도와주세요.
- 낮잠이 필요함에도 불구하고 부모의 요구로 인해 낮잠을 못 자게 해서는 안 돼요.

## 영유아들의 속마음은?

이렇게 흔드는 건가?
이거 어떻게 가지고 노는 거 지?

나도 이렇게 읽고 싶다.

HUMAN RIGHTS EDUCATION FOR CHILDREN

1. 등원 시간
2. 실내 자유선택활동
3. 전이활동
4. 실외활동
5. 간식 및 식사 시간
6. 낮잠 시간
7. 대소변 훈련 및 화장실 사용
8. 대 · 소집단활동 시간
9. 귀가 지도

CHAPTER 7

# 일과 속에서 영유아 권리 존중의 상호작용 사례

다음은 교사로서 영유아 권리 존중을 고려한 상호작용의 사례이다. 이 사례들이 항상 동일하게 적용되는 것은 아니지만, 다양한 딜레마 상황에서 인권존중의 측면에서 상호작용하는 방법을 익히기 위해 참고할 수 있다. 각 상황은 일과 시간별 사례이다.

## 1 등원 시간

| 갈등 상황 사례 | 교사의 영유아 권리 존중 상호작용 | |
|---|---|---|
| | 부적절한 사례 | 바람직한 사례 |
| 울면서 등원하는 아이가 심하게 울어 토하려 할 때 | • ○○야, 우니까 토를 하지. 울지 마. | • 아침에 엄마와 헤어지기 힘들었니? 선생님이 안아 줄까?<br>• 선생님이 안아 줄게 진정되면 무슨 일이 있었는지 말해 줄 수 있니? |
| 등원 시간 엄마와 헤어지기 힘들어하며 엄마에게 함께 교실까지 가자고 요청하지만 어머니는 바쁜 출근길이라 바로 가 버렸을 때 화가 난 경우 | • 엄마가 회사에 늦어서 함께 갈 수 없었던 거야. 오늘은 선생님이랑 같이 갈까? | • 엄마가 오늘은 회사에 늦어서 바로 가 버려서 네가 많이 속상했구나. 엄마께 내일은 함께 교실로 데려다 줄 수 있는지 여쭈어 보고 약속도 하자. |
| 아이가 현관에서 신발을 벗지 않고 가만히 앉아 있는 경우 | • 선생님이 신발 벗으라고 계속 이야기하고 있잖아. | • 오늘 ○○가 기분이 안 좋아 보이네? 무슨 일이 있었는지 이야기해 줄 수 있니?<br>• ○○야, 오늘 기분이 어때? 오늘 우리 반에는 재미있는 놀잇감이 ○○를 기다리고 있을 텐데. |

| 갈등 상황 사례 | 교사의 영유아 권리 존중 상호작용 | |
|---|---|---|
| | 부적절한 사례 | 바람직한 사례 |
| 등원 차량에서 원하는 친구와 앉지 못하여 울음을 터뜨리며 내리는 경우 | • 이미 ○○는 다른 친구와 앉아 있어. 다음번에 같이 앉아 보자. | • ○○와 앉고 싶었구나. 내일 같이 탈 수 있도록 도와줄게.<br>• ○○에게 내일은 같이 앉자고 말해 놓자. |
| 엄마와 인사를 나눈 후 등원하였으나 교실에 들어오지 않으려고 할 때 | • 엄마는 갔으니 교실에 들어와서 가방 정리해야지. | • 오늘 ○○의 기분이 어때? 아침에 선생님에게 하고 싶은 이야기는 없니? 교실에 안 들어오고 싶은 이유를 선생님에게 이야기해 줄 수 있어? ○○의 기분을 선생님이 함께 생각해 보면 어떨까? |
| 차량 등원을 거부하여 엄마가 직접 원으로 데려다 주며 아이를 혼낸 경우 | • 엄마가 바쁘시니까 어린이집 차를 타고 와야 해. 엄마가 많이 화가 나셨잖아. | • ○○가 엄마와 함께 어린이집에 오고 싶었구나. 엄마가 ○○의 마음 몰라줘서 속상했지? 엄마가 바쁘지 않을 때 가끔은 데려다 줄 수 있는지 여쭤 보자. |

## 2 실내 자유선택활동

| 갈등 상황 사례 | 교사의 영유아 권리 존중 상호작용 | |
|---|---|---|
| | 부적절한 사례 | 바람직한 사례 |
| 자유선택활동 후 정리하지 않을 때 | • 정리를 안 하면 다음부터 교구 사용 못 해. 빨리 정리하자. | • ○○가 놀이하던 교구가 여기에 그대로 있네. 어떻게 하면 좋을까? ○○가 바구니에 있는 사진을 보고 제자리에 넣어 볼까?<br>• 정리하고 나니 기분이 어때? 깨끗해졌네. |
| 친구가 놀고 있는 교구를 가지고 싶다고 소리를 지르고 억지를 부릴 때 | • 동생들처럼 억지부리지 마. 그러면 놀이하지 못해. | • ○○가 크고 화난 목소리로 말하니 선생님이 알아들을 수가 없단다. 선생님에게 조용한 소리로 ○○의 마음을 이야기해 줄래?<br>(방법에 대해 선생님과 함께 대화) |
| 유아가 놀지 않고 가만히 있을 때 | • 저기 언어 영역에 가서 책 읽고 있어. | • ○○야, 혹시 피곤하거나 몸이 아프니? 아프면 쉬어도 되고, 놀이를 하고 싶지 않으면 하지 않아도 된단다. 친구들이 놀이하는 모습을 선생님과 함께 볼까? 친구들의 놀이를 보다가 ○○가 하고 싶은 교구가 있으면 골라 와서 선생님과 한번 해 봐도 좋아. |

| 갈등 상황 사례 | 교사의 영유아 권리 존중 상호작용 | |
|---|---|---|
| | 부적절한 사례 | 바람직한 사례 |
| 놀다가 친구의 놀잇감에 부딪혀 아프다고 하며 그 친구를 밀고 때리는 상황 | • ○○야, 친구를 밀고 때리는 건 나쁜 거야. | • ○○야, 놀잇감에 부딪혀 아팠지? 괜찮아? 그렇지만 친구를 밀면 친구가 다치거나 화가 날 수 있겠지? 너의 기분을 친구에게 말로 전달하자. |
| 한 영역에서만 활동하는 상황 | • ○○야, 너는 왜 항상 쌓기 영역에서만 활동하니? 오늘은 다른 놀이를 해 볼래? | • (다른 영역의 놀이로 유도함) ○○는 오늘 쌓기 영역에서 재미있게 놀았니? 내일은 블록으로 자동차를 만들어서 ○○가 함께 자동차를 타고 여행 가고 싶은 친구들을 태워서 놀이를 해 보는 건 어떨까?<br>• 쌓기 영역을 다른 영역과 연계되도록 놀이 제안도 가능 |
| 가위를 이용하여 옷, 머리카락을 자르는 상황 | • 가위는 종이만 잘라야 해. 이제 가위를 쓰지 마. | • ○○는 가위로 오리는 것이 재미있나 보구나. 하지만 옷, 머리카락은 우리 몸을 보호해 주는 것들이라 가위로 자르면 안 된단다. 미술 영역에 크기, 모양, 색깔이 다양한 종이도 있고 다른 재료들도 있으니 선생님과 같이 오려 볼까? |

## 3 전이활동

| 일과 | 갈등 상황 사례 | 교사의 영유아 권리 존중 상호작용 | |
|---|---|---|---|
| | | 부적절한 사례 | 바람직한 사례 |
| 간식 및 식사 시간 전후 | 간식을 다 먹고 간식 접시를 정리하지 않고 놀잇감을 가지고 놀고 있는 상황 | • 접시를 정리하지 않으면 놀이는 못 해. 빨리 정리하고 와. | • ○○가 놀잇감을 가지고 놀고 싶었구나. 하지만 간식 접시를 정리하고 놀면 좋을 것 같아. 선생님과 정리해 보자. |
| | 점심 시간에 밥을 먹지 않겠다며 도시락을 꺼내지 않는 상황 | • 도시락을 꺼내 와서 얼른 자리에 앉아. | • (음식 이야기로 흥미를 유도함) ○○가 밥을 먹고 싶지 않았구나. 그런데 밥을 먹어야 우리 몸이 튼튼해진대. 어떤 음식이 나오는지 이야기해 줄까? |
| | 점심을 먹기 전 손을 씻으러 화장실에서 계속 비누칠을 하는 상황 | • 비누칠 그만해. 뒤에 친구들이 기다리고 있잖니. 어서 헹구고 교실로 돌아가렴. | • ○○가 비누칠을 열심히 하였더니 손이 하얗게 변했구나. 선생님과 함께 손에 있는 비누를 씻어 보자. |
| 정리 시간 | 정리 시간에 놀잇감을 정리하지 않고 놀잇감을 꺼내는 상황 | • 선생님이 지금 뭐 하라고 했니? 정리하지 않으면서 왜 놀잇감을 더 꺼내니. 그렇게 하면 다음부터는 놀이 못 해. | • ○○가 이 놀이를 더 하고 싶구나. 조금 더 가지고 놀고 스스로 정리해 줄 수 있겠니? |
| 낮잠 시간 전 | 낮잠 시간에 낮잠 이불에 눕지 않고 교실을 돌아다니는 상황 | • 선생님이 낮잠 이불을 펼쳐 주었는데 누가 교실을 돌아다니라고 했니. 그렇게 돌아다니면 친구들한테 방해돼. 이불에 가서 누워. | • ○○가 놀이를 좀 더 하고 싶었구나. 지금 친구들도 피곤하고 ○○도 피곤한 시간이야. 조금만 쉬었다가 다시 놀도록 하자. 피곤해지면 우리 몸은 병이 날 수 있으니까. |

| 일과 | 갈등 상황 사례 | 교사의 영유아 권리 존중 상호작용 | |
|---|---|---|---|
| | | 부적절한 사례 | 바람직한 사례 |
| 실외활동 후 | 실외활동이 끝난 후 다 같이 신발을 벗고 있는데 교사보다 앞서 계단을 올라가 버린 상황 | • 다시 내려와. 왜 너 먼저 올라가니? 선생님이 올라가라고 말하지도 않았잖아. | • ○○가 먼저 계단을 올라가게 되면 다치게 될 수도 있고, 선생님은 ○○가 보이지 않아서 지켜 줄 수가 없어. 그러니까 친구들이 신발을 정리할 때까지 조금 기다렸다가 함께 올라가도록 할까? |
| | 계단에서 친구들이 내려오는 쪽으로 올라가는 상황 | • 그쪽으로 올라가는 거 아니야. (올라가는 쪽을 가리키며) 선생님이 이쪽으로 올라가라고 했잖아. | • ○○는 왼쪽으로 올라가고 싶었구나. 그런데 그쪽은 내려오는 방향이란다. 내려오는 곳으로 올라가다가 친구와 부딪히면 어떤 일이 일어날까? 사고가 나지 않도록 안전한 곳인 이쪽으로 올라가자. |

## 4 실외활동

| 갈등 상황 사례 | 교사의 영유아 권리 존중 상호작용 | |
|---|---|---|
| | 부적절한 사례 | 바람직한 사례 |
| 놀이터로 이동할 때 관심거리가 생기자 아이가 멈추어 서서 걸어가지 않는 상황 | • ○○야, 어서 걸어와. 너 때문에 다른 친구가 기다리잖아. | • ○○야, 왜 여기에 서 있니? 아! 여기에 있는 개미를 보고 있었구나. 개미가 아주 많네. 놀이터에는 개미도 있고, 다른 곤충들도 아주 많아. 여기는 길이라서 ○○가 서 있으면 위험하기도 하고 친구들이 멈춰 있어야 해서 불편할 것 같아. 아쉽지만 놀이터에서 개미 보기를 하는 건 어떨까? |
| 실외 공원놀이터에서 성인용 운동 기구에 올라간 상황 | • ○○야, 위험해 그런 것에 올라가지 마렴. | • ○○야, 이게 뭐야? ○○가 올라가니까 흔들린단다. 그런데 이건 어른들이 하는 걸 어린이가 타니까 너무 세게 흔들려서 ○○가 위험할 것 같은데. 저기에 있는 미끄럼틀도 재미있겠다. 선생님과 함께 타 볼까? |
| 실외 놀이터에서 시소를 타고 있는 친구를 밀어내는 상황 | • 네가 친구를 밀면 친구가 다치잖아. 밀지 마. | • ○○야, 시소가 타고 싶었니? 그런데 ○○야, 다른 친구를 밀면 친구가 떨어질 것 같은데 친구가 떨어지면 어떻게 될까? 친구가 내려올 때까지 잠시 기다렸다 타는 건 어떨까? |

| 갈등 상황 사례 | 교사의 영유아 권리 존중 상호작용 | |
|---|---|---|
| | 부적절한 사례 | 바람직한 사례 |
| 미끄럼틀과 같이 높은 곳에서 친구를 잡아당기는 위험한 행동을 하는 상황 | • 위험해! 너 때문에 친구가 다칠 뻔 했잖아. | • (잡아당기는 행동을 중지시킨 후) ○○야, 친구를 왜 당겼니? 친구를 잡아당기다가 쿵 하고 떨어지면 ○○도 친구도 아주 많이 다칠 것 같아. 그럼 선생님 마음도 많이 속상해져. 친구를 당기지 않고 놀이해 줄 수 있겠니? |
| 놀이터를 오가는 길에 차가 오는 도로로 뛰어드는 상황 | • 거기 차가 오는데 뛰어가면 어떡해. 차에 부딪히면 엄마, 아빠 못 봐. | • ○○야, 방금 아주 위험했어. 자동차가 올 수도 있어서 아주 크게 다칠 뻔 했어. 우리는 어디로 걸어가야 될까? 차가 오지 않는 사람이 가는 길로 걸어 보자. |
| 그네를 타는 친구 앞으로 뛰어드는 상황 | • 위험해! 선생님이 그네 타는 친구 앞으로 가지 말라고 했잖아. | • ○○야, 괜찮니? 저기 있는 친구와 놀이하려고 이쪽으로 왔구나. 그런데 친구가 그네를 타고 있어서 부딪힐 뻔 했어. 다음번에는 그네를 돌아서 가 볼 수 있겠니? |

## 5 간식 및 식사 시간

| 갈등 상황 사례 | 교사의 영유아 권리 존중 상호작용 | |
|---|---|---|
| | 부적절한 사례 | 바람직한 사례 |
| 간식을 먹다가 다른 친구가 그만 먹는다고 하자 자신도 그만 먹고 싶다고 이야기하는 상황 | • 친구가 한다고 다 따라 할 거니? 넌 마저 먹으렴. | • 이제 배가 불러서 그만 먹고 싶어졌어? 너무 조금 먹으면 나중에 배가 고플 수도 있을 텐데 정리해도 괜찮겠니? (아이가 고개를 끄덕임) 그럼 정리하자.<br>• 이제 배가 불러서 그만 먹고 싶어졌어? (아이가 아니라고 말함) 그럼 조금만 더 먹어 볼까? 여기 간식에는 몸에 힘을 나게 하는 영양소가 많아서 먹고 힘이 나면 더 재미있게 놀 수 있을 거야. |
| 도시락을 바닥에 끌고 다니는 상황 | • 도시락이 더러워졌으니까 밥 먹지 마. | • 도시락을 왜 끌고 다닌 거니? 재미있었구나. 그런데 도시락에 담긴 음식이 쏟아지거나 먼지가 들어가면 ○○가 먹을 수 있을까? 깨끗하게 먹으려면 어떻게 해야 될까? |
| 도구를 사용하지 않고 손으로 음식을 집어 먹는 상황 | • 누가 손으로 먹어. 숟가락이랑 젓가락, 포크를 사용하렴. | • 젓가락이나 포크로 먹고 싶은 반찬이 잘 집어지지 않아서 그랬구나. 잘 안 되면 선생님에게 "잘 안 돼요. 도와주세요." 라고 이야기하면 선생님이 먹을 수 있게 도와줄 수 있어. |

| 갈등 상황 사례 | 교사의 영유아 권리 존중 상호작용 | |
|---|---|---|
| | 부적절한 사례 | 바람직한 사례 |
| 도구를 사용하지 않고 손으로 음식을 집어 먹는 상황 | | • 손으로 먹으면 손에 있는 세균이 음식에 묻기도 하고, 손에 음식이 묻어 지저분해질 수 있어. 숟가락이나 젓가락, 포크를 사용해서 먹으면 더 잘 먹을 수 있어. |
| 좋아하는 반찬을 더 먹고 싶은데 이야기하지 않고 가만히 앉아 있는 상황 | • 좋아하는 것만 먹었네.<br>• 더 줄 수 없어. 다른 것도 골고루 먹어 보렴. | • 선생님이 더 먹을 수 있게 덜어 줄게. ○○는 두부를 좋아하는구나. 밥이나 반찬을 다 먹거나 더 먹고 싶을 때는 "선생님, 더 먹고 싶어요."라고 이야기하거나 "더 주세요."라고 이야기할 수 있어. |
| 음식물을 입에 넣은 상태에서 계속해서 이야기하는 상황 | • 입에 있는 것을 다 먹고 나서 이야기해. | • ○○는 이야기해 주고 싶은 게 많은가 보구나. 그런데 음식을 입에 넣은 상태에서 이야기를 하면 무슨 말을 하려고 하는지 잘 들리지 않아 알 수가 없어. 입에 있는 음식을 다 먹고 다시 이야기해 줄 수 있겠니? 그러면 선생님이 더 잘 들어 줄 수 있을 것 같은데. |
| 도시락 가방에 도시락과 수저통을 정리하는데 마음처럼 잘 되지 않는 상황 | • 안 된다고 짜증내지 말고 네가 다시 해 봐. | • 도시락 가방에 도시락을 넣는 게 잘 안 되는구나. 선생님이 넣는 걸 좀 도와줘도 될까? 도시락 가방에 도시락을 이렇게 넣고 돌리면 더 잘 들어가네. 선생님이 보고 있을 테니, ○○가 다시 한번 해 볼래? |

## 6 낮잠 시간

| 갈등 상황 사례 | 교사의 영유아 권리 존중 상호작용 | |
|---|---|---|
| | 부적절한 사례 | 바람직한 사례 |
| 낮잠 이불에 누워 자고 있는 옆 친구의 이불을 만지거나 얼굴을 만지며 장난을 치는 상황 | • 잠이 안 온다고 다른 친구가 자는 것을 방해하면 안 돼.<br>• 바로 누워. | • ○○가 아직 잠이 오지 않는구나. 옆 친구는 잠이 들어서 쉬고 있는데 자꾸 만지면 어떨까? 선생님이 ○○도 편안하게 쉴 수 있게 도와줄게. |
| 자다가 갑자기 울음을 터뜨리는 상황 | • 자다 깬 영유아와 상호작용을 하지 않고 다시 재운다. | • ○○가 놀랐구나. 선생님이 안아 줄게. 괜찮아.<br>• (다시 잠이 들지 않을 때) 잠이 오지 않는구나. 선생님이랑 같이 앉아서 그림을 그려 볼까? |
| 일어날 시간이 되기 전에 다른 친구들보다 빨리 일어난 상황 | • 아직 다른 친구들이 자고 있으니 소리 내지 말고 누워 있어. | • 잘 잤어? 푹 자고 일어나니 기분이 어떠니? 더 누워 있고 싶으면 누워 있어도 되고, 일어나고 싶으면 다른 친구들이 더 잘 수 있게 선생님하고 조용한 놀이를 해도 돼. |
| 적응기간 중 낮잠 시간이 되면 엄마를 찾는 상황 | • 낮잠을 자야 엄마한테 가지. 이불로 가서 누워. | • ○○가 낮잠 잘 시간이 되니 엄마가 많이 보고 싶어서 기분이 좋지 않았구나. 선생님이 안아 줄게. 편안하게 낮잠 자고 나면 엄마한테 갈 시간이 될테니 걱정 안 해도 돼. |

| 갈등 상황 사례 | 교사의 영유아 권리 존중 상호작용 | |
|---|---|---|
| | 부적절한 사례 | 바람직한 사례 |
| 자신의 이불이 아닌 친구의 이불 위에 누워 비켜 주지 않는 상황 | • ○○야, 네가 거기 누워 있으면 친구가 눕지 못 하잖아. 빨리 네 자리로 가렴. | • ○○의 낮잠 이불은 어디에 있을까? 그렇지 저기 있네. 친구 이불 위에 누워 봤으니 이제 ○○ 자리로 가 볼까? 친구가 누울 곳이 없어서 속상해하고 있어. |

## 7 대소변 훈련 및 화장실 사용

| 갈등 상황 사례 | 교사의 영유아 권리 존중 상호작용 | |
|---|---|---|
| | 부적절한 사례 | 바람직한 사례 |
| 화장실에 들어갈 때 여러 아이가 같은 모양의 슬리퍼를 신고 싶어 하며 다투는 상황 | • 누가 먼저 슬리퍼를 신었니? 먼저 신은 친구가 해야지. | • ○○와 △△가 같은 슬리퍼를 신고 싶었구나. 똑같은 모양의 슬리퍼는 하나인데 어떻게 하면 좋을까? (유아들에게 먼저 방법 묻기.)<br>• 누가 먼저 양보해 줄 수 있을까? 배려해 주어 고마워. |
| 너무 많은 유아가 한꺼번에 화장실 앞에 줄 서서 과격하게 장난칠 때 | • 줄 설 때 장난하면 다칠 수도 있다고 했잖아. 조심해! | • 기다림을 지루해하지 않도록 손 유희 또는 간단한 동요 부르기 등으로 주의를 환기하기.<br>• 차례대로 화장실을 사용했을 때 더 빨리 순서가 돌아온다는 것을 말해 주기. |

| 갈등 상황 사례 | 교사의 영유아 권리 존중 상호작용 | |
|---|---|---|
| | 부적절한 사례 | 바람직한 사례 |
| 바지에 대변이나 소변을 실수한 후 선생님에게 이야기했는데 놀이하던 친구들이 모여들어 부끄러워하는 상황 | • 바지에 실수하니까 친구들이 쳐다보지. 다음에는 화장실에서 해야 해. | • ○○야, 놀랐지? 실수할 수도 있는 거야 괜찮아. 선생님이랑 화장실에 가서 갈아입을까? (다른 유아들에게는 원하는 놀이를 할 수 있도록 유도함) |
| 양치질을 할 때 자유선택활동을 빨리 하고 싶어서 양치질을 거의 하지 않고 나오려는 유아 | • ○○야, 방금 들어갔는데 벌써 나오면 안 돼. | • ○○야, 자유선택활동을 빨리 하고 싶었구나. 어떤 놀이를 하고 싶어? 와! 그 놀이 정말 신나겠다. 그런데 양치질을 너무 빨리 끝내서 입 속에 세균이 자랄 것 같은데 양치질을 꼼꼼히 할 수 있도록 선생님이 도와줄게. |
| 양치컵에 물을 받을 때 친구에게 물을 뿌려 옷이나 얼굴이 젖어 다툼이 발생하는 상황 | • 친구한테 물 뿌리면 안 된다고 했지. 화장실에서 나와. | • ○○야, △△랑 물놀이를 하고 싶었어? 그런데 친구는 옷이 젖었는데 친구 기분이 어떨 것 같아? 그래, 속상해 하는 친구에게 사과할 수 있겠어? 사과해 주어서 고마워. |
| 변기에서 소변이나 대변을 끝낸 후 물을 반복적으로 내리며 물 내려가는 소리를 듣거나 살펴보는 상황 | • ○○야, 변기 사용하고 물은 한 번만 내리는 거야. 그만 내려. | • ○○야, 물 내리는 소리가 어땠어? 아! 좋은 소리가 나서 물을 계속 내렸구나. 그런데 ○○가 물을 계속 내리게 되면 기다리고 있는 친구가 물을 내릴 수가 없게 되어서 불편해져. 다음부터는 뒤에 있는 친구를 위해 물은 한 번만 내리도록 하자. |

## 8 대 · 소집단활동 시간

| 갈등사례 | 교사의 영유아 권리 존중 상호작용 | |
|---|---|---|
| | 부적절한 사례 | 바람직한 사례 |
| 아침 인사 시간에 바닥 자리에 앉지 않고 휴식 영역에 누워 있는 상황 | • 이리 와서 얼른 앉아. | • ○○가 지금은 앉고 싶지 않구나. 그럼, 여기에서 쉬면서 선생님 이야기 듣다가 앉고 싶을 때 앉아 보자.<br>• 아침 인사 중간에 휴식 영역에 누워 있는 친구와도 자연스럽게 인사를 나누며 흥미를 유발해 주기. |
| 아침 인사 시간에 이름 카드를 부르며 인사를 나누는데 대답하지 않는 상황 | • 오늘 누구 안 왔나 보네.<br>• 대답하세요. 대답하세요. | • 오늘은 ○○가 대답하기 힘들구나. 선생님이랑 같이 손 들고 대답해 볼까? |
| 활동에 흥미를 가지지 않고 참여하지 않는 상황 | • ○○는 지금 뭐하는 거니? 지금은 미술활동을 하는 시간이야. 이쪽으로 와. | • ○○는 지금은 미술활동을 하고 싶지 않은가 보구나. 그럼 친구들이 하는 모습을 지켜보다가 ○○가 하고 싶을 때 자리에 와서 같이 해 보자.<br>• 미술활동 중간에 흥미를 유발하는 상호작용으로 유도할 수도 있음. |
| 선생님이 읽어 주는 동화책을 더 가까이에서 보고 싶어 계속 앞으로 나와 옆에 있는 아이가 "안 보여."라고 말하는 상황 | • 자리에 앉아서도 볼 수 있으니까 뒤로 가렴. | • ○○야, 동화책이 너무 재미있어서 더 가까이에서 보고 싶었구나. 그런데 ○○가 계속 앞으로 나오면 옆에 있는 친구가 동화책을 볼 수 없대. 조금만 뒤로 가서 보면 친구들도 모두 편하게 잘 보여. |

| 갈등사례 | 교사의 영유아 권리 존중 상호작용 | |
|---|---|---|
| | 부적절한 사례 | 바람직한 사례 |
| 바닥 자리에서 옆 친구의 머리를 계속 만져 친구가 힘들어하는 상황 | • 너 뭐 하는 거니? 자꾸 친구를 만지지 마. | • ○○는 친구를 참 좋아하는구나. 그런데 △△ 친구는 힘들어하고 있어. 좋아하는 내 친구에게 어떻게 하는 게 좋은지 물어보자. |
| 율동 시간에 선생님과 율동을 하지 않고 소리를 지르며 뛰기만 하는 상황 | • 아니야. 선생님 보면서 따라해. 소리 지르지 않기. | • ○○는 바닥에서 콩콩 뛰면서 표현하는구나. 선생님도 ○○처럼 해 보니 너무 재미있네. 그런데 ○○가 너무 즐거워서 큰 소리로 표현하니까 친구들이 동요가 안 들린다고 하네. 목소리 조금만 낮춰 줄 수 있을까? |
| 미술활동 시간에 점을 찍고 다했다고 표현하는 상황 | • ○○야, 조금 더 그려. 여기도 그리고, 저기도 그리렴. | • ○○야, 뭐 그린 거야? (아이가 지렁이를 그렸다고 답할 때) 지렁이가 좋아하는 맛있는 음식도 그려 볼까? 지렁이는 물을 좋아하지? (이야기를 통해 구성해 나감) |
| 다음 실외활동을 준비해야 하는데 미술활동을 더 하고 싶다고 표현하는 상황 | • ○○야, 이제 나가야 해. 그만하고 손 씻고 실외활동 가자. | • ○○가 더 그리고 싶구나. 그럼 친구들 손 씻을 때까지만 더 할까? 미술활동은 바깥놀이 다녀와서 점심 먹고 또 할 수 있을 것 같아. |

## 9 귀가 지도

| 갈등상황 사례 | 교사의 영유아 권리 존중 상호작용 | |
|---|---|---|
| | 부적절한 사례 | 바람직한 사례 |
| 유아가 입고 온 외투의 지퍼나 단추를 잠그지 못 해 짜증을 내는 상황 | • 혼자 할 수 있어.<br>• 혼자서 해 보고 못 하면 이야기해. | • ○○야, 지퍼(또는 단추)가 잘 잠기지 않아 속상했구나. 잘 안 될 때는 선생님에게 "도와주세요." 하고 말해 줄 수 있겠니? 자, 선생님과 같이 해 볼까? |
| 일과 평가에 대해 이야기 나눌 때 이야기를 시작하기 힘들어하는 상황 | • 선생님이 기다려 줬는데, 아직도 생각이 안 나? 그럼 나중에 이야기해. | • ○○야, 생각할 시간이 좀 더 필요하니? (아이가 고개를 끄덕임.) 우리 ○○의 생각 주머니가 너무 커서 시간이 조금 걸렸나 보구나. 친구들이 이야기할 동안 생각할 시간을 좀 더 가져 보는 게 어떠니? 하고 싶은 이야기가 생각날 때 마지막에 말해 줘도 괜찮아. |
| 하원 시, 인사를 받기만 하고 친구와 선생님에게 인사하지 않는 상황 | • ○○는 왜 인사를 안 해? 얼른 인사를 해야지. | • ○○의 목소리는 어디 있을까? ○○가 인사해 주면 친구들이 기분 좋게 집에 갈 것 같아. 선생님과 같이 친구들에게 인사를 건네 보자. 친구들 잘 가. 안녕! |

| 갈등상황 사례 | 교사의 영유아 권리 존중 상호작용 | |
|---|---|---|
| | 부적절한 사례 | 바람직한 사례 |
| 신발이 잘 신어지지 않아 울음을 터트리는 상황 | • (유아를 바라보며) 울음을 뚝 그치면 선생님이 도와줄 거야.<br>• 혼자서도 신발을 신을 줄 알아야지. 매일 선생님이 도와줄 수는 없어. | • ○○가 신발이 잘 신어지지 않아 속상했구나. 선생님이 좀 도와줘도 되겠니? 다음부터는 선생님에게 "도와주세요." 라고 이야기해 주면 선생님이 ○○를 도와주도록 할게! 선생님과 함께 해 보자. |
| 하원 차량 탑승 후, 물이 먹고 싶었지만 참다가 차량 출발 전에 갑자기 물이 먹고 싶다는 말하는 상황 | • 지금 물을 찾으면 어떡하니?<br>• 집에 가야 하니까 집에 가서 마셔. | • ○○가 목이 많이 말랐구나. (교사는 개인 물통에 물을 넣어 건네며) 이제 좀 괜찮니? 차가 갑자기 출발할까 마음이 조마조마했지? 다음에도 오늘처럼 목이 많이 마를 땐 참지 말고 차를 타기 전에 이야기할 수 있을까? |
| 하원 차량에서 내가 앉고 싶은 자리에 앉지 못해 속상한 표정을 짓는 영유아 | • 매일 ○○가 원하는 자리에 앉을 수 없어.<br>• 앉지 못했다고 그런 표정 짓지 마. | • ○○가 저 자리에 앉고 싶었는데 다른 친구가 앉아 있어 많이 속상했구나. 오늘은 △△와 함께 다른 자리에 앉고 다음에 기회가 되면 앉아 보자. |
| 데리러 오기로 한 엄마가 갑자기 데리러 오지 못하여 기분이 안 좋은 경우 | • 엄마가 급한 일이 생기셔서 못 오시는 건데 ○○가 이해해. | • ○○야, 오늘 엄마가 데리러 오시기로 했는데 갑자기 데리러 오시지 못해 많이 서운했구나. 엄마도 갑자기 바쁜 일이 생기셔서 ○○를 데리러 오시지 못해서 걱정하실 거야. 선생님과 즐겁게 놀면서 엄마를 기다려 보는 건 어때?<br>(시간을 시계바늘로 가리켜 줌) |

HUMAN RIGHTS EDUCATION FOR CHILDREN

# 부록

- UN 아동권리협약
- 세계평화와 인권보호를 위해 움직이는 국제기구

# UN 아동권리협약

1989년 11월 20일 UN 총회에서 채택

## 서 론

이 협약의 당사국은 UN 헌장에 선언된 원칙에 따라 인류 사회의 모든 구성원의 고유한 존엄성 및 평등하고 양도할 수 없는 권리를 인정하는 것이 세계의 자유, 정의 및 평화의 기초가 됨을 고려하고, UN 체제하의 모든 국민은 기본적인 인권과 인간의 존엄성 및 가치에 대한 신념을 UN 헌장에서 재확인하였고, 확대된 자유 속에서 사회발전과 생활 수준의 향상을 촉진하기로 결의하였음에 유념하며, UN은 세계인권선언과 국제인권협약을 통해 모든 사람은 인종, 피부색, 성별, 언어, 종교, 정치적 또는 기타의 의견, 민족적 또는 사회적 출신, 재산, 출생 또는 기타의 신분 등 어떠한 종류 구분에 의한 차별 없이 동 선언 및 협약에 규정된 모든 권리와 자유를 향유할 자격이 있음을 선언하고 동의하였음을 인정하고, UN은 세계인권선언을 통해 모든 사람은 유년기에 특별한 보호와 도움을 받을 권리가 있다고 선언하였음을 상기하며, 가족은 사회의 기초 집단이며 모든 구성원, 특히 아동의 성장과 복지를 위한 자연적 환경으로서 공동체 내에서 그 책임을 충분히 감당할 수 있도록 필요한 보호와 지원이 부여되어야 함을 확신하며, 아동은 완전하고 조화로운 인격 발달을 위하여 가족적 환경과 행복, 사랑 및 이해의 분위기 속에서 성장하여야 함을 인정하고, 아동은 사회에서 한 개인으로서의 삶을 영위할 수 있도록 충분히 준비되어야 하며, UN 헌장을 통해 선언한 이상주의 정신, 특히 평화, 존엄, 관용, 자유, 평등, 연대의 정신 속에서 양육되어야 함을 고려하고, 아동에게 각별한 보호를 제공하여야 할 필요성은 1924년 아동권리에 관한 제네바 선언과 1959년 11월 20일 UN 총회에 의하여 채택된 아동권리선언에 명시되어 있으며, 세계인권선언, 시민적·정치적 권리에 관한 국제협약(특히, 제23조와 제24조), 경제적·사회적·문화적 권리에 관한 국제협약(특히, 제10조) 및 아동의 복지와 관련된 전문기구와 국제기구의 규정 및 관련 문서에서 인정되었음을 유념하고, 아동권리선언문에 나타나 있는 바와 같이, 아동은 신체적·정신적 미성숙으로 인하여 출생 전후를 막론하고 적절한 법적 보호를 포함한 특별한 보호와 배려를 필요로 한다는 점에 유념하고, '국내외 양육위탁과 입양을 별도로 규정하는 아동의 보호와 복지에 관한 사회적·법적 원칙에 관한 선언'의 제규정, '소년법 집행을 위한 UN 최소표준규정(베이징 규정)' 및 '비상시·무력 충돌 시 부녀자와 아동의 보호에 관한 선언'을 상기하고, 세계 모든 국가에 예외적으로 어려운 여건하에 생활하고 있는 아동들이 있으며, 이 아동들은 특별한 배려를 필요로 함을 인정하고, 아동의 보호와 조화로운 발전을 위하여 각 민족의 전통과 문화적 가치의 중요성을 충분히 고려하고, 모든 국가, 특히 개발도상국가 아동의 생활 여건을 향상시키기 위한 국제협력의 중요성을 인정하면서, 다음과 같이 합의하였다.



## 제 1 부

### 제 1 조

이 협약의 목적상, 아동이라 함은 해당 아동법규에 의하여 미리 성년에 달하지 아니하는 한 18세 미만의 모든 사람을 의미한다.

### 제 2 조

1. 당사국은 자국의 관할권 내에서 아동 또는 그의 부모나 법정 후견인의 인종, 피부색, 성별, 언어, 종교, 정치적 또는 기타의 의견, 민족적·인종적 또는 사회적 출신, 재산, 장애, 출생 또는 기타의 신분에 관계없이, 그리고 어떠한 종류의 차별이 없이 이 협약에 규정된 권리를 존중하고 각 아동에게 보장하여야 한다.

2. 당사국은 아동이 그의 부모나 법정 후견인 또는 가족 구성원의 신분, 활동, 표명된 의견을 이유로 받게 되는 모든 형태의 차별이나 처벌로부터 보호되도록 보장하는 모든 적절한 조치를 취하여야 한다.

### 제3조

1. 공공 또는 민간 사회복지기관, 법원, 행정당국, 또는 입법기관 등에 의하여 실시되는 아동에 관한 모든 활동에 있어서 아동 최상의 이익이 최우선적으로 고려되어야 한다.
2. 당사국은 아동의 부모, 법정 후견인 또는 여타 아동에 대하여 법적 책임이 있는 자의 권리와 의무를 고려하여, 아동복지에 필요한 보호와 배려를 아동에게 보장하고, 이를 위하여 모든 적절한 입법적·행정적 조치를 취하여야 한다.
3. 당사국은 아동을 보살피고 보호하기 위한 책임을 지고 있는 기관과 시설에서 관계 당국이 설정한 기준 — 특히, 안전, 건강, 직원의 숫자, 직원의 적격성 및 충분한 감독 — 을 지켜 나가도록 조치를 취해야 한다.



### 제4조

당사국은 이 협약에서 인정된 권리를 실현하기 위한 모든 적절한 입법적·행정적 및 여타의 조치를 취하여야 한다. 경제적·사회적·문화적 권리에 관하여 당사국은 가용자원의 최대한도까지, 그리고 필요한 경우에는 국제협력의 테두리 내에서 이러한 조치를 취하여야 한다.

### 제5조

아동이 이 협약에서 인정된 권리를 행사함에 있어서, 당사국은 부모 또는 적용 가능한 경우 현지 관습에 의하여 인정되는 확대가족이나 공동체의 구성원, 법정 후견인, 또는 기타 아동에 대한 법적 책임자들이 아동의 능력 발달에 상응하는 방법으로 적절한 감독과 지도를 행할 책임과 권리 및 의무를 가지고 있음을 존중하여야 한다.

## 제6조

1. 당사국은 모든 아동이 고유의 생명권을 가지고 있음을 인정한다.
2. 당사국은 가능한 최대한도로 아동의 생존과 발달을 보장하여야 한다.

## 제7조

1. 아동은 출생 후 즉시 등록되어야 하며, 출생 시부터 성명권과 국적 취득권을 가지며, 가능한 한 자신의 부모를 알고 부모에 의하여 양육받을 권리를 가진다.
2. 당사국은 이 분야의 국내법 및 관련 국제 문서상의 의무에 따라 이러한 권리가 실행되도록 보장하여야 하며, 권리가 실행되지 아니하여 아동이 무국적으로 되는 경우에는 특히 그러하다.

## 제8조

1. 당사국은 법률에 의해 인정되는 아동의 국적, 성명 및 가족관계를 포함하여 아동의 정체성을 유지할 권리를 존중하되 이를 불법적으로 방해하지 않는다.
2. 아동이 그의 신분요소 중 일부 또는 전부를 불법적으로 박탈당한 경우, 당사국은 그의 신분을 신속하게 회복하기 위하여 적절한 지원과 보호를 제공하여야 한다.

## 제9조

1. 당사국은 사법적 심사의 구속을 받는 관계 당국이 해당 법률 및 절차에 따라서 부모와의 이별이 아동 최상의 이익을 위하여 필요하다고 결정하는 경우 이외에는 아동이 그의 의사에 반하여 부모로부터 헤어지지 아니하도록 보장하여야 한다. 위의 결정은 부모에 의한 아동학대 또는 유기의 경우나 부모의 별거로 인하여 아동의 거처에 관한 결정이 내려져야 하는 등 특별한 경우에 필요할 수 있다.
2. 제1항에 따른 모든 절차와 관련하여 모든 이해당사자는 그 절차에 참가하여 자신의 견해를 표시할 기회가 부여되어야 한다.

3. 당사국은 아동 최상의 이익에 반하는 경우 이외에는 한쪽 부모 혹은 양쪽 부모로부터 헤어진 아동이 정기적으로 부모와 개인적 관계를 유지하고 직접적인면접교섭을 유지할 권리를 가짐을 존중하여야 한다.
4. 부모와의 이별이 국가에 의한 한쪽 부모 혹은 양부모의 감금, 투옥, 망명, 강제퇴거 또는 사망(국가가 억류하고 있는 동안 발생한 모든 원인에 기인한 사망을 포함하여) 때문인 경우에는, 당사국은 그 정보의 제공이 아동의 복지에 해롭지 아니하는 한 부모·아동 또는 적절한 경우 여타 가족 구성원에게 부재중인 가족 구성원의 소재에 관해 본질적인 정보를 제공하여야 한다. 또한 당사국은 그러한 정보의 제공이 관련자에게 불리한 결과를 초래하지 아니하도록 조치를 취해야 한다.

### 제 10 조

1. 제9조 제1항에 규정된 당사국의 의무에 따라서 가족의 재결합을 위하여 아동 또는 그 부모가 당사국에 입국하거나 출국하기 위한 신청은 당사국에 의하여 긍정적이며 인도적인 방법으로 신속하게 취급되어야 한다. 또한 당사국은 이러한 신청에 대한 처리로 인해 신청자와 그의 가족 구성원들에게 불리한 결과를 초래하지 아니하도록 조치를 취해야 한다.
2. 부모가 타국에 거주하는 아동은 예외적 상황 이외에는 정기적으로 부모와 개인적 관계 및 직접적인 면접교섭을 유지할 권리를 갖는다. 이러한 목적에 비추어, 그리고 제9조 제1항에 규정된 당사국의 의무에 따라서 당사국은 아동과 그의 부모가 본국을 포함하여 어떠한 국가로부터 출국할 수 있고, 본국으로 입국할 수 있는 권리를 존중하여야 한다. 어떠한 국가로부터 출국할 수 있는 권리는 국가안보, 공공질서, 공중보건, 타인의 권리와 자유를 보호하기 위해 필요하기 때문에 법으로 출국을 금하고 있는 경우가 아닌 경우에만 제약을 받으며, 이 협약이 인정하고 있는 다른 권리와 일치한다.

### 제 11 조

1. 당사국은 아동의 불법 해외이송 및 미(未)귀환을 금지하기 위한 조치를 취하여야 한다.
2. 이 목적을 위해 당사국은 해당 국가와 양자 또는 다자 협정의 체결이나 기존 협정에의 가입을 위해 노력해야 한다.

### 제 12 조

1. 당사국은 자신의 견해를 형성할 능력이 있는 아동에 대하여 본인에게 영향을 미치는 모든 문제에 있어서 자신의 견해를 자유롭게 표시할 권리를 보장하며, 아동의 견해에 대하여는 아동의 연령과 성숙 정도에 따라 정당한 비중이 부여되어야 한다.
2. 이러한 목적을 위하여, 특히 아동에게 영향을 미치는 어떠한 사법적·행정적 절차에 있어 아동이 직접 또는 대리인이나 적절한 기관을 통하여 진술할 기회가 국내법의 절차에 따라 주어져야 한다.

### 제 13 조

1. 아동은 표현의 자유를 갖는다. 이 권리는 구두, 필기 또는 인쇄, 예술의 형태 또는 아동이 선택하는 기타의 매체를 통하여 모든 종류의 정보와 사상을 국경에 관계없이 추구하고 접수하며 전달하는 자유를 포함한다.
2. 이 권리의 행사는 일정한 제한을 받을 수 있다. 다만 이 제한은 오직 법률에 의하여 규정되고 다음 경우에 해당된다.
   가. 타인의 권리 혹은 명예를 존중해야 하는 경우
   나. 국가안보, 공공질서, 공중보건 또는 윤리상 필요한 경우

### 제 14 조

1. 당사국은 아동의 사상, 양심 및 종교의 자유에 대한 권리를 존중하여야 한다.
2. 당사국은 아동의 능력 발달에 맞게 권리를 행사할 수 있도록 지도할 수 있는

부모 혹은 법정 후견인의 권리와 의무를 존중해야 한다.

3. 종교와 신념을 표현하는 자유는 오직 법률에 의하여 규정되고 공공의 안정, 질서, 보건, 윤리 또는 타인의 기본권적 권리와 자유를 보호하기 위하여 필요한 경우에만 제한될 수 있다.

### 제 15 조

1. 당사국은 아동에게 결사의 자유와 평화적 집회의 자유에 대한 권리가 있음을 인정한다.
2. 이 권리의 행사에 대하여는 법률에 따라 부과되고 국가안보 또는 공공의 안전, 공공질서, 공중보건, 윤리, 보호 또는 타인의 권리와 자유의 보호를 위하여 민주사회에서 필요한 것 외의 어떠한 제한도 과하여져서는 안 된다.

### 제 16 조

1. 어떠한 아동도 사생활, 가족, 가정 또는 서신 왕래에 대하여 독단적이거나 불법적인 간섭을 받지 아니하며, 명예나 신망에 대한 불법적인 공격을 받지 아니한다.
2. 아동은 이러한 간섭 또는 비난으로부터 법률의 보호를 받을 권리를 갖는다.

### 제 17 조

당사국은 대중매체가 수행하는 중요한 기능을 인정하며, 아동이 국내외의 다양한 소식통으로부터 정보와 자료, 특히 아동의 사회적·정신적·윤리적 복지와 신체적·정신적 건강의 향상을 목적으로 하는 정보와 자료를 접할 수 있도록 해야 한다. 이 목적을 위하여 당사국은,

가. 대중매체가 아동에게 사회적·문화적으로 유익하고 제29조의 정신에 부합되는 정보와 자료를 보급하도록 장려하여야 한다.

나. 다양한 문화와 국내외의 소식통에 의한 정보와 자료의 제작, 교환 및 보급을 위한 국제협력을 장려하여야 한다.

다. 아동도서의 보급과 제작을 장려하여야 한다.

라. 대중매체로 하여금 소수집단의 아동 혹은 원주민 아동이 언어상 겪는 곤란에 특별한 관심을 기울이도록 장려하여야 한다.

마. 제13조와 제18조의 규정을 유념하며 아동복지에 해로운 정보와 자료로부터 아동을 보호하기 위한 적절한 지침을 개발하도록 권장해야 한다.

### 제 18 조

1. 당사국은 양(羊) 부모, 즉 아버지와 어머니가 아동의 양육과 발전에 공동책임을 진다는 원칙이 인정받을 수 있도록 최선의 노력을 기울여야 한다. 부모 또는 경우에 따라서 법정 후견인은 아동의 양육과 발전에 일차적 책임을 진다. 아동 최상의 이익이 그들의 기본적 관심이 된다.
2. 이 협약에 규정된 권리를 보장하고 촉진시키기 위하여, 당사국은 아동의 양육책임 이행에 있어서 부모와 법정 후견인에게 적절한 지원을 제공하여야 하며, 아동보호를 위한 기관, 시설 및 편의의 개발을 보장하여야 한다.
3. 당사국은 취업부모의 아동들이 이용할 수 있는 아동보호를 위한 편의 및 시설사용에 대한 권리가 있음을 보장하기 위하여 모든 적절한 조치를 취하여야 한다.

### 제 19 조

1. 당사국은 아동이 부모, 법정 후견인 또는 기타 아동 양육자의 양육을 받고 있는 동안 모든 형태의 신체적·정신적 폭력, 상해, 학대, 유기, 방임적 대우, 성적 학대를 포함한 혹사나 착취로부터 아동을 보호하기 위하여 모든 적절한 입법적·행정적·사회적·교육적 조치를 취하여야 한다.
2. 이러한 보호조치는 아동과 아동 양육자에게 필요한 지원을 제공하기 위한 사회계획의 수립은 물론, 상기된 바와 같은 아동학대 사례를 여러 방법으로 방지하거나 확인, 보고, 조회, 조사, 처리 및 추적하고, 적절한 경우에는 사법적 개입을 가능하게 하는 효과적 절차를 적절히 포함하여야 한다.

### 제 20 조

1. 일시적 또는 항구적으로 가족적 환경을 박탈당하거나, 가족적 환경에 있는 것이 자신의 최상의 이익을 위하여 허용될 수 없는 아동은 국가로부터 특별한 보호와 지원을 받을 권리가 있다.
2. 당사국은 국내법에 따라 이러한 아동을 위한 대체적 보호조치를 마련해야 한다.
3. 이러한 보호조치, 특히 양육위탁, 회교법의 카팔라, 입양 또는 필요한 경우 적절한 아동 양육기관에 두는 것을 포함한다. 해결책을 모색하는 경우에는 아동 양육에 있어 계속성 보장이 바람직하다는 점과 아동의 인종적·종교적·문화적·언어적 배경을 적절히 감안하여 조치한다.

### 제 21 조

입양제도를 인정하거나 허용하는 당사국은 아동 최상의 이익이 최우선적으로 고려되도록 보장하여야 하며, 당사국은,

가. 아동의 입양은 해당 법률과 절차에 따라, 그리고 적절하고 신빙성 있는 모든 정보에 기초하여 입양이 부모, 친척 및 법정 후견인에 대한 아동의 신분에 비추어 허용될 수 있음을, 그리고 관련자가 필요한 상담을 통해 입양과 관련한 내용을 알고 동의했음을 전제로 자격이 있는 관계 당국에 의해서만 허가되도록 보장하여야 한다.

나. 국제입양은 아동을 위탁양육자나 입양가족이 맡을 수 없다거나 어떠한 적절한 방법으로도 출신국에서 양육되어질 수 없는 경우 아동 양육의 대체수단으로서 고려될 수 있음을 인정하여야 한다.

다. 국제입양 대상 아동에게 국내입양의 경우와 대등한 보호조치와 기준이 적용되도록 보장하여야 한다.

라. 국제입양에 있어서 아동의 위탁이 관계자들에게 부당한 재정적 이익을 주는 결과가 되지 아니하도록 모든 적절한 조치를 취하여야 한다.

마. 해당되는 경우 양자 또는 다자 약정이나 협정을 체결함으로써 본 조의 목

적을 촉진시키며, 이러한 테두리 내에서 아동의 타국 내 입양 위탁이 유자격 기관이나 기구에 의해 반드시 추진되도록 한다.

### 제 22 조

1. 당사국은 난민으로서의 지위를 구하거나 적용 가능한 국제법 및 국내법과 절차에 따라 난민으로 취급되는 아동이 부모나 기타 다른 사람과의 동반 여부에 관계없이 이 협약 및 당해 국가가 당사국인 다른 국제 인권 또는 인도주의 관련 문서에 규정된 적용 가능한 권리를 향유함에 있어서 적합한 보호와 인도적 지원을 받을 수 있도록 하기 위하여 적절한 조치를 취하여야 한다.
2. 이 목적을 위하여, 당사국은 UN 및 UN과 협력하는 여타의 권한 있는 정부 간 또는 비정부 간 기구들이 그러한 아동을 보호·원조하고 가족 재결합에 필요한 정보를 획득하기 위하여 난민아동의 부모나 다른 가족 구성원을 추적하는 데 기울이는 어떠한 노력에 대하여도 적절하다고 판단되는 협조를 제공하여야 한다. 부모나 다른 가족 구성원을 발견할 수 없는 경우, 그 아동은 어떠한 이유로 인하여 영구적 또는 일시적으로 가족환경을 박탈당한 다른 아동과 마찬가지로 이 협약에 규정된 바와 같은 보호를 받아야 한다.

### 제 23 조

1. 당사국은 정신·신체 장애아동에게 존엄성을 보장하고 자립을 촉진하며 적극적 사회 참여를 조장하는 등 그들이 마음껏 품위 있는 생활을 누려야 한다는 점을 인정한다.
2. 당사국은 장애아동에게 특별한 보호를 받을 권리가 있음을 인정하며, 아동의 여건과 부모나 다른 아동 양육자의 여건에 적합한 지원을 활용 가능한 재원의 범위 내에서, 이를 받을 만한 아동과 그의 양육책임자에게 제공하도록 조치를 취해야 한다.
3. 장애아동의 특별한 곤란을 인식하며, 본 조 제2항에 따라 제공되는 지원은 부모나 다른 아동 양육자의 재정 형편을 고려하여 가능한 한 무상으로 제공되어

야 하며, 가능한 한 장애아동의 전면적인 사회 참여와 문화적·정신적 발전을 포함한 개인적 발전을 위해 그 아동이 교육, 훈련, 건강관리 지원, 재활 지원, 취업준비 및 오락 기회를 효과적으로 이용하고 제공받을 수 있도록 계획되어야 한다.

4. 당사국은 국제협력의 정신에 입각하여, 장애아동에 대한 예방의학, 의학적·심리적·기능적 치료 분야에 대해 적합한 정보를 외국과 교환해야 한다. 이러한 정보 교류는 이 분야의 치료 분야에 대한 해당국의 대처 능력과 기술 및 경험을 높이기 위한 것으로 장애아동의 재활, 교육 및 직업보도에 관한 정보의 교류가 포함된다. 이 문제에 있어서 개발도상국의 필요에 대하여 특별한 배려가 있어야 한다.

### 제24조

1. 당사국은 도달 가능한 최상의 건강 수준을 향유하고, 질병의 치료와 건강의 회복을 위한 시설을 사용할 수 있는 아동의 권리를 인정한다. 당사국은 건강서비스의 이용에 관한 아동의 권리가 박탈되지 아니하도록 노력하여야 한다.
2. 당사국은 이 권리의 완전한 이행을 추구하여야 하며, 특히 다음과 같은 적절한 조치를 취하여야 한다.
   가. 유아와 아동의 사망률을 감소시키기 위한 조치
   나. 기초건강관리의 발전에 중점을 두면서 모든 아동에게 필요한 의료 지원과 건강관리의 제공을 보장하는 조치
   다. 환경오염으로 인한 위험을 고려하여 기초건강관리 체계 내에서 무엇보다도 용이하게 이용 가능한 기술의 적용과 충분한 영양식 및 깨끗한 음료수의 제공 등을 통하여 질병과 영양실조를 퇴치하기 위한 조치
   라. 산모를 위하여 출산 전후의 적절한 건강관리를 보장하는 조치
   마. 모든 사회 구성원, 특히 부모와 아동에게 아동의 건강과 영양, 모유 수유의 유익성, 위생 및 환경위생 시설, 그리고 사고 예방에 관한 기초 지식의 활

용에 있어서 정보를 제공받고 교육을 지원받도록 하는 조치

바. 예방적 건강관리, 부모를 위한 지도 및 가족계획에 관한 교육과 편의를 발전시키는 조치

3. 당사국은 아동의 건강을 해치는 전통적 관습을 폐지하기 위하여 모든 효과적이고 적절한 조치를 취하여야 한다.
4. 당사국은 본 조에서 인정된 권리의 완전한 실현을 점진적으로 달성하기 위하여 국제협력을 촉진하고 장려하여야 한다. 이 문제에 있어서 개발도상국의 필요에 대해 특별히 배려해야 한다.

### 제 25 조

당사국은 신체적 · 정신적 건강의 관리, 보호 또는 치료의 목적으로 관계 당국에 의하여 양육지정 조치된 아동이 제공되는 치료 및 양육지정과 관련된 여타 모든 실정에 대해 정기적으로 평가받을 수 있는 권리를 갖고 있음을 인정한다.

### 제 26 조

1. 당사국은 모든 아동이 사회보험을 포함한 사회보장제도의 혜택을 받을 권리를 갖고 있음을 인정하며, 국내법에 따라 이 권리의 완전한 실현을 달성하기 위하여 필요한 조치를 취하여야 한다.
2. 이러한 혜택은 아동 및 아동에 대한 부양책임자의 재정 능력과 상황은 물론 아동에 의하여 직접 행하여지거나 아동을 대신하여 행하여지는 혜택의 신청과 관련된 여타의 사정을 참작하여 적절한 경우에 부여되어야 한다.

### 제 27 조

1. 당사국은 모든 아동이 신체적 · 지적 · 정신적 · 윤리적 · 사회적 발달에 적합한 생활 수준을 누릴 권리를 갖고 있음을 인정한다.
2. 부모 또는 기타 아동에 대하여 책임을 지고 있는 사람은 능력과 재정 상황의 범위 내에서 아동 발달에 필요한 생활 여건을 제공할 일차적 책임을 진다.

3. 당사국은 국가적인 여건과 재원의 범위 내에서 부모 또는 기타 아동에 대하여 책임을 지고 있는 사람이 이 권리를 실현하도록 지원하기 위한 적절한 조치를 취하여야 하며, 필요한 경우, 특히 영양, 의복 및 주거에 대하여 물질적 보조 및 지원 계획을 제공하여야 한다.
4. 당사국은 국내외에 거주하는 부모 또는 기타 아동에 대하여 재정적으로 책임을 지고 있는 사람으로부터 아동 양육비를 회수하기 위한 모든 적절한 조치를 취하여야 한다. 특히, 아동에 대하여 재정적으로 책임을 지는 사람이 아동이 거주하는 국가와 다른 국가에 거주하는 경우, 당사국은 국제협약의 가입이나 그러한 협약의 체결은 물론 다른 적절한 조치의 강구를 촉진하여야 한다.

### 제 28 조

1. 당사국은 아동의 교육에 대한 권리를 인정하며, 점진적으로 기회균등의 기초 위에서 이 권리를 달성하기 위하여 특히 다음의 조치를 취하여야 한다.
   가. 초등교육은 의무적이며, 모든 사람에게 무료로 제공되어야 한다.
   나. 일반교육 및 직업교육을 포함한 여러 형태의 중등교육의 발전을 장려하고, 이에 대한 모든 아동의 이용 및 접근이 가능하도록 하며, 무료 교육의 도입 및 필요한 경우 재정적 지원을 제공하는 등의 적절한 조치를 취하여야 한다.
   다. 모든 사람에게 고등교육의 기회가 능력에 입각하여 개방될 수 있도록 모든 적절한 조치를 취하여야 한다.
   라. 교육 및 직업에 관한 정보와 지도를 모든 아동이 이용하고 접근할 수 있도록 조치하여야 한다.
   마. 학교의 정기 출석을 권장하고 중퇴율을 감소하기 위한 조치를 취하여야 한다.
2. 당사국은 학교 규율이 아동의 인간적 존엄성과 합치하고 이 협약에 부합하도록 운영되는 것을 보장하기 위한 모든 적절한 조치를 취하여야 한다.

3. 당사국은 특히 전 세계의 무지와 문맹퇴치에 기여하고 과학적·기술적 지식과 현대적 교육방법에의 접근을 용이하게 하기 위하여 교육에 관련되는 사항에 있어서 국제협력을 촉진하고 장려하여야 한다. 이 문제에 있어서 개발도상국의 필요에 대하여 특별히 배려해야 한다.

### 제 29 조

1. 당사국은 아동교육이 다음의 목표를 지향하여야 한다는 데 동의한다.
   가. 아동의 인격, 재능 및 정신적·신체적 능력을 최대한 계발한다.
   나. 인권과 기본 자유 및 UN 헌장에 내포된 원칙을 존중한다.
   다. 자신의 부모, 문화적 주체성, 언어 및 가치, 그리고 현 거주국과 출신국의 국가적 가치 및 이질 문화를 존중한다.
   라. 아동이 인종적·민족적·종교적 집단 및 원주민 등 모든 사람과의 관계에 있어서 이해, 평화, 관용, 남녀평등 및 우정의 정신에 입각하여, 자유사회에서 책임 있는 삶을 영위하도록 준비시킨다.
   마. 자연환경을 존중한다.
2. 본 조 또는 제28조의 어떠한 부분도 개인이나 단체가 교육기관을 설립하여 운영할 수 있는 자유를 침해하는 것으로 해석되어서는 안 된다. 이는 본 조 제1항에 규정된 원칙들을 준수하고 당해 교육기관에서 실시되는 교육이 국가에 의하여 설정된 최소한의 기준에 부합하여야 한다는 조건을 따른다.

### 제 30 조

인종적·종교적 또는 언어적 소수집단 혹은 원주민이 존재하는 국가에서 이러한 소수민족의 아동 혹은 원주민 아동은 자기 집단의 다른 구성원들과 함께 고유문화를 향유하고 고유의 종교를 신앙하고 실천하며 고유의 언어를 사용할 권리를 거부당하지 아니한다.

### 제 31 조

1. 당사국은 휴식과 여가를 즐기고, 자신의 연령에 적합한 놀이와 오락 활동에 참여하며 문화생활과 예술에 자유롭게 참여할 수 있는 권리를 인정한다.
2. 당사국은 문화적·예술적 생활에 완전하게 참여할 수 있는 아동의 권리를 존중하고 촉진하며, 문화, 예술, 오락 및 여가활동을 위한 적절하고 균등한 기회를 제공하도록 권장해야 한다.

### 제 32 조

1. 당사국은 아동에 대한 경제적 착취, 그리고 아동의 교육에 위험하거나 방해되는 일, 아동의 건강이나 신체적·지적·정신적·도덕적·사회적 발전에 유해한 노동의 수행으로부터 보호받을 수 있는 아동의 권리를 인정한다.
2. 당사국은 본 조의 이행을 보장하기 위한 입법적·행정적·사회적·교육적 조치를 강구하여야 한다. 이 목적을 위하여, 그리고 여타 국제문서의 관련 규정을 고려하여 당사국은 특히 다음의 조치를 취하여야 한다.
   가. 최저 고용연령의 규정
   나. 고용시간과 조건에 관한 적절한 규정의 수립
   다. 본 조의 효과적인 실시를 위한 적절한 처벌 또는 기타 제재 수단의 규정



### 제 33 조

당사국은 관련 국제조약에서 규정하고 있는 마약과 향정신성 물질의 불법적 사용으로부터 아동을 보호하고 이러한 물질의 불법적 생산과 거래에 아동이 이용되는 것을 방지하기 위하여 입법적·행정적·사회적·교육적 조치를 포함한 모든 적절한 조치를 취하여야 한다.

### 제 34 조

당사국은 모든 형태의 성적 착취와 성적 학대로부터 아동을 보호할 의무를 진다. 이 목적을 달성하기 위하여 당사국은 특히 다음의 사항을 방지하기 위한 모든 적

절한 조치를 국내적으로, 양국 간, 다국 간으로 취해야 한다.

가. 아동을 불법적 · 성적 활동에 종사하도록 유인하거나 강제하는 행위

나. 아동을 매음이나 기타 불법적 · 성적 활동에 착취적으로 이용하는 행위

다. 아동을 외설적인 공연 및 자료에 착취적으로 이용하는 행위

### 제 35 조

당사국은 모든 목적과 형태의 아동의 약취 유인이나 인신매매 또는 거래를 방지하기 위한 모든 적절한 국내적, 양국 간, 다국 간 조치를 취하여야 한다.

### 제 36 조

당사국은 아동복지의 모든 측면에 해가 되는 기타 모든 형태의 착취로부터 아동을 보호하여야 한다.

### 제 37 조

당사국은 다음의 사항을 보장하여야 한다.

가. 어떠한 아동도 고문 또는 기타 잔혹하거나 비인간적이거나 굴욕적인 대우나 처벌을 받지 아니한다. 18세 미만의 아동이 범한 범죄에 대하여 사형 또는 석방의 가능성이 없는 종신형을 부과해서는 안 된다.

나. 어떠한 아동도 불법적 또는 전횡적으로 자유를 박탈당하지 아니한다. 아동의 체포, 억류 또는 구금은 법률에 따라 행해야 하며, 오직 최후의 수단으로서 또한 적절한 최단기간 동안만 사용되어야 한다.

다. 자유를 박탈당한 모든 아동은 인도주의와 인간 고유의 존엄성에 대한 존중에 입각하여, 그리고 그들의 연령상의 필요를 고려하여 처우되어야 한다. 특히 자유를 박탈당한 모든 아동은 성인으로부터 격리되지 아니하는 것이 아동 최상의 이익에 합치한다고 생각되는 경우를 제외하고는 서신과 방문을 통하여 자기 가족과의 접촉을 유지할 권리를 갖는다.

라. 자유를 박탈당한 모든 아동은 법률적, 기타 적절한 구조를 신속하게 받을

수 있는 권리를 가지며, 법원 혹은 독립적이고 공정한 소관당국에 자신이 당하고 있는 자유박탈의 적법성에 대해 이의를 제기하고 이러한 소송에 대하여 신속한 결정을 받을 권리를 갖는다.

### 제 38 조

1. 당사국은 무력분쟁에 있어서, 당사국에 적용 가능한 아동 관련 국제인도법을 존중하고 이 법이 준수되도록 조치를 취한다.
2. 당사국은 15세에 달하지 아니한 자가 적대행위에 직접 참여하지 아니할 것을 보장하기 위하여 실행 가능한 모든 조치를 취하여야 한다.
3. 당사국은 15세에 달하지 아니한 자의 징병을 삼가하여야 한다. 15세 이상에서 18세 이하의 아동 중에서 징병하는 경우 당사국은 연장자 순으로 징집해야 한다.
4. 무력분쟁에 있어서 민간인 보호를 위한 국제인도법상의 의무에 따라서 당사국은 무력분쟁의 영향을 받는 아동을 보호하고 배려하기 위해 실행 가능한 모든 조치를 취하여야 한다.



### 제 39 조

당사국은 어떠한 형태의 유기, 착취, 학대, 또는 고문이나 기타 어떠한 형태의 잔혹하거나 비인간적이거나 굴욕적인 대우나 처벌, 또는 무력분쟁으로 인하여 희생이 된 아동의 신체적·심리적 회복 및 사회복귀를 촉진시키기 위한 모든 적절한 조치를 취하여야 한다.

### 제 40 조

1. 당사국은 형사피의자나 형사피고인 또는 유죄혐의 혹은 유죄로 인정받은 모든 아동에 대한 처리방법을 다음과 같이 한다. 아동의 연령과 아동의 사회복귀 및 사회에서 건설적 역할을 담당하도록 촉진하는 것이 바람직하다는 점을 고려하고 아동이 인권과 타인의 기본적 자유에 대해 존중하도록 하며 인간의 존엄성과 가치에 대한 아동의 자각을 촉진시키는 범위 내에서 아동을 처리한다.

2. 이 목적을 위하여 국제문서의 관련 규정을 고려하며, 당사국은 특히 다음 사항을 보장하여야 한다.

가. 모든 아동은 국내법 또는 국제법에 의하여 금지되지 아니한 행위를 했거나 안 했다는 이유로 형사피의자가 되거나 형사기소되거나 유죄로 인정받지 아니한다.

나. 형사피의자 또는 형사피고인이 된 모든 아동은 최소한 다음 사항을 보장받는다.

1) 법에 따라 유죄가 입증될 때까지는 무죄로 추정된다.

2) 피의사실을 신속하게 그리고 직접, 또는 적절한 경우 부모나 법정 후견인을 통하여 통지받으며, 변론의 준비 및 제출 시 법률적 또는 기타 적절한 지원을 받는다.

3) 독립적이고 공평한 소관기관 또는 사법기관에 의하여 법률에 따른 공정한 심리를 받아 지체없이 사건이 판결되어야 하며, 판결 시에는 법률상의 지원을 제고하고, 특히 그의 연령이나 주변 환경, 부모 또는 법정 후견인 등을 고려하여야 한다.

4) 증언이나 유죄의 자백을 강요당하지 아니하며, 대등한 조건하에 반대편 증인을 조사하고 자신을 위한 증인을 출석시켜 조사받도록 한다.

5) 형법 위반으로 간주되는 경우, 그 결정 및 그에 따라 부과되는 모든 조치를 법률에 따라 독립적이고 공정한 소관 사법기관에 의하여 심의하도록 한다.

6) 아동이 사용되는 언어를 이해하지 못하거나 말하지 못하는 경우, 무료로 통역원의 지원을 받는다.

7) 사법절차의 모든 단계에서 아동의 사생활이 충분히 존중받도록 한다.

3. 당사국은 형사피의자, 형사피고인 또는 유죄로 인정받은 아동에게 특별히 적용될 수 있는 법률, 절차, 기관 및 기구의 설립을 촉진하도록 노력하며, 특히 다음 사항에 노력하여야 한다.

가. 형법 위반 능력이 없다고 추정되는 최저 연령의 설정

나. 적절하고 바람직한 경우, 인권과 법적 보호가 완전히 존중되는 조건하에서 이러한 아동을 사법절차에 의하지 아니하고 처리하기 위한 조치

4. 아동을 그들의 복지에 적절하고 그들의 여건 및 범행에 비례하여 처리하기 위하여 보호, 지도, 감독명령, 상담, 보호관찰, 보호양육, 교육과 직업훈련 및 감호소 보호에 대한 여타 대체 방안 등 여러 가지 처리방법을 활용한다.

### 제 41 조

이 협약의 규정은 다음 법에 포함되어 있는 아동의 권리 실현에 보다 공헌할 수 있는 어떠한 규정에도 영향을 미치지 아니한다.

가. 당사국의 법

나. 당사국에 대하여 효력을 갖는 국제법



## 제 2 부

### 제 42 조

당사국은 이 협약의 원칙과 규정을 적절하고 적극적인 수단을 통하여 성인과 아동 모두에게 널리 알릴 의무를 진다.

### 제 43 조

1. 이 협약의 의무 이행을 달성함에 있어서 당사국이 이룩한 진전 상황을 심사하기 위하여 이하에 규정된 기능을 수행하는 아동권리위원회를 설립한다.
2. 위원회는 고매한 인격을 가지고 이 협약이 대상으로 하는 분야에서 능력이 인정된 10인의 전문가로 구성된다. 위원회의 위원은 공평한 지리적 분포와 국가의 사법제도를 고려하여 당사국의 국민 중에서 선출되며, 개인적 자격으로 임

무를 수행한다.

3. 위원회의 위원은 당사국에 의하여 임명된 자의 명단 중에서 비밀투표에 의하여 선출된다. 각 당사국은 자국민 중에서 1인을 임명할 수 있다.
4. 아동권리위원회의 위원을 선출하는 첫 번째 선거는 이 협약 발효일로부터 6월 이내에 실시되며, 그 이후에는 2년마다 실시된다. 각 선거일의 최소 4개월 이전에 UN 사무총장은 당사국에 대하여 2개월 이내에 후보자의 명단을 제출하라는 서한을 발송하여야 한다. 사무총장은 위원으로 임명한 당사국의 국가명과 함께 알파벳 순으로 임명된 후보들의 명단을 작성하여, 이를 이 협약의 당사국에 제시하여야 한다.
5. 선거는 UN 본부에서 사무총장에 의하여 소집된 당사국 회의에서 실시된다. 이 회의는 당사국의 3분의 2 참석을 의사정족수로 하고, 투표에서 최대 득표와 절대 득표를 얻은 자가 위원으로 선출된다.
6. 위원회의 위원은 4년 임기로 선출된다. 위원은 재임명된 경우에 재선될 수 있다. 첫 번째 선거에서 선출된 위원 중 5인의 임기는 2년 후에 종료된다. 이들 5인 위원의 명단은 첫 번째 선거 후 즉시 동 회의의 의장에 의하여 추첨으로 선정된다.
7. 위원회 위원이 사망, 사퇴 또는 본인이 어떠한 이유로 인하여 위원회의 임무를 더 이상 수행할 수 없다고 선언하는 경우, 그 위원을 임명한 당사국은 자국민 중에서 잔여 임기를 수행할 다른 전문가를 임명하되 이는 위원회의 승인을 받아야 한다.
8. 위원회는 자체의 절차 규정을 제정한다.
9. 위원회는 2년 임기의 임원을 선출한다.
10. 위원회의 회의는 통상 UN 본부나 위원회가 결정하는 여타의 편리한 장소에서 개최된다. 위원회는 통상 매년 회의를 한다. 위원회의 회의 기간은 필요한 경우 이 협약 당사국 회의에 의하여 결정되고 재검토되나, 이는 총회의 승인을 받아야 한다.

11. UN 사무총장은 이 협약에 따라 설립된 위원회의 효과적인 기능 수행을 위하여 필요한 직원과 편의를 제공한다.
12. 이 협약에 따라 설립된 위원회의 위원은 총회의 승인에 따라 총회가 결정하는 기간과 조건에 따라 UN의 재원으로부터 보수를 받는다.

### 제44조

1. 당사국은 이 협약이 인정하고 있는 권리를 실행하기 위하여 그들이 채택한 조치와 동 권리의 향유와 관련하여 이룩한 진전 상황에 관한 보고서를 다음과 같이 UN 사무총장을 통하여 위원회에 제출한다.
   가. 관계 당사국에 대하여 이 협약이 발효한 후 2년 이내
   나. 그 후 5년마다
2. 본 조에 따라 제출되는 보고서는 이 협약의 의무 이행에 영향을 미치는 요소와 장애가 있을 경우 이를 명시하여야 한다. 보고서는 관계국에서 협약을 어떻게 이행하고 있는지에 대해 위원회의 포괄적인 이해를 돕기 위해 충분한 정보를 포함하여야 한다.
3. 위원회에 포괄적인 내용을 담은 첫 번째 보고서를 제출한 당사국은 본 조 제1항 '나'호에 따라서 제출하는 후속보고서에 이미 제출한 기초적 정보를 반복할 필요는 없다.
4. 위원회는 당사국으로부터 이 협약의 이행에 관한 정보를 추가로 요청할 수 있다.
5. 위원회는 위원회의 활동에 관한 보고서를 2년마다 경제사회이사회를 통하여 총회에 제출한다.
6. 당사국은 아동권리위원회에 제출하는 국가보고서를 일반 국민에게 널리 알려야 한다.

### 제 45 조

이 협약의 효과적인 이행을 촉진하고 이 협약이 대상으로 하는 분야에서의 국제 협력을 장려하기 위하여,

가. 전문기구, UNICEF 및 UN의 여타 기관은 이 협약 중 그들의 권한 범위 내에 속하는 규정의 이행에 관한 심의에 대표를 파견할 권리를 갖는다. 위원회는 전문기구, UNICEF 및 위원회가 적절하다고 판단하는 여타의 자격이 있는 기구에 대하여 각 기구의 권한 범위에 속하는 분야에 있어서 이 협약의 이행에 관한 전문적인 자문을 제공하여 줄 것을 요청할 수 있다. 위원회는 전문기구, UNICEF 및 UN의 여타 기관에 그들의 활동 범위에 속하는 분야에 대하여 이 협약의 이행에 관한 보고서를 제출해 줄 것을 요청할 수 있다.

나. 위원회는 적절하다고 판단되는 경우, 기술적 자문이나 지원을 요청하는 국가보고서에 대해 위원회의 제안과 함께 전문기구, UNICEF 및 기타 자격이 있는 기구에 발송할 수 있다.

다. 위원회는 UN 사무총장이 위원회를 대신하여 아동의 권리와 관계된 구체적인 사안에 대해 연구를 실시하도록 UN 총회에 요청할 수 있다.

라. 위원회는 이 협약 제44조와 제45조에 따라 접수한 국가보고서에 기초하여 제안과 일반적 권고사항을 제시할 수 있다. 이러한 제안과 일반적 권고사항에 대해 당사국의 논평이 있으면 그 논평과 함께 관계 당사국에 전달되고 총회에 보고되어야 한다.

## 제 3 부

### 제 46 조

이 협약은 모든 국가로부터 서명을 받기 위하여 개방된다.

### 제 47 조

이 협약은 비준되어야 한다. 비준서는 UN 사무총장에게 기탁된다.

### 제 48 조

이 협약은 모든 국가에 의한 가입을 위하여 개방된다. 가입서는 UN 사무총장에게 기탁된다.

### 제 49 조

1. 이 협약은 20번째 비준서 또는 가입서가 UN 사무총장에게 기탁되는 날로부터 30일째 되는 날 발효한다.
2. 20번째의 비준서 또는 가입서의 기탁 이후에 이 협약을 비준하거나 가입하는 각 국가에 대하여, 이 협약은 그 국가의 비준서 또는 가입서 기탁 후 30일째 되는 날 발효한다.

### 제 50 조

1. 어떤 당사국을 막론하고 개정안을 제안하고 이를 UN 사무총장에게 제출할 수 있다. 이 경우, 사무총장은 모든 당사국에 동 제안을 심의하고 표결에 붙이기 위한 당사국회의 개최에 대한 찬성 여부에 관한 의견을 표시하여 줄 것을 요청하는 것과 함께, 개정안을 송부하여야 한다. 이러한 통보일로부터 4개월 이내에 당사국 중 최소 3분의 1이 회의 개최에 찬성하는 경우, 사무총장은 UN 주관하에 동 회의를 소집하여야 한다. 동 회의에 출석하고 표결한 당사국의 과반수에 의하여 채택된 개정안은 그 승인을 위하여 UN 총회에 제출된다.

2. 본 조 제1항에 따라서 채택된 개정안은 UN 총회에 의하여 승인되고, 모든 당사국의 3분의 2가 찬성하게 될 때에 발효한다.
3. 개정안이 발효하게 되면, 이에 찬성한 당사국과 기존의 협약서 및 이전의 개정안을 이행할 의무를 지고 있는 모든 당사국에 대해 구속력을 발휘하게 된다.

### 제 51 조

1. UN 사무총장은 각국이 이 협약의 비준 또는 가입 시 작성한 유보즈항 문서를 접수하고 모든 국가에 이를 배포하여야 한다.
2. 이 협약의 목표와 목적에 위배되는 유보조항은 허용되지 아니한다.
3. 유보사항의 철회는 UN 사무총장에게 통지서 발송을 통하여 언제든지 가능하며, 사무총장은 이를 모든 국가에 통보하여야 한다. 그러한 통보는 사무총장에게 접수된 날로부터 발효한다.

### 제 52 조

당사국은 UN 사무총장에게 서면으로 이 협약에 대한 비준의 실효(失效)를 통고할 수 있다. 실효는 사무총장이 통고서를 접수한 날로부터 1년 후에 발효한다.

### 제 53 조

UN 사무총장은 이 협약의 수탁자로 지명되었다.

### 제 54 조

아랍어, 중국어, 영어, 프랑스어, 러시아어 및 서반아어로 된 이 협약서의 원본은 모두 동등한 정본으로서 UN 사무총장에게 기탁된다.

이 협약의 증인으로서, 아래에 서명한 전권 대사들은 각국 정부에 의하여 정당히 권한을 위임받아 이 협약에 서명하였다.

## 세계평화와 인권보호를 위해 움직이는 국제기구

### 유엔(UN: United Nations)

- 설립 연도 1945년 10월 24일
- 본부 미국 뉴욕
- 가입국 193개국
- 우리나라 가입 연도 1991년 9월 17일



UN 국기는 파란색 바탕에 흰색 상징이 있는 깃발이다. 1945년 국제회의에서 Oliver Lincoln Lundquist 디자이너 팀이 주도하여 제작된 UN 로고는 1946년 12월 7일에 승인되었다. 북극을 중심으로 한 방위각 등거리 투영법을 나타내는 세계지도를 교차된 올리브 나무의 가지가 감싸고 있다. 세계지도는 남위 60도까지 5개의 동심원에 표현되어 있다.

UN의 창설 목적은 '세계 평화와 안전 유지'이다. 국가 간에 친목을 도모하고, 경제·사회적으로 협력하고자 하는 것이다.

UN은 수십 개의 산하기관을 두고 세계의 각 지역과 다양한 분야의 일에 참여하고 있다. UN의 운영비는 가입국의 분담금으로 충당되는데, 국민소득(GNI)에 따라 정해진다. 즉, 국민소득이 높은 국가일수록 분담금이 높아지는 것이다. UN 기금을 많이 부담하는 10개국은 미국, 일본, 독일, 영국, 프랑스, 이탈리아, 중국, 캐나다, 스페인, 대한민국 순이다(2008년 기준).

UN은 국제기구답게 사용하는 공식 언어도 다양하다. 영어, 프랑스어, 중국어, 스페인어, 러시아어, 아랍어로 모두 6개의 언어를 사용한다. UN의 공식 홈페이지에 접속하면 6개의 공식 언어 중 하나의 언어를 선택할 수 있다. 또한 모든 공식 문서 및 서적도 6개의 공식 언어로 출판된다.

UN의 주요 기관은 총회, 안전보장이사회, 경제사회이사회, 국지사법재판소, 사무국, 신탁통치이사회로 총 6개이다. 참고로 2011년 기준, UN에서 근무하는 한국인은 약 110명이며, 전체 국제기구에서 일하는 한국인은 450여 명 정도다.



## 유네스코(UNESCO: United Nations Educational, Scientific and Cultural Organization, UN 교육과학문화기구)

- 설립 연도 1946년 11월 16일
- 본부 프랑스 파리
- 가입국 195개 정회원국, 9개 준회원국(2016년 기준)
- 우리나라 가입 연도 1950년 6월 14일

UNESCO는 UN의 전문기구 중 하나로, UN 교육과학문화기구이다. UNESCO는 두 차례의 세계대전의 참화를 겪으면서 지속적인 평화는 정치, 경제, 군사 등의 물리적인 힘만으로는 유지할 수 없으며, 인류의 지적·도덕적 연대에 기초해야 할 필요성의 공감으로부터 출발하였다. "전쟁은 인간의 마음에서 비롯되므로 평화의 방벽을 쌓아야 할 곳도 인간의 마음이다."라는 UNESCO의 창설 이념을 바탕으로 교육, 과학, 문화 등의 분야에서 세계평화와 인류발전을 위한 다양한 노력에 힘쓰고 있다.

UNESCO는 전 세계 곳곳에 55개의 지역사무소와 11개의 직속연구소 및 센터를 두고 다음과 같은 활동을 전개하고 있다. 교육 분야에서는 문맹퇴치, 초등의무교육 보급, 난민교육 등의 활동을, 과학 분야에서는 환경문제에 대한 국제적 연구, 정보교환 등의 활동을, 사회과학 분야에서는 인권문제에 관한 연구와 분석을, 문화 분야에서는 세계 각국의 유형·무형의 문화유산 지정 및 보존·보수 지원 등과 같은 활동을 한다.

UNESCO가 하는 일 중 대외적으로 가장 잘 알려진 활동은 세계유산 지정과 관련된 일이다. 세계유산은 세계문화유산과 세계자연유산이다. 우리나라의 세계유산으로는 종묘, 석굴암과 불국사, 안동 하회마을과 경주 양동마을 등이, 세계기록유산으로는 『훈민정음해례본』, 『조선왕조실록』, 『직지심체요절』, 『동의보감』, 『난중일기』 등이 등재되어 있다. 인류무형문화유산으로는 강릉단오제, 매사냥, 아리랑, 줄타기, 제주 해녀문화 등이 등재되어 있다.

## 국경 없는 의사회(MSF: Medecins Sans Frontieres)

MEDECINS SANS FRONTIERES
DOCTORS WITHOUT BORDERS

- 설립 연도 1971년
- 본부 스위스 제네바
- 가입대상 45개국의 의사
- 우리나라 사무소 설립 2012년 2월

'국경 없는 의사회'는 나이지리아 내전으로 인해 발생한 기아 문제를 해결하기 위해 1971년 프랑스 의사들과 의학 전문 언론인들에 의해 설립되었다. '활동'과 '발언', '치료'와 '증언'은 국경 없는 의사회 설립 당시 중요한 슬로건으로서 오늘날에도 여전히 중요한 가치로 남아 있다.

이 국제기구는 민간 의료구호단체로 질병, 재해, 기아로 고통받는 사람들을 도와주기 위해 설립된 단체이다. '국경 없는 의사회'라는 명칭에서도 알 수 있듯이 국경과 민족, 정치적 성향을 초월하여 어느 곳이든 의료적 도움이 필요한 곳이라면 찾아가 도움을 준다.

'국경 없는 의사회'는 민간 단체이므로 운영금도 개인 및 기업의 후원금, 기부금을 받아 충당하며, 정치적 성향, 인종, 국가 간의 관계로부터 자유롭게 활동할 수 있는 것이 특징이다.

국경 없는 의사회의 역할은 전쟁 및 재해 등으로 인해 위기에 처한 곳에서 병원과 진료소를 복구하여 운영하고, 전염성 질환의 치료 및 퇴치, 영양실조 치료 및 급식센터 운영, 심리치료 등 의료 분야에서 다양하게 활동한다. 세계 곳곳에서 자행되는 폭력과 학대 등을 널리 알리고 관심을 이끌어 내는 역할도 하고 있다.

국경 없는 의사회는 긴박한 일이 생기면 24시간 이내에 해당 지역에 회원을 파견할 수 있는 시스템을 갖추고 있는데, 이것이 가능한 까닭은 전 세계 45개국 의사와 간호사, 80여 개국의 자원봉사자들을 회원으로 두고 있기 때문이다. 우리나라도 2012년 2월에 사무소가 설치되어 참여하고 있다.

## 유니세프(UNICEF: United International Children's Emergency Fund, UN아동기금)

- 설립 연도 1946년
- 본부 미국 뉴욕
- 가입국 182개국
- 우리나라 가입 연도 1950년

UNICEF는 UN 산하기구의 하나로 '전 세계의 어린이들'을 위해 만들어진 국제기구이다. 현재 대한민국에서는 배우 안성기 씨가 친선대사로 활동하고 있어서 더 잘 알려졌다. 이 기구의 설립 연도는 1946년으로, 제2차 세계대전이 끝난 직후 설립되었다. 설립 이유는 제1·2차 세계대전의 피해를 입은 어린이를 구호하는 것으로서 '국제연합아동긴급기금'이라는 명칭을 사용하다가 1953년에 현재의 이름인 'UN 아동기금'으로 변경되었다. 하지만 원래의 약자를 그대로 사용하고 있다.

UNICEF는 '차별 없는 구호의 정신'을 슬로건으로 하여 설립된 이후로 인종, 종교, 국적, 성별과 상관없이 전 세계의 아동과 노동자, 난민어린이 등 힘든 상황 속에 놓인 어린이를 위해 영양, 보건, 식수 공급, 위생, 기초 교육 분야에서 다양한 활동을 진행해 오고 있다.

1950년 3월에 우리나라는 정식으로 UNICEF에 가입하였다. 가입 후 우리나라는 1993년까지 UNICEF의 도움을 받았다. 1988년 우리나라는 UNICEF의 집행이사국이 되었고, 1994년에 우리나라의 한국 UNICEF 대표 사무소가 UNICEF 한국위원회로 바뀌면서 지원을 받는 나라에서 지원을 하는 나라로 역할이 변경되었다. 2016년 기준으로 UNICEF 한국위원회를 통해 전 세계 어린이를 돕는 후원자는 37만 명에 이르고 있으며, UNICEF 한국위원회가 직접적으로 도움을 주는 국가는 북한, 콩고, 중앙아프리카공화국, 베트남, 시리아, 캄보디아, 몽골 등 10여

개국에 이르고 있다. 이러한 활동 외에 아동권리 홍보 및 옹호와 학생들을 대상으로 한 나눔 교육 등의 다양한 사업을 펼치고 있다.

UNICEF의 친선대사는 '국제친선대사'와 각 국가위원회가 위촉하는 '친선대사'가 있다. 국제친선대사로는 피겨선수 김연아, 축구선수 David Beckham과 Lionel Messi, 영화배우 성룡 등이 있으며, UNICEF 한국위원회의 친선대사로는 영화배우 안성기, 소리꾼 장사익이 있다.

## 국제노동기구(ILO: International Labor Organization)

- 설립 연도 1919년
- 본부 스위스 제네바
- 가입국 187개국(2017년 기준)
- 우리나라 가입 연도 1991년

국제노동기구는 '노동문제'를 다루는 UN의 전문기구이다. 이 기구는 제1차 세계대전 이후 설립되었다. 대부분의 국제기구가 제2차 세계대전 이후에 설립된 것에 비교하면, 역사가 오래 되었다고 할 수 있다. 여러 국제기구 중 국제노동기구가 빨리 출범할 수 있었던 이유는 '산업화'의 영향으로 노동문제가 빈번하게 일어났기 때문이다.

국제노동기구는 2017년 기준으로 187개국이 가입되어 있으며 우리나라는 1991년에 152번째로 가입하였다. 국제노동기구는, 노동자의 권리를 보호하기 위해 노력한 그간의 공로를 높이 인정받아 1969년에 노벨평화상을 수상하였다.

국제노동기구는 다른 국제기구들과는 달리 국가가 대표로 가입하는 것이 아니라 회사의 주인인 사용자, 노동자, 정부 대표가 함께 회원국 대표가 된다는 점이 특징이다. 이는 노동과 관련된 일이 발생하였을 때 노동자의 입장, 사용자의 입장을 함께 들어 보고 다각적인 측면에서 공정하게 해결하기 위한 것이다.

국제노동기구의 헌장을 살펴보면, 적정 노동시간, 월급의 지급, 아동과 여성의 보호 등과 관련된 내용이 명시되어 있다. 또한, 세계평화와 관련된 부분도 명시되어 있는데, 노동자가 행복한 사회가 평화로운 사회라는 것을 바탕에 두고 있기 때문이라 볼 수 있다.

# 참고 문헌


구정화 (2009). 유엔아동권리협약을 고려한 학교 인권교육의 방향. 사회과교육, 48(1), 1-12.

국가인권위원회 (2006). 유엔 인권조약 감시 기구의 일반논평 및 일반 권고: 아동권리위원회. 서울: 국가인권위원회.

국가인권위원회 (2011). 학교 인권교육 전문가 워크숍. 서울: 국가인권위원회.

국가인권위원회 (2015). 2015 국가인권위원회 연간보고서. 서울: 국가인권위원회.

국제아동인권센터 (2016). 유엔아동권리협약 이행을 위한 법적 제도화 방안 연구. 서울: 사단법인 국제아동인권센터.

대한민국 정부 (2008). 제3 · 4차 UN 아동인권권리협약 통합 국가보고서.

류은숙 (2009). 인권을 외치다. 가장 낮은, 가장 약한 사람들의 열망으로 바꿔온 인권의 역사. 경기: 푸른숲.

법무부 (2011). 인권교육 활성화를 위한 법 · 제도적 개선방안. 한국 법과인권교육학회.

안사라 (2012). 아동권리에 대한 어머니의 인식과 어머니 양육태도와의 관계. 성신여자대학교 교육대학원 석사학위논문.

육아정책연구소 (2011). 2011년 제1차 육아선진화포럼 - 영유아의 권리는 보장되고 있는가?.

Lister (1984). *Teaching and Learning avout Human Rights*. Stasboug: School Education Division, Council of Europe.

UNESCO 한국위원회 (1995). 인권이란 무엇인가? : 유네스코와 세계인권선언의 발전과 역사. 서울: 오름.

UNICEF (2005). 어린이는 어떤 권리를 가졌을까요? 게임으로 알아보는 아동권리협약(세계교육부 편). UNICEF 한국위원회.

UNICEF (2014). Child Rights Education Toolkit Geneva: UNICEF Private Fundraising and Partnerships Division (PFP).

## 저자 소개

### 이화도

현재 대구가톨릭대학교 유아교육과 교수

학력 서울대학교 사범대학 교육학사
파리 5대학(Université de Paris 5 – Rene Descartes)에서 학사, 석사, DEA과정을 거쳐 교육학 박사(유아교육 전공) 취득

논문 및 저서

저서 『유아인지발달』(2009, 창지사)
『포스트모던 인문학적 사유와 유아교육』(2014, 창지사)

논문 「포스트모더니즘, 교육 그리고 유아교육」(2007), 「유아교육에서의 몸의 개념에 대한 현상학적 이해」(2009), 「Piaget를 넘어서: 현상학적 이해를 통한 비판적 고찰」(2010), 「핵심역량 기반 프랑스 유아교육과정 개혁의 시사점」(2012) 등 유아교육정책연구 및 포스트모던 담론에 근거한 유아교육재개념화에 관한 연구논문 다수

### 김수희

현재 공공형 꿈바라기어린이집 원장
대구가톨릭대학교 유아교육과 강사

학력 대구가톨릭대학교 일반대학원(유아교육학과) 박사 수료

### 김윤아

현재 대구가톨릭대학교 유아교육과 강사
아이딕스. 디자인교육 팀장

학력 대구가톨릭대학교 일반대학원(유아교육학과) 박사 수료

논문 및 저서

저서 『미술교육에 경험 더하기』(2004, 양서원)
『경험이 있는 신 미술교육』(2007, 다미)

## 장원주

현재 가톨릭상지대학교 유아교육과 강사

학력 대구가톨릭대학교 일반대학원(유아교육학과) 박사 수료

논문 및 저서

논문 「통일대비 남북한 유아교육제도 비교」(2016), 「유아인권교육관련 연구동향 분석」(2017), 「남북한 유아교육과정 비교」(2018)

## 김은영

현재 국공립 수성아이파크어린이집 원장

학력 대구가톨릭대학교 일반대학원(유아교육학과) 박사과정 재학

논문 및 저서

논문 영유아 권리에 대한 어린이집 교사의 인식과 경험(2017)

## 문소연

현재 칠곡경북대학교병원 어린이집 원장
호산대학교 사회복지과 강사
대구가톨릭대학교 유아교육과 강사
대구가톨릭대학교 아동학과 산학협력교수
대구가톨릭대학교 평생교육원 강사

학력 대구가톨릭대학교 일반대학원(유아교육학과) 박사 수료

## 김경희

현재 청보리숲유치원 원장

학력 대구가톨릭대학교 일반대학원(유아교육학과) 박사 수료

# 영유아를 위한 인권교육

초판 1쇄 인쇄 2018년 8월 1일
초판 1쇄 발행 2018년 8월 6일

지 은 이 | 이화도 · 김수희 · 김윤아 · 장원주 · 김은영 · 문소연 · 김경희
펴 낸 이 | 김기섭
편 집 인 | 김민수
펴 낸 곳 | 창지사 www.changjisa.com
08589 서울시 금천구 가산디지털 1로 83 파트너스타워 1차 9층
전화 (02)719-2211~3
팩스 (02)701-9386
등　　록 | 1977년 4월 28일 · 제1-421호



ISBN 978-89-426-1130-0 (93370)

값 21,000원

KOMCA 승인필

「이 도서의 국립중앙도서관 출판예정도서목록(CIP)은 서지정보유통지원시스템 홈페이지(http://seoji.nl.go.kr)와 국가자료공동목록시스템(http://www.nl.go.kr/kolisnet)에서 이용하실 수 있습니다.(CIP제어번호: CIP2018024095)」